本书为江苏省2023年度高校哲学社会科学研究重大项目"江苏高质量发展水平测度与空间差异研究"（2023SJZD136）阶段性成果。

江苏老字号
高质量发展刍议

李义良　许秋霜　著

中国农业出版社
农村读物出版社
北　京

序
PREFACE

王月清

　　江苏，江海交汇，河湖密布，物产丰饶，市镇发达，人文鼎盛……宅兹江苏，耕读传家，德业相劝，有滋有味，有声有色。自古以来，江苏就是商旅聚集之地，明清以后发达的江苏市镇，蕴生了许多家传承有序、道艺精良乃至声名远播的老字号，它们是江苏大地上生产生活的物质名片，也是商贸文化、手工技艺、非物质文化遗产传承创新的精神符号。聚焦老字号，目的是在尊重历史、尊重前贤的文化敬畏和文化自信的基础上再拓新生机、再创新辉煌。

　　本书著者在充分研究江苏老字号历史文化和现状基础之上，系统阐述了江苏老字号高质量发展的要求和路径。正如作者所指出的：江苏老字号历经百年风雨，留下了诸多的品牌和名号，如何在新时代接续创新、拥抱机遇、应对挑战、实现高质量发展，是我们需要探讨的重要议题。本书从多个方面对江苏老字号高质量发展进行了探讨。

　　第一，追溯江苏老字号的发展历程和心路历程。江苏老字号是中国传统文化中不可或缺的重要组成部分，数百年来经过数代人的不懈努力和传承，积淀了深厚的文化底蕴和人文价值，反映了江苏人民的文化创造。近年来，随着市场经济的发展和高速的城市化进程，许多传统老字号面临着存续与发展的困境和生机。

　　第二，揭示江苏老字号发展的政策机缘。政策的不断优化有助于老字号的创新和发展，尤其是近年来"国潮""国货"的兴起，为老字号的创新发展提供了难得机遇。2022年3月，商务部等8部门《关于促进老字号创新发展的意见》正式印发，从加大老字号保护力度、健全老字号传承体系、激发老字号创新活力、培育老字号发展动能4个方面提出了包括保护老字号知识产权、促进老字号集聚发展、优化老字号金融服务、引导老字号体制机制改革等在内的13项具体措施。老字号保护传承和创新发展体系的基本形成，使得老字号持续健康发展的政策环境更加完善，创新发展更具活力，产品服务更趋多元，传承载体更加丰富，文化特色更显浓郁，品牌信誉不断提升，市场竞争力明显增强，对传播中华优秀传统文化的承载能力持续提高，对推动经济高质量发展的作用更加明显，人民群众认同感和满意度将显著提高。

第三，关注江苏老字号发展的内生动力。江苏老字号面对新环境和新形势，不能墨守成规，而是需要适应时代发展，进行产业升级和转型升级，开发出具有时代特征、地方特色的新产品。这不仅是企业发展的需要，也是适应新环境和新形势的必要手段和路径。随着市场经济发展的不断加速，竞争变得越来越激烈。老字号必须具备创新能力，才能在激烈的市场竞争中获得生存和发展的空间。同时，消费群体的需求结构和消费习惯也在不断变化。因此，老字号要积极寻求新的发展路径，进行产业升级和转型升级，为消费者提供具有时代特征和地方特色的新产品。例如，江苏恒顺集团有限公司（原镇江恒顺酱醋厂）创建于1840年，是镇江香醋的发源地和中华老字号企业，经过百余年的传承和发展，恒顺集团已经从一个传统作坊式的酱油、醋生产企业，发展成为一个跨行业、跨地区、涉及各类农产品深度加工、生物健康、光电、商业流通等领域的现代化企业集团。

第四，突出江苏老字号发展的品牌建设。加强品牌建设和营销是江苏老字号实现高质量发展的重要途径和手段，通过品牌建设，进一步强化老字号在人们心目中的社会价值和社会地位，通过市场营销，让人们更好地更近距离地了解老字号、走近老字号、体验老字号。品牌作为企业的重要资源，是企业在市场竞争中获取持久优势的核心形式。著者认为江苏老字号要在品牌建设上下功夫，通过深耕品牌文化、强化品牌传播等方式，进一步强化老字号在人们心目中的社会价值和社会地位。要建立有影响力的品牌形象，树立品牌美誉度，增加品牌口碑和信任度。同时，要注重文化传承和保护，强化品牌的历史底蕴和文化内涵。市场营销则是老字号实现高质量发展的另一个重要手段。要想通过市场营销提升江苏老字号的知名度和认知度，需要在产品开发、营销策略、营销渠道等方面下功夫，注重市场研究和市场分析，积极借助新媒体、社交媒体和电子商务等渠道来推广品牌。因此建议，江苏老字号还需要打造具有特色的品牌吉祥物、口号、专属商标等，让品牌形象更加鲜明，更加具有辨识度。通过培养忠诚粉丝、打造核心消费群体等方式，进一步扩大品牌影响力，提升品牌价值。

第五，申明江苏老字号发展的人才建议。加强人才队伍建设是实现江苏老字号发展的必然要求，江苏老字号在传承、改进、发扬传统技艺方面面临着前所未有的挑战，需要现代化的人才队伍来应对。老字号发展壮大需要具备专业技能、创新能力、国际视野的人才引领才能立于不败之地。只有拥有高素质人才队伍，才能推动技术创新和产品升级，因此江苏老字号应该注重人才队伍建设，通过招才引智、培养人才等方式，吸引更多的人才加入老字号传承与创新的事业中来。

第六，呼唤江苏老字号发展的社会关怀。书中介绍，江苏的老字号企业在抗洪抗震救灾、新冠疫情防控、捐资助学、扶危济困等方面都有优异表现。首先，在抗洪抗震救灾方面，江苏老字号企业积极响应政府的号召，勇挑重担，充分发挥企业社会责任的力量，向灾区捐款、捐物，为灾区人民提供实际帮助。它们往往在灾情发生后的第一时间组织人员捐助，有些老字号企业还组织力量前往灾区展开现场救援工作。其次，在新冠疫情防控方面，江苏老字号企业主动响应国家疫情防控政策，在采取有力措施保证员工健康安全的同时，还积极转产防疫用品，为疫情防控作出了突出贡献。除此之外，江苏老字号企业在捐资助学、扶危济困等方面也作出了积极贡献。通过捐助资金、物资、提供就业和培训机会等措施，营造了温暖的社会氛围。在可持续发展方面，江苏老字号企业也深入贯彻"绿水青山就是金山银山"新发展理念，推行绿色生产，逐渐实现经济、环境、社会协调发展和绿色发展。

第七，阐说江苏老字号发展的开放格局。国际化是江苏老字号发展的重要战略。老字号要立足于国内，走向世界，就必须实施国际化战略，通过探索海外市场，走出去，引进来，进一步推动品牌国际化、技术国际化、文化国际化等各个方面的发展。在国际化过程中，最为关键的是把握市场需求和国际竞争力，并实施创新驱动发展战略。通过加大创新力度，不断扩大老字号在国际市场上的影响力和话语权。同时将民族文化元素结合到国际市场中去，进一步推广和扩大江苏老字号的影响力。为实现国际化战略，江苏老字号还需有心、有力地在品牌传播方面下足功夫，提升品牌的知名度与美誉度，在品牌推广营销、品牌维护和升级等方面进行具体实践。同时也要关注市场营销的差异性，通过针对性的推广和营销策略，逐步占领国际市场的市场份额。

实现江苏老字号的高质量发展，必须根据当下环境和实际需求，作出科学的规划和决策，引入创新活力，提高核心竞争力。本书不仅对江苏老字号的发展历程进行了全面的梳理和回顾，同时，对江苏老字号现状进行了有广度和深度的剖析，并对江苏老字号的高质量发展路径进行了探讨。对江苏老字号的分析和研究，将有助于将老字号从传统经营模式中超越出来，推动江苏老字号创新发展，从而提高可持续发展的水平。本书可供江苏老字号及相关产业的从业者、政策制定者、理论研究者等参考。希望这本书能够为江苏老字号的高质量发展带来新的启发和借鉴，为中国式现代化的江苏新实践作出积极贡献。

（作者系江苏省社会科学院副院长、南京大学二级教授、博士生导师）

目录
CONTENTS

第一章
绪 论

　　江苏地处我国东部沿海，是经济比较发达的省份之一。在这片土地上，有许多著名的老字号品牌，它们历史悠久，源远流长，有的甚至可以追溯到数百年前。这些江苏老字号品牌，有的是食品行业的代表，有的是手工艺品行业的代表，还有的是医药行业的代表，等等。这些江苏老字号品牌都有一个共同点，那就是它们不仅仅是一个品牌，更是一种文化的代表，承载着江苏人民的智慧、勤劳、创造力。进入新发展阶段，高质量发展成为时代主题，通过对南京老字号高质量发展的研究，既可以感受到江苏老字号的文化魅力和传统文化的精华，更好地走近江苏老字号、了解这些老字号，又能够对老字号的高质量发展提供智力支撑，更好地以创新理论服务老字号发展实践，从而为地方经济的繁荣和社会的发展贡献力量。

第一节 研究背景与意义

老字号是指经历过数十年或数百年的历史积淀，承载着民族文化传统的特色商标。这些老字号在经济发展的过程中扮演了重要的角色，同时也是一个国家传统文化的重要组成部分，近年来，国内外老字号的兴起和发展备受关注。

一、国内外老字号的兴起和发展

1. 国内老字号的兴起和发展

在我国，老字号是指经过数十年或数百年发展而形成的具有一定规模和特色的商铺、工厂和企业，以其历史沉淀、文化内涵和经济效益而备受瞩目。随着经济的发展和市场需求的变化，老字号的发展也得到了很大的推动和发展。据商务部统计，我国目前有中华老字号1 128家、地方老字号3 277家，其中有701家中华老字号创立至今超过100年，历史最悠久的北京便宜坊已经走过600余年的岁月。这些老字号广泛分布在食品加工、餐饮住宿、居民服务等20多个领域，全国年营业收入超过2万亿元，既是我国优秀传统文化的具体体现，也为促进消费、推动产业升级作出了重要经济贡献。

（1）保护与传承

老字号所代表的是我国文化的传承，因此保护老字号也成了当下我国社会保护传统文化的重要任务之一。商务部、中央宣传部、自然资源部等8部门于2022年出台了《关于促进老字号创新发展的意见》，商务部、文化和旅游部等5部门于2023年出台了《中华老字号示范创建管理办法》。出台的政策和措施，不断加大对老字号文化的保护和扶持力度，加大对老字号的扶持和保护，包括为老字号提供场地和财政支持，制订相关法律法规和规章制度，建立老字号名录等。同时，各地方政府和商会、协会也积极参与保护和扶持老字号的工作，大力推动传统文化的传承和发展。

（2）商业模式创新

老字号的发展需要不断创新商业模式，提升市场竞争力。目前，许多老字号通过发展线上销售、品牌创新、推广文化等多种方式，实现了商业模式的转型升级。如天津狗不理集团股份有限公司转型"互联网＋技术创新"新兴业态，探索"直播间下单、送餐到家"新模式；河南洛阳"高家三彩"直播带货等创意营销新模式打造新形象；中华老字号广州白云山陈李济药厂有限公司推动旗下健康食品进驻多家电商平台，结合互联网模式推广中医药养生文化……在数字技术和互联网平台的助力下，老字号玩出更多"云"花样，越来越受消费群体欢迎，赢得了市场的青睐。

（3）资本市场运作

老字号的发展还需要适应资本市场的运作，吸引更多的投资和资金支持。当前，一些老字号已经开始上市，通过股权融资、债务融资等方式，实现了资本的积累和商业模式的升级。贵州茅台、同仁堂、广誉远、全聚德、片仔癀、恒顺醋业、海天味业、张小泉……一大批耳熟能详的老字号企业已经成为资本市场上一道靓丽的"风景线"。面对日益激烈的市场竞争，老字号企业想要"发新芽"，光靠情怀和传承是不够的。一方面，需要运用先进的管理手段和经营方式，让企业更规范地运行；另一方面，需要资金的大力支持。在此过程中，通过改制上市，让企业更为规范地发展和运作的同时，资本市场的直接融资功能也将发挥重要作用，支持这些"金字招牌"再发光。

2. 国外老字号的兴起和发展

除了国内老字号的兴起和发展，国外老字号也备受关注。国外老字号经过了长期发展和传承，代表了不同国家的文化传统和商业特色。国外老字号的发展特点和经验值得国内老字号借鉴。

（1）文化传承和品牌建设

国外老字号非常注重品牌建设和文化传承。这些老字号通过历史沉淀和文化积淀，形成了独特的品牌形象和文化内涵，树立了品牌价值和口碑。如法国的香奈儿，以"自由、优雅和女性解放"为核心价值，始终坚持推动时尚产业的变革和创新，以其独特文化和价值观为品牌的成功和长盛不衰奠定了基础，也吸引了无数消费者和爱好者的喜爱和追捧；英国的巴宝莉历经百年，经历了诸多的风风雨雨一直屹立不倒，历经岁月洗礼成了一个经典的奢侈品品牌，巴宝莉之于英国人，并不只是奢侈品这么简单，更是一个亲切的英国文化符号。

（2）市场拓展和渠道建设

国外老字号在市场拓展和渠道建设方面也具备独特的经验。这些老字号通过多种渠道和方式，将产品和品牌推向全球市场。法国著名的奢侈品品牌爱马仕的市场拓展和渠道建设主要集中在高端百货店和专卖店，同时也会选择一些高端商场和购物中心作为销售渠道，在市场推广方面，常常与一些艺术家、设计师合作，推出一些艺术展览、设计活动，吸引更多的目光。法国的路易威登品牌的市场拓展和渠道建设主要集中在高端百货店、专卖店和旗舰店，同时也会选择一些高端商场和购物中心作为销售渠道。这些欧洲老字号通过在亚洲等新兴市场开设门店，吸引当地消费者，扩大品牌影响力。同时，它们还利用电商平台和社交媒体等渠道，拓展线上市场，提升品牌曝光率和销售额。

（3）产品创新和技术研发

国外老字号在产品创新和技术研发方面也十分重视。这些老字号通过不断创新和技术升级，提升产品品质和市场竞争力。雀巢公司是瑞士的一家食品和饮料企业，拥有众多的知名品牌，该公司一直致力于创新和技术研发，推出了许多颇受欢迎的产品，曾经研发出了一种名为"无奶可可粉"的产品，可以直接用水冲调，方便快捷，深受消费者的喜爱。宝马汽车公司是德国的一家汽车企业，主要生产高端豪华车型，该公司一直在进行技术研发，不断推出新产品和新技术，公司曾经研发出了一种名为"可变气门升程技术"的发动机技术，可以根据车速和负荷情况来自动调节气门的升程，提供更加高效和环保的动力系统。这些老字号在技术研发方面处于行业领先地位，不断推陈出新，满足市场需求，赢得了市场竞争的优势。

综上所述，国内外老字号的兴起和发展是国家文化传承和经济发展的重要组成部分。它们通过保护文化传承、创新商业模式、适应资本市场运作等方式，实现了商业模式的升级和品牌价值的提升。同时，它们在品牌建设、市场拓展和渠道建设、产品创新和技术研发等方面具备独特的经验和优势。未来，随着经济和市场的变化，老字号也将继续不断创新和发展，为经济和文化的繁荣作出更大的贡献。

二、江苏老字号在经济社会发展中的作用

江苏现有"中华老字号"95家（表1-1），数量占全国的8.4%，"江苏老字号"272家（含"中华老字号"），其中江苏省商务厅第一次认定"江苏老字号"176家（含"中华老字号"92家，已归入表1-1，其余84家见表1-2）；第二次认定96家（含"中华老字号"3家，已归入表1-1，其余93家见表1-3）。在这些老字号中，百年以上历史的超过55家。作为我国传统文化的重要组成部分，江苏老字号不仅是江苏经济的重要组成部分，更是江苏文化遗产的重要代表。

表1-1 江苏"中华老字号"名单

序号	城市	企业名称
1		南京中央商场股份有限公司
2		南京清真马祥兴菜馆
3		南京金都饮食服务有限公司清真绿柳居菜馆
4		南京云锦研究所有限公司
5		南京四明眼镜店有限责任公司
6		南京韩复兴清真食品有限公司
7		南京宝庆银楼首饰有限责任公司
8	南京（20家）	南京白敬宇制药有限责任公司
9		南京新街口百货商店股份有限公司
10		南京金都饮食服务有限公司永和园酒楼
11		南京同仁堂药业有限责任公司
12		南京吴良材眼镜店
13		南京奶业集团有限公司
14		南京冠生园食品厂有限公司
15		南京小苏州食品有限公司
16		南京清真桃源村食品厂有限公司

（续）

序号	城市	企业名称
17		南京清真安乐园菜馆
18	南京（20家）	南京夫子庙饮食有限公司奇芳阁菜馆
19		南京刘长兴餐饮有限公司
20		江苏中烟工业有限责任公司南京卷烟厂
21		无锡市三凤桥肉庄有限公司
22		无锡市玉祁酒业有限公司
23		无锡市王兴记有限公司
24		无锡市真正老陆稿荐肉庄有限公司
25	无锡（9家）	无锡聚丰园大酒店有限责任公司
26		无锡市穆桂英美食广场有限责任公司
27		无锡市惠山泥人厂有限责任公司
28		无锡市世泰盛经贸有限责任公司
29		江苏大众医药连锁有限公司
30		徐州恒顺万通食品酿造有限公司
31	徐州（4家）	徐州市老同昌茶叶有限责任公司
32		徐州市金悦饮食服务有限公司两来风酒楼分公司
33		徐州市金悦饮食服务有限公司马市街饣它汤分公司
34		江苏仙鹤食品酿造有限公司
35		常州糖烟酒股份有限公司瑞和泰副食品商场
36	常州（5家）	常州市义隆素菜馆有限公司
37		常州市梳篦厂有限公司
38		常州新世纪商城有限公司
39		苏州市得月楼餐饮有限公司
40		苏州松鹤楼饮食文化有限公司
41		常熟市王四酒家
42		苏州乾生元食品有限公司
43		苏州乾泰祥丝绸有限公司
44		苏州稻香村食品厂有限公司
45	苏州（30家）	苏州市朱鸿兴饮食有限公司
46		苏州玉露春茶叶有限公司
47		苏州市春蕾茶庄有限公司
48		苏州市石家饭店
49		昆山奥灶馆有限公司奥灶馆
50		苏州采芝斋食品有限公司
51		苏州黄天源食品有限公司

（续）

序号	城市	企业名称
52		江苏张家港酿酒有限公司
53		苏州津津食品有限公司
54		苏州叶受和食品有限公司
55		太仓肉松食品有限公司
56		苏州陆稿荐食品有限公司
57		苏州市吴中区甪直酱品厂
58		吴江市平望调料酱品厂
59		苏州市吴中区藏书老庆泰羊肉馆
60	苏州（30家）	苏州市义昌福酒店
61		苏州市近水台面馆
62		雷允上药业有限公司
63		苏州三万昌茶叶有限公司
64		苏州医疗用品厂有限公司
65		苏州市恒孚首饰集团有限公司（恒孚银楼）
66		苏州雷允上国药连锁总店有限公司宁远堂药店
67		苏州雷允上国药连锁总店有限公司良利堂药店
68		苏州雷允上国药连锁总店有限公司王鸿煮药店
69		南通白蒲黄酒有限公司
70		南通颐生酒业有限公司
71	南通（6家）	如皋市林梓潮糕店
72		江苏新中酿造有限责任公司
73		南通老天宝银楼有限公司
74		如皋市白蒲三香斋茶干厂
75	连云港（2家）	江苏汤沟两相和酒业有限公司
76		连云港市板浦汪恕有滴醋厂
77	淮安（2家）	江苏今世缘酒业有限公司
78		江苏淮安市浦楼酱醋食品有限公司
79		扬州富春饮服集团有限公司富春茶社
80		扬州三和四美酱菜有限公司
81		扬州市光明眼镜有限公司
82	扬州（9家）	扬州谢馥春化妆品有限公司
83		扬州玉器厂
84		扬州漆器厂
85		扬州绿杨春茶叶有限公司
86		扬州共和春饮食文化发展有限公司

（续）

序号	城市	企业名称
87	扬州（9家）	江苏大德生药房连锁有限公司
88		江苏恒顺醋业股份有限公司
89		镇江宴春酒楼有限公司
90	镇江（5家）	镇江存仁堂医药连锁有限责任公司
91		镇江鼎大祥商贸有限公司
92		镇江唐老一正斋药业有限公司
93	泰州（1家）	泰州梅兰春酒厂有限公司
94		江苏洋河酒厂股份有限公司
95	宿迁（3家）	江苏双沟酒业股份有限公司
96		江苏省宿迁市三园调味品有限公司

表 1-2 第一批认定"江苏老字号"名单

序号	城市	企业名称
1		南京清真奇芳阁餐饮有限公司莲湖糕团店
2		江苏锦江南京饭店有限公司
3		南京天环食品（集团）有限公司
4		南京金线金箔总厂
5		南京大同床上用品有限公司
6	南京（11家）	南京包顺兴面馆
7		江苏华瑞国际实业集团有限公司
8		南京鸡鸭加工厂有限公司
9		南京精益眼镜有限责任公司
10		南京三六九饮食文化有限公司
11		南京金春锅贴店
12		无锡山禾集团健康参药连锁有限公司李同丰参药店
13		江阴市滨江酿酒有限公司
14		江苏省宜兴紫砂工艺厂
15		江苏省宜兴彩陶工艺厂
16	无锡（10家）	无锡市沈广茂洗染有限责任公司
17		无锡市拱北楼餐饮有限公司
18		江阴市和丰食品厂
19		无锡市三阳南北货有限公司
20		江阴市邵氏食品有限公司
21		江阴市苏之酥食品有限公司

（续）

序号	城市	企业名称
22		徐州市泰康清真食品有限公司
23	徐州（4家）	邳州大德隆连锁药店有限公司
24		江苏沛公酒业有限责任公司
25		徐州市金悦饮食服务有限公司三珍斋分公司
26		江苏双桂坊餐饮管理有限公司
27		常州府前楼餐饮有限公司
28		常州茶叶有限公司
29		常州市玉蝶特产食品厂
30		常州市西林康王食品厂
31		金坛丰登酒业有限公司
32	常州（12家）	常州市迎桂餐饮有限公司
33		常州市三鲜美食城
34		常州银丝面馆有限公司
35		常州马复兴餐饮管理有限公司
36		常州蔡氏天香斋梨膏糖厂
37		金坛市饮食服务有限公司开一天酒家
38		苏州雷允上国药连锁总店有限公司潘资一药店
39		苏州雷允上国药连锁总店有限公司童葆春药店
40		苏州雷允上国药连锁总店有限公司诵芬堂药店
41		苏州雷允上国药连锁总店有限公司沐泰山药店
42		苏州雷允上国药连锁总店有限公司天益生药店
43		苏州雷允上国药连锁总店有限公司同益生药店
44		苏州雷允上国药连锁总店有限公司灵芝堂药店
45		苏州市杜三珍餐饮管理有限公司
46		苏州元大昌酒业有限公司
47	苏州（22家）	苏州红木雕刻厂有限公司
48		苏州市姑苏区五芳斋面饭馆
49		苏州徐昌珠宝商行
50		常熟市江南畜禽食品有限公司
51		常熟市建发医药零售连锁有限公司柳仁仁药店
52		常熟市建发医药零售连锁有限公司童仁泰药店
53		常熟市建发医药零售连锁有限公司北九如药店
54		苏州东山茶厂
55		苏州市吴中区木渎镇藏书升美斋羊肉店
56		苏州姜思序堂国画颜料有限公司

（续）

序号	城市	企业名称
57		苏州桂香村食品有限公司
58	苏州（22家）	苏州市大鸿运酒店有限公司
59		苏州市相城区陆慕御窑砖瓦厂
60		南通市四宜糕团店
61	南通（3家）	南通西亭脆饼有限公司
62		如皋四海楼美食店
63	连云港（2家）	江苏桃林酒业有限公司
64		连云港市凯威酒业有限公司
65	淮安（2家）	淮安市淮安区第二饮食服务有限公司
66		淮安食品厂
67		阜宁县益林蔬菜酱醋加工厂
68	盐城（4家）	盐城市合成昌食品有限公司
69		江苏天成酒业有限公司
70		江苏震洲五醍浆酒业有限公司
71		扬州市春生洗染有限公司
72		扬州市广陵区蒋家桥饺面店
73	扬州（5家）	扬州三和四美酱菜有限公司
74		高邮秦邮蛋品有限公司
75		冶春餐饮股份有限公司
76	镇江（2家）	江苏省丹阳酒厂有限公司
77		镇江市恒升酿造有限公司
78		江苏双鱼食品有限公司
79	泰州（3家）	泰州市益众油脂有限责任公司
80		泰州市海陵区富春大酒店
81	宿迁（1家）	宿迁市项王食品有限公司
82	昆山（2家）	昆山太和燠鸭食品厂
83		昆山双鹤同德堂连锁大药房有限责任公司
84	泰兴（1家）	江苏美味鲜食品有限公司

表1-3　第二批认定"江苏老字号"名单

序号	城市	企业名称
1		江苏饭店有限公司
2	南京（17家）	江苏高淳陶瓷股份有限公司
3		江苏省苏食肉品有限公司

（续）

序号	城市	企业名称
4		江苏省盐业集团有限责任公司
5		南京淳青茶业有限公司
6		南京桂花鸭（集团）有限公司
7		南京金陵金箔集团股份有限公司
8		南京老山药业股份有限公司
9		南京马仕斌湖熟板鸭清真食品有限公司
10	南京（17家）	南京秦源食品有限公司
11		南京山西路百货大楼有限责任公司
12		南京市工艺美术总公司
13		南京市溧水茶叶实验场
14		南京魏洪兴食品有限公司
15		南京文物公司
16		南京新腊梅肉制品厂有限公司
17		南京夫子庙瞻园面馆
18		无锡市天天食品有限公司
19		无锡市工艺雕刻厂有限公司
20		无锡市焦云真食品有限公司
21		无锡醉月楼餐饮有限公司
22		无锡市银楼经贸有限公司
23		无锡市振太酒业有限公司
24		无锡王源吉冶坊有限公司
25	无锡（15家）	江阴永丰源大酒店有限公司
26		宜兴均陶工艺有限公司
27		宜兴市慈圣食品厂
28		宜兴市和桥米厂有限公司
29		宜兴市建中食品有限公司
30		宜兴市任氏堂食品有限公司
31		宜兴市徐舍食品一厂
32		宜兴市杨巷夏氏食品有限公司
33	徐州（2家）	徐州市淮海果脯蜜钱厂
34		徐州市万生园食品有限公司
35		常州红梅乳业有限公司
36		常州清真食品有限公司
37	常州（8家）	常州人寿天医药连锁有限公司
38		常州市德泰恒餐饮有限公司

（续）

序号	城市	企业名称
39		常州市金坛茅麓茶厂
40	常州（8家）	常州市璟昌文化产业有限公司
41		常州新博龙泉酒业有限公司
42		溧阳市天目湖肉类制品有限公司
43		苏州子冈珠宝有限公司
44		苏州慈云蚕丝制品有限公司
45		苏州刺绣研究所有限公司
46		苏州观振兴餐饮管理有限公司
47		苏州辑里丝绸有限公司
48		苏州老万年金银有限公司
49		苏州民族乐器一厂有限公司
50		苏州仁昌顺食品有限公司
51		苏州如意檀香扇有限公司
52		苏州市山水丝绸有限公司
53	苏州（21家）	苏州市天灵中药饮片有限公司
54		苏州市万康副食品有限公司
55		苏州市相城区黄埭天福食品厂
56		苏州市相城区湘城供销合作社老大房食品厂
57		苏州万福兴糕团食品有限公司
58		苏州吴馨记茶庄有限公司
59		苏州绣娘丝绸有限公司
60		常熟市金蝙蝠工艺家具有限公司
61		太仓市浮桥镇老戚浦江鲜馆
62		吴江市鼎盛丝绸有限公司
63		吴江市同里酱制品厂（普通合伙）
64		江苏品王酒业集团股份有限公司
65		南通丁普照餐饮管理有限公司
66	南通（6家）	南通市穆义丰酒坊有限公司
67		南通遂生堂大药房有限公司
68		南通五山酿造有限公司
69		如皋市广生德大药房连锁有限公司
70	连云港（2家）	灌南县汤沟曲酒厂
71		连云港市天缘食品有限公司
72	淮安（1家）	江苏淮顺堂养生有限公司
73	盐城（2家）	阜宁县阜阳食品有限公司

（续）

序号	城市	企业名称
74	盐城（2家）	建湖县天香食品有限公司
75		江苏江府酿酒有限公司
76		江苏五琼浆酒业有限公司
77		扬州戴春林化妆品有限公司
78	扬州（8家）	扬州市江都区老苏北大酒店
79		扬州维扬豆制食品有限公司
80		扬州五亭食品有限公司
81		扬州裕泰祥茶栈
82		仪征市陈集油米有限公司
83		镇江浮玉麻油有限公司
84	镇江（3家）	镇江京友调味品有限公司
85		丹阳市赵氏二胡有限公司
86		江苏金波酒业有限公司
87	泰州（3家）	兴化市难得酒厂
88		泰州东方糕点有限公司
89		江苏分金亭酒业有限公司
90	宿迁（3家）	江苏苏丝丝绸股份有限公司
91		宿迁市红楼酒家有限责任公司
92	泰兴（2家）	泰兴市人民饭店（仁和楼）
93		泰兴市善予食品有限公司

江苏老字号经过长期的经营和发展，逐渐形成了自己独特的企业文化，成为江苏经济发展的重要支柱，这些老字号长期以来在江苏经济发展中扮演着重要角色。

1. 提供就业机会

老字号通常拥有规模较大、技术水平较高、生产工艺成熟的生产和经营体系。这些老字号具有完整的产业链和供应链，能够提供大量的岗位和就业机会，例如生产、销售、管理、设计等岗位。这些老字号所提供的工作岗位通常需要较高的专业技能和较丰富的经验，这为当地高素质人才提供了就业机会。同时，老字号通常拥有悠久的历史和深厚的文化底蕴，此类特点为这些企业和品牌赋予了独特的文化内涵和市场竞争力。这些老字号在市场上的强大竞争力为企业提供了商业机会和发展空间，也为当地提供了就业机会。江苏老字号一直是地区就业岗位的重要来源，这些企业在其发展过程中不仅吸纳了大量的城市居民就业，其传统特色也为农民就业提供了大量机会。这些就业机会不仅解决了城乡人口就业的问题，更提高了全省的人均收入水平。

2. 促进地方经济发展

江苏老字号在其经营过程中为当地经济发展作出了重要贡献，这些企业不仅提供了重要的税收，更创造了大量的商品和服务，推动了当地经济的发展。江苏老字号在2022年通过"三进三促"活动，打造优质夜间文化和旅游消费空间，提升夜间文旅高质量供给，推动江苏夜经济高质量发展。目前，江苏有国家级夜间文化和旅游消费集聚区6处，省级22处，江苏老字号搭上"夜经济"班车，让人们得以在最原始的消夏方式中，享受古典又潮流的老字号"夜宴"，由"听说过"变为"看得见、摸得着"，使得老字号与盛夏"夜经济"撞满怀，迸发出了众多消费亮点。江苏老字号的发展还能够带动相关产业的发展，如物流、广告等，进一步提升了全省的经济实力。

3. 维护社会稳定

江苏老字号作为江苏的传统企业，在其经营过程中，不仅注重自身的利益，更关注社会责任。这些企业在其经营过程中不断改善员工福利，关注环保和公益事业，积极承担社会责任，维护了当地的社会稳定。首先，老字号企业具有一定的社会影响力和地位，这些企业在长期经营过程中形成了良好的企业文化和品牌形象，得到了社会的认可和信赖，它们不仅是经济实体，更是社会形象的代表，这种影响力和地位可以让老字号企业在危急时刻发挥重要作用，维护社会的稳定。其次，老字号企业具有一定的资源优势，这些企业在长期经营过程中积累了丰富的经验和资源，包括品牌价值、技术经验、客户资源、人才储备等，这些资源不仅可以保证企业的持续发展，也可以用于维护社会的稳定。例如，在自然灾害或其他紧急情况下，老字号企业可以利用自身的资源和能力，积极投入到救援和重建工作中，为社会作出贡献。再次，老字号企业在就业和社会福利方面也具有一定的作用，这些企业往往在当地创造大量就业机会，为社会创造了财富和福利。最后，老字号企业在社会责任和公益方面也表现出了积极的态度，通过各种方式为社会作出贡献，这也是维护社会稳定的重要因素之一。

三、高质量发展的战略需要和政策支持

江苏老字号作为江苏传统企业的重要代表，承载着江苏丰富的历史文化和经济资源。然而，在当前快速变化的市场环境下，江苏老字号也面临着前所未有的挑战。为了实现江苏老字号的高质量发展，相关部门需要制订有效的战略和政策支持，加强品牌建设、数字化转型、创新产品和服务、人才培养和管理等方面的努力。

1. 江苏老字号高质量发展的战略需要

（1）加强品牌建设的需要

江苏老字号拥有悠久的历史和文化底蕴，具有独特的品牌优势。然而，在当今竞争激烈的市场环境下，单纯的历史和文化优势已经不足以保证企业的成功。因此，江苏老

字号需要加强品牌建设，提升品牌形象和品牌价值。品牌建设应该以品牌定位、品牌传播和品牌保护为核心，通过差异化战略、多元化产品和服务、营销创新等手段，打造具有市场竞争力的品牌形象和品牌价值。

（2）进行数字化转型的需要

随着信息技术的快速发展和普及，数字化转型已经成为企业发展的必然趋势。江苏老字号需要加快数字化转型步伐，以提高生产效率、降低成本、优化供应链和增强创新能力。数字化转型应该以信息化平台建设、数据管理和分析、智能制造和物流管理等为核心，通过先进的信息技术手段，实现生产过程的数字化、自动化和智能化。

（3）创新产品和服务的需要

江苏老字号在市场上的竞争力不仅仅取决于企业的历史和文化底蕴，更取决于企业的创新能力。江苏老字号需要加强产品和服务的创新，以满足市场需求和消费者的个性化需求。创新应该以市场需求为导向，注重产品和服务的差异化和特色化，通过研发投入、人才培养和创新创业支持等手段，提升企业的创新能力和市场竞争力。

（4）加强人才培养和管理的需要

江苏老字号需要加强人才培养和管理，以保证企业的长期发展和竞争力。人才培养和管理应该以人才引进、培养、留用和激励为核心，通过优秀人才的引进和培养，不断提高企业的组织能力、管理水平和技术水平。企业还需要建立科学的人才评价和激励机制，激发人才的创造性和积极性，促进企业的创新和发展。

（5）加强企业社会责任的需要

江苏老字号作为传统企业的代表，不仅要追求经济效益，还需要承担社会责任，为社会作出贡献。企业社会责任应该包括环保、公益慈善、职工福利等方面的内容，通过积极参与公益活动、推行绿色生产、建立良好的企业文化和品牌形象，树立企业的社会形象和社会声誉，提高企业的社会价值和社会影响力。

2. 江苏老字号高质量发展的政策支持

2022年江苏省商务厅等8部门出台《关于促进老字号创新发展的若干政策措施》，从5个方面采取16条举措，弘扬江苏优秀传统文化，加快推进江苏老字号改革创新发展，引导江苏老字号加强品牌建设、数字化转型、创新产品和服务、加强人才培养和管理等方面的努力。

（1）加大老字号保护力度

相关部门提出加强老字号文化遗产保护，开展全域全要素历史文化资源调查，从历史、文化、艺术、科学等多重价值维度对老字号开展科学评估。加强老字号原址原貌保护，将老字号网点建设纳入详细规划和各地商业网点规划。在编制城市更新地区、历史风貌区等重点控制区详细规划时，充分考虑老字号历史网点保护相关规划内容。加强老字号知识产权保护，逐步建立老字号保护工作对接机制，及时将"中华老字号""江苏老字号"纳入江苏企业名称禁限用字词库系统管理，在相同行业类别中，限制企业在字号中使用他人老字号，未经其权利人直接授权或者有投资关系的相同行业类别企业名称，一律不予登记。

（2）完善老字号传承体系

相关部门鼓励符合条件的老字号企业积极申报非物质文化遗产生产性保护示范基地、传统工艺工作站，培育传统工艺品牌。支持老字号企业根据自身条件建设传统技艺展示馆和传承所，对具有独特历史意义的老字号濒危传统技艺项目实施抢救性记录和保护。引导老字号企业与高等院校、职业院校开展合作，共建相关工作室和实训基地，鼓励老字号技艺传承人到学校兼职任教，支持有条件的学校开设老字号技艺工艺相关课程。

（3）提升老字号创新能力

相关部门引导老字号企业运用大数据、云计算等现代信息技术，升级营销模式，营造消费新场景。推动电商平台设立老字号品牌专区，鼓励老字号企业线上线下融合发展。推动国有老字号企业深化产权制度改革，建立现代企业制度。支持字号、商标所有人依法评估字号、商标价值，转让商标或作价入股。支持省内有实力的企业依法依规控股、收购、兼并老字号，培育行业龙头企业。鼓励经营业务相近或具有产业关联关系的老字号企业，通过市场化运作，跨地区、跨行业、跨隶属关系重组整合，打造老字号企业集团。

（4）提升老字号发展动能

相关部门统筹城市商业街、步行街规划建设，推动老字号集聚发展，鼓励有条件的地区在引导老字号特色产品和服务集聚、促进特色消费和品牌消费等方面先行先试。鼓励老字号企业在机场、火车站等各类客运枢纽开设旗舰店、体验店；在购物中心、大型百货商场、超市设立老字号品牌专区专柜，提升品牌集聚效应。依托长三角市场一体化合作机制和华东六省一市商标管理协作轮值会议机制，建立老字号品牌信息互认机制和快速协查机制，开展老字号异地协作保护。鼓励长三角地区同根同源老字号开展品牌合作，实现项目共建。充分发挥江苏老字号产业投资基金在支持老字号企业技术、服务、文化、经营创新等方面的积极作用，对品牌价值高、发展潜力大的老字号企业加大资金、管理、技术投入。

（5）营造老字号发展环境

相关部门引导老字号企业推进标准化建设，积极主导或参与制（修）订有关国家标准和行业标准，参与利企业标准"领跑者"活动。鼓励和支持制订老字号传统技艺和服务标准，导入先进的质量管理方法和模式。

综上所述，江苏老字号在经济社会发展中扮演着重要的角色，是江苏经济社会发展的重要组成部分和文化遗产，也是我国优秀传统文化的重要代表。江苏老字号的高质量发展需要政府和企业双方共同努力，政府需要采取一系列措施，为江苏老字号提供政策支持和帮助，企业需要加强自身的品牌建设、提升创新能力、加强人才培养、提升管理水平等，实现高质量发展和长期可持续发展。

第二节　研究内容与方法

江苏老字号的研究内容和研究方法的确定，是江苏老字号高质量发展研究的基础和前提。在研究过程中，需要综合考虑老字号的历史、文化、经营、社会影响等方面，注重实证研究，综合运用多种研究方法，以深入挖掘老字号背后的价值和特点，尽可能全面探索江苏老字号高质量发展的规律。

一、研究对象和范围的确定

1. 江苏老字号研究对象的确定

由于江苏老字号数量众多，因此需要对研究对象进行进一步细化和确定。在确定江苏老字号研究对象时，需要考虑以下因素。

（1）品牌历史悠久性

江苏老字号具有悠久的历史，有些品牌已经存在了几百年。根据商务部、文化和旅游部、市场监管总局、国家文物局、国家知识产权局联合印发的《中华老字号示范创建管理办法》规定，中华老字号品牌创立时间要在 50 年（含）以上。因此，本研究在选择研究对象时，一般认为至少需要有 50 年以上的历史。

（2）独特的商业价值

老字号是我国工商业发展历史中孕育的"金字招牌"，历史悠久，产品和技艺独特，具有很高的经济价值，曾经在满足人们消费需求方面发挥了重要作用。江苏老字号作为商业品牌，其商业价值是研究的重要内容之一。因此，在选择研究对象时，需要考虑品牌的商业价值，包括品牌知名度、市场占有率、品牌形象等方面。

（3）丰富的文化内涵

一个老字号，就是一段历史，一个故事，其本身就是一个地方历史积淀的经典符号，承载着丰富的地方文化内涵。江苏老字号不仅仅是商业品牌，更是我国优秀传统文化的重要代表。因此，在选择研究对象时，需要考虑品牌的文化内涵，包括品牌所代表的传统文化元素、品牌故事等方面。

（4）行业领域范围广

老字号的认定范围包括百货、中药、餐饮、服装、调味品、酒、茶叶、烘焙食品、肉制品、民间工艺品、其他商业、服务行业等，全国有名的如北京全聚德烤鸭、天津狗不理包子、北京内联升布鞋等等，目前全国各行业共有老字号商家 1 万余家。同样，江苏老字号也存在于不同的行业领域，如南京冠生园食品、江苏洋河酒厂、南京金陵药业等。因此，在选择研究对象时，需要考虑品牌所属的行业领域。

综合以上因素，可以确定江苏老字号的研究对象为在江苏经营了50年以上、具有商业价值和文化内涵的历史悠久的商业品牌。

2. 江苏老字号研究范围的确定

江苏老字号作为我国优秀传统文化的重要代表，其研究范围非常广泛。在确定江苏老字号研究范围时，需要考虑以下因素。

(1) 品牌历史

老字号历史悠久，拥有世代传承的产品、技艺或服务，具有鲜明的中华民族传统文化背景和深厚的文化底蕴，取得社会广泛认同，形成良好信誉。江苏老字号的历史可以追溯到几百年前，因此研究范围需要覆盖品牌的整个历史发展过程，包括品牌的起源、发展、转型、创新等方面。

(2) 品牌文化

每一个老字号品牌，都拥有着自己独特的文化底蕴和自己恪守的准则，因为它们不变的坚持，才造就了中华民族独特的老字号文化。江苏老字号作为我国优秀传统文化的代表之一，其研究范围需要覆盖品牌所代表的文化元素、传统价值观、品牌故事等方面，以深入挖掘品牌背后的文化内涵。

(3) 品牌经营

老字号品牌在历史中是有痕迹的，也是有影响力的，只是需要更好的营销手段去适应现在的市场环境，从传统的模式向潮流的营销模式进行转换，让品牌走得更远。江苏老字号的研究范围还需要覆盖品牌的经营管理、市场营销、创新研发等方面，以深入探讨品牌的商业价值和经营理念。

(4) 社会影响

老字号是中华历史长河中世代传承的瑰宝，与人民生活密切相关，让老字号变得更亲民、更加触手可及，更好服务时代新需求、适应当代人求新求变的心理，让更多的老字号"潮起来""火起来""旺起来"，以满足人民日益增长的美好生活需要。江苏老字号在社会上具有重要的影响力和地位，因此其研究范围需要覆盖品牌在社会上的影响、贡献和地位等方面，以深入分析品牌与社会之间的互动关系。

综合以上因素，可以将江苏老字号的研究范围确定为涵盖品牌历史、品牌文化、品牌经营、社会影响等方面的综合性研究。

二、研究方法和数据来源

江苏老字号是我国传统文化的重要组成部分，其研究对于挖掘和传承我国优秀传统文化具有重要意义。在研究江苏老字号时，需要采用科学、客观、全面的研究方法，获取可靠的数据来源，以保证研究的准确性和可信度。

1. 江苏老字号的研究方法

（1）文献资料法

文献资料法是江苏老字号研究中常用的研究方法，通过收集和分析历史文献、档案材料、专业书籍、学术论文等文献资料，来研究江苏老字号的历史沿革、文化内涵、经营管理、创新发展等方面。文献资料法具有数据丰富、研究深度大的优点，能够提供详尽、准确的历史数据和文化背景信息。但是，由于文献资料的局限性，其在研究江苏老字号的商业运作和市场营销方面存在一定的局限性。

（2）案例研究法

案例研究法是江苏老字号研究中常用的研究方法之一，通过选择具有代表性的江苏老字号品牌进行深入研究，来分析其商业模式、市场竞争、品牌价值等方面的特点。案例研究法具有针对性强、研究深度大的优点，能够深入了解江苏老字号品牌的商业运作模式和市场营销策略。但是，由于案例研究法的研究对象数量有限，研究结果的普适性和代表性存在一定的不确定性。

（3）实地调研法

实地调研法是江苏老字号研究中常用的研究方法之一，通过实地访谈、观察、记录等方式，深入了解江苏老字号品牌的经营管理、市场竞争、品牌形象等方面的情况。实地调研法具有直观性强、数据真实可靠的优点，能够从多个角度全面了解江苏老字号品牌的实际情况。但是，实地调研法在调查范围和调查时间上存在一定的限制，调查结果受到个体主观认知和研究者主观判断的影响。

2. 江苏老字号的数据来源

（1）官方统计数据

官方统计数据是江苏老字号研究的重要数据来源之一，包括国家统计局、江苏省统计局等官方机构发布的经济数据、行业数据、市场数据等。这些数据具有权威性和公信力，能够为江苏老字号研究提供准确、全面的数据支持。

（2）公司财务数据

公司财务数据是江苏老字号研究的另一个重要数据来源，包括公司的财务报表、财务指标等。通过分析公司的财务数据，可以了解其经营管理、市场竞争等方面的情况，为江苏老字号的研究提供重要数据支持。

（3）媒体报道

媒体报道是江苏老字号研究的重要数据来源之一，通过收集和分析江苏老字号在各种媒体上的报道，可以了解江苏老字号的历史沿革、品牌形象、市场营销等方面的情况。此外，媒体报道也能够为江苏老字号研究提供实时的市场动态信息和消费者反馈。

（4）网络数据

网络数据是江苏老字号研究的重要数据来源之一，包括互联网搜索数据、社交媒体数据、电子商务数据等。通过分析网络数据，可以了解江苏老字号品牌在互联网上的曝光度、关注度、口碑评价等方面的情况，为江苏老字号品牌的市场营销和品牌推广提供重要数据支持。

（5）专业报告

专业报告是江苏老字号研究的重要数据来源之一，包括行业分析报告、市场调研报告、消费者研究报告等。这些报告具有较高的专业性和权威性，能够为江苏老字号研究提供行业和市场的整体情况分析，为江苏老字号品牌的经营管理和市场营销提供重要参考。

（6）实地调研数据

实地调研数据是江苏老字号研究的重要数据来源之一，包括访谈记录、观察记录、调查问卷等。通过对实地调研数据的分析，可以深入了解江苏老字号品牌的经营管理、市场竞争、品牌形象等方面的情况，为江苏老字号的研究提供实证性的数据支持。

江苏老字号作为我国传统文化的重要组成部分和经济社会发展的重要资源，具有广泛的研究价值和实践意义。明确江苏老字号的研究对象和研究范围，并深入探讨江苏老字号研究的方法和数据来源，对于推动江苏老字号品牌的传承和发展，助力江苏经济社会的高质量发展意义重大。

三、研究流程、技术路线和技术应用

1. 研究流程

江苏老字号高质量发展研究的流程可以分为以下几个步骤：

（1）研究背景和目的的确定

研究人员需要明确江苏老字号的研究背景和研究目的，并做好规划。研究背景包括江苏老字号的历史和文化背景、江苏老字号品牌的现状和未来发展趋势等；研究目的包括深入探究江苏老字号的品牌形象、品牌价值、品牌传承等问题，为江苏老字号的高质量发展提供理论和实践支持。

（2）研究范围和对象的确定

在确定研究范围和对象时，需要综合考虑江苏老字号的品牌类型、地理范围、行业特征、历史背景等因素。研究范围可以分为地域范围和行业范围，研究对象可以包括江苏老字号品牌、江苏老字号文化和历史等方面。

（3）研究方法和数据来源的确定

研究方法和数据来源是江苏老字号研究的关键环节。研究方法包括文献研究、案例分析、实地调研、专业报告等多种方法，数据来源包括文献资料、案例资料、统计数据、专业报告、实地调研数据等。在确定研究方法和数据来源时，需要根据研究目的和研究对象进行合理选择和规划。

（4）数据收集和整理

数据收集和整理是江苏老字号研究的重要环节。研究人员需要通过各种途径获取相关数据，并对数据进行整理和分类，建立江苏老字号的数据库。

（5）数据分析和结论提炼

数据分析和结论提炼是江苏老字号研究的核心环节。在数据分析阶段，研究人员需要运用统计分析、内容分析、案例分析等方法，对数据进行深入分析和挖掘，形成初步结论；在结论提炼阶段，研究人员需要根据研究目的和研究对象，提炼出有价值的结论和建议，为江苏老字号的高质量发展提供理论和实践支持。

（6）撰写研究报告

研究人员需要将研究结果整合成研究报告，包括研究背景和目的、研究范围和对象、研究方法和数据来源、数据收集和整理、数据分析和结论提炼等内容。研究报告应当具有系统性、可操作性和应用性，为江苏老字号的高质量发展提供理论和实践支持。

2. 技术路线

江苏老字号的研究涉及多个领域，需要综合运用多种技术手段。根据研究目的和研究对象的不同，江苏老字号研究的技术路线可以分为以下几类。

（1）文献研究技术

文献研究技术是江苏老字号研究的基础。研究人员需要收集并研究各类文献资料，包括历史文献、文化文献、品牌资料、企业报告等。在文献研究过程中，研究人员需要具备较高的文献鉴别能力和信息筛选能力，确保研究数据的可靠性和有效性。

（2）实地调研技术

实地调研技术是江苏老字号研究的重要手段之一。研究人员需要深入江苏老字号所在地，通过访谈、观察等方式获取相关数据。实地调研的数据可以为江苏老字号的研究提供实证支持，同时也可以为江苏老字号的实践发展提供指导和建议。

（3）统计分析技术

统计分析技术是江苏老字号研究的重要方法之一。研究人员可以通过对数据进行统计分析，获得江苏老字号的品牌形象、品牌价值、品牌传承等方面的数据，并通过比较分析、趋势分析等方法揭示江苏老字号的发展规律和特点。

（4）内容分析技术

内容分析技术是江苏老字号研究的重要方法之一。研究人员可以通过对江苏老字号相关文献资料、媒体报道、企业官网等信息进行内容分析，揭示江苏老字号的品牌形象、品牌价值、品牌传承等方面的内在含义和表达方式，为江苏老字号的品牌建设和传承提供理论和实践支持。

（5）网络挖掘技术

随着信息化技术的发展，网络挖掘技术也成为江苏老字号研究的重要方法之一。研究人员可以通过互联网搜索引擎、社交媒体、电商平台等渠道获取江苏老字号的品牌信息、消费者评价、市场反馈等数据，并通过数据分析和挖掘揭示江苏老字号的市场表现、品牌形象、品牌影响力等方面的信息。

（6）专家访谈技术

专家访谈技术是江苏老字号研究的重要手段之一。研究人员可以邀请江苏老字号的企业家、品牌专家、学者等进行深度访谈，获取他们对江苏老字号品牌价值、品牌传承、品牌营销等方面的意见和建议，为江苏老字号的品牌建设和发展提供借鉴和参考。

（7）大数据分析技术

大数据分析技术是江苏老字号研究的新兴技术。研究人员可以通过收集江苏老字号的大数据，包括交易数据、用户行为数据、社交媒体数据等，利用数据挖掘、机器学习等技术进行分析，揭示江苏老字号的市场表现、消费者偏好、品牌影响力等方面的信息。

（8）数据可视化技术

数据可视化技术是江苏老字号研究的辅助技术。研究人员可以通过可视化图表、地图、网络图等方式将研究数据呈现出来，以便更直观地理解数据之间的关系和趋势。

3. 技术应用

江苏老字号研究的技术路线是多元化的，需要根据研究目的和研究对象的不同灵活运用。以下是江苏老字号研究技术在实践中的应用。

（1）品牌形象研究

品牌形象研究是江苏老字号研究的重要内容之一。研究人员可以通过实地调研、文献研究、网络挖掘等手段获取江苏老字号的品牌形象数据，通过统计分析、内容分析等方法揭示品牌形象的特点和优劣势，并为江苏老字号的品牌建设和推广提供支持。在品牌形象研究中，可以采用问卷调查、深度访谈等方法收集消费者对江苏老字号的品牌形象感知和评价，运用多元回归、因子分析等统计方法进行分析，揭示品牌形象的构成因素和影响因素。

（2）品牌传承研究

品牌传承研究是江苏老字号研究的重要内容之一。研究人员可以通过深度访谈、档案资料、口述历史等手段了解江苏老字号的历史沿革、品牌故事、品牌文化等方面的信息，揭示品牌传承的历程和特点。在品牌传承研究中，可以采用 SWOT 分析、因子分析等方法评估品牌传承的优劣势和发展潜力，为江苏老字号的品牌传承和发展提供支持。

（3）品牌营销研究

品牌营销研究是江苏老字号研究的重要内容之一。研究人员可以通过问卷调查、实地观察、网络挖掘等手段获取江苏老字号的营销数据，包括营销策略、营销渠道、广告宣传、促销活动等方面的信息，并通过数据分析和比较研究揭示江苏老字号的品牌营销特点和成功经验。在品牌营销研究中，可以采用多元回归、因子分析等方法评估品牌营销策略的有效性和影响因素，为江苏老字号的品牌营销提供支持。

（4）品牌创新研究

品牌创新研究是江苏老字号研究的重要内容之一。研究人员可以通过市场调研、文献研究、专家访谈等手段了解江苏老字号的市场需求、消费者偏好、行业发展趋势等方面的信息，并从品牌定位、产品创新、服务创新等方面提出品牌创新的建议。在品牌创新研究中，可以采用因子分析、聚类分析等方法分析品牌创新的重要因素和创新路径，为江苏老字号的品牌创新提供支持。

江苏老字号的研究是一个综合性、系统性、复杂性的课题，需要多学科、多领域的交叉研究和合作。只有加强对江苏老字号的研究和保护，才能更好地传承和发扬中华民族的优秀传统文化，促进江苏老字号的持续发展和繁荣。

第三节 研究框架与限制条件

本研究旨在构建一个系统性的研究框架，以探究江苏老字号高质量发展的路径和机制，从历史渊源、文化传承等角度分析江苏老字号企业的文化特点和传统优势，从创新能力、组织变革、市场营销等方面探讨江苏老字号企业实现高质量发展的策略和路径。同时，研究江苏老字号企业的高质量发展也面临一些限制条件，如受到数据缺乏和信息不对称等因素的影响，研究的深度和广度受到一定限制；老字号具有多样性和复杂性，不同企业之间存在差异性，需要针对性的研究方法和工具；随着时代的变迁和市场竞争加剧，也需要进一步考虑研究结果的可迁移性和可持续性。

一、研究框架和结构的构建

江苏老字号高质量发展研究是对江苏省内老字号品牌高质量发展状况的一次综合性研究，研究框架和结构的构建需要考虑到江苏老字号品牌的特点和研究目的，重点在推进江苏老字号高质量发展上着力。

1. 研究框架

（1）基础研究

基于江苏老字号品牌的历史、文化和产业基础，基础研究包括对其产业链和价值链进行分析，确定其现状和潜在发展机会。这部分内容可通过文献资料、实地调研等方式获取。

（2）实证研究

实证研究包括对江苏老字号品牌的经济、社会和文化价值进行量化和定量研究，确定其贡献和潜在价值。这部分内容可通过问卷调查、数据分析等方式获取。

（3）问题研究

问题研究包括通过对江苏老字号品牌高质量发展中的问题进行深入探讨，寻求解决方案和政策建议。这部分内容可通过专家访谈、会议研讨等方式获取。

2. 研究结构

（1）历史渊源

历史渊源部分介绍江苏老字号品牌的历史渊源和文化传承情况，包括品牌起源、传统工艺、文化特色等方面的介绍。

（2）经济分析

经济分析部分分析江苏老字号品牌在经济发展中的贡献，包括其在就业、财税、贸易等方面的作用，以及品牌企业的商业运营状况和发展趋势。

（3）社会价值

社会价值部分探究江苏老字号品牌在社会发展中的价值，包括对文化传承、社会和谐、民生福祉等方面的贡献。

（4）品牌创新

品牌创新部分探究江苏老字号品牌在高质量发展中的创新方式和策略，包括对科技创新、品牌形象创新、市场营销创新等方面的探讨。

（5）品牌保护

品牌保护部分研究江苏老字号品牌保护的现状和问题，包括知识产权保护、商标保护、品牌传承等方面的内容，并提出相应的政策建议。

（6）政策建议

基于研究结果，政策建议部分提出针对江苏老字号品牌高质量发展的政策建议，包括扶持政策、市场营销政策、文化传承政策等方面的内容，以促进江苏老字号品牌的持续发展。

3. 具体内容

（1）历史渊源

历史渊源部分需要对江苏老字号品牌的历史背景进行介绍，包括其起源、发展历程以及文化传承情况；同时，需要对品牌的特色和传统工艺进行介绍，以便分析后续的经济和社会价值。

（2）经济分析

经济分析部分需要对江苏老字号品牌在经济发展中的贡献进行分析。具体分析包括：①就业贡献。通过对品牌企业的规模和就业情况进行分析，确定江苏老字号品牌对就业的贡献。②财税贡献。通过对品牌企业的营收和税收情况进行分析，确定江苏老字号品牌对财税的贡献。③贸易贡献。通过对品牌产品的进出口情况进行分析，确定江苏老字号品牌对贸易的贡献。④商业运营状况和发展趋势。通过对品牌企业的财务数据和市场营销情况进行分析，确定江苏老字号品牌的商业运营状况和未来发展趋势。

（3）社会价值

社会价值部分需要探究江苏老字号品牌在社会发展中的价值。具体分析包括：①文化传承。通过对品牌的传统工艺、文化特色等方面进行分析，确定江苏老字号品牌对文化传承的贡献。②社会和谐。通过对品牌企业的社会责任、公益活动等方面进行分析，确定江苏老字号品牌对社会和谐的贡献。③民生福祉。通过对品牌产品的品质和价格等方面进行分析，确定江苏老字号品牌对民生福祉的贡献。

（4）品牌创新

品牌创新部分需要探究江苏老字号品牌在高质量发展中的创新方式和策略。具体分析包括：①科技创新。通过对品牌企业的科技投入和创新成果进行分析，确定江苏老字号品牌在科技创新方面的进展和未来发展趋势。②品牌定位和市场营销。通过对品牌的定位策略、市场营销策略等方面进行分析，确定江苏老字号品牌在品牌创新方面的进展和未来发展趋势。③跨界合作和创新。通过对品牌企业与其他行业的合作、跨界创新等方面进行分析，确定江苏老字号品牌在跨界创新方面的进展和未来发展趋势。

（5）政策建议

政策建议部分需要针对江苏老字号品牌高质量发展提出政策建议，包括扶持政策、市场营销政策、文化传承政策等方面的内容。具体建议包括：①加大政策扶持力度。针对江苏老字号品牌企业的规模、年龄、产业领域等特点，提出差别化、定制化的扶持政策，包括财政支持、税收优惠、人才引进等方面。②优化市场环境。针对江苏老字号品牌企业的市场竞争状况和发展需求，提出优化市场环境的政策建议，包括市场准入、品牌保护、行业规范等方面。③加强文化传承。针对江苏老字号品牌企业的文化传承和发展需求，提出加强文化传承的政策建议，包括文化保护、传统工艺传承、人才培养等方面。④促进跨界合作。针对江苏老字号品牌企业的品牌创新和发展需求，提出促进跨界合作的政策建议，包括产业联盟、跨界创新、产业转型等方面。

《江苏老字号高质量发展刍议》所提出的研究框架和结构，对江苏老字号品牌的高质量发展进行了全面系统的研究，为相关企业和政策制订者提供了有价值的参考和借鉴。同时，《江苏老字号高质量发展刍议》也为江苏老字号品牌的持续发展和跨界创新提供了新思路和新方向。

二、研究过程中的主要限制因素

在开展江苏老字号高质量发展研究过程中，存在一些主要的限制因素，这些因素对研究的深入展开产生了一定的影响，主要包括以下几个方面。

1. 数据来源不完整

由于涉及的江苏老字号品牌数量众多，且这些品牌的历史时间跨度较长，因此有些品牌在历史长河中逐渐消失或没有得到充分的记录。同时，有些品牌由于在多年的经营过程中，产生了不同的所有权转移和品牌传承，这些数据难以得到完整和准确的记录，因此，数据来源存在一定的不完整性和不确定性。

2. 研究方法的局限性

研究中采用了多种方法，如问卷调查、案例分析和专家访谈等，但这些方法仍然存在一定的局限性，如问卷调查可能存在问卷设计不当、样本偏差等问题，案例分析可能存在个别案例不具有代表性等问题，专家访谈也可能受到专家背景、知识水平等因素的影响，这些局限性可能会对研究结论的准确性产生一定的影响。

3. 信息共享的限制

在研究过程中，由于涉及商业机密和个人隐私等问题，有些企业和个人可能不愿意提供信息，或者提供的信息可能存在保密性，这些限制可能会对研究的深入展开造成一定的影响。

4. 研究时间和经费的限制

开展研究需要一定的时间和经费支持，但由于时间和经费等限制因素，《江苏老字号高质量发展刍议》无法涵盖所有的江苏老字号品牌，也无法进行深入的细致研究，因此，在研究结果的可靠性和代表性上存在一定的局限性。

5. 研究人员的限制

开展研究需要研究人员具有较强的历史文化素养、市场分析能力、专业能力等条件，但在实际开展中，研究人员可能存在某些方面的局限性，如对某些历史文化细节不了解、市场分析不准确等，这些局限性可能会对研究结果产生一定的影响。

综上所述，江苏老字号高质量发展研究中的主要限制因素包括数据来源不完整、研究方法的局限性、信息共享的限制、研究时间和经费的限制以及研究人员的限制等。这些限制因素对研究的深入展开和结论的准确性产生了一定的影响，需要在研究过程中加以重视和克服。

三、研究结果的可靠性和可行性评估

在开展江苏老字号高质量发展研究的过程中，评估研究结果的可靠性和可行性是非常重要的一环。从数据来源、研究方法、研究结论等几个方面阐述如何评估研究结果的可靠性和可行性有以下几点。

1. 数据来源的可靠性

在进行研究时，数据来源的可靠性是非常重要的。为了确保数据的可靠性，研究人员需要进行多方面的考量，包括数据的来源、数据的收集方式、数据的精确度等。在数据收集过程中，需要遵循科学的研究方法和程序，尽可能保证数据的真实性和可靠性。在评估数据的可靠性时，研究人员需要考虑以下几个方面。

（1）数据来源的合法性

研究人员需要核实数据来源的合法性，确认数据是否来源于权威机构或官方渠道，以确保数据的真实性和可靠性。

（2）数据采集方式的准确性

研究人员需要选择合适的数据采集方式，尽可能保证数据的准确性。可以采用问卷调查、访谈、观察等多种方式进行数据采集。

（3）数据精确度的评估

研究人员需要评估数据的精确度，包括数据的完整性、一致性、精度等方面。通过数据的清洗、去重、筛选等方式，确保数据的精确度。

2. 研究方法的可靠性和可行性

在研究过程中，选择合适的研究方法是保证研究结果可靠性和可行性的重要保障。不同的研究问题和目标需要采用不同的研究方法和技术，才能得到科学和可靠的结论。在评估研究方法的可靠性和可行性时，需要考虑以下几个方面。

（1）研究方法的科学性

研究人员需要选择科学合理的研究方法，尽可能减小研究误差和偏差。同时，在研究过程中需要注意不同方法之间的可比性。

（2）样本的选择和分配

在研究中，研究人员需要选择合适的样本，尽可能保证样本的代表性和可靠性。同时，在样本分配方面也需要注意，尽可能保证不同样本之间的均匀性。

（3）研究结果的解释

在得到研究结果后，研究人员需要对结果进行科学合理的解释。对研究结果的解释需要遵循科学原则和研究目标，同时需要结合实际情况进行评估。

3. 研究结论的可靠性和可行性

在评估研究结论的可靠性和可行性时，需要考虑以下几个方面。

（1）结论是否符合研究目标

研究结论需要与研究目标相符合，即结论是否回答了研究问题，是否符合研究目标。

（2）结论是否具有普遍适用性

研究结论是否具有普遍适用性，即是否可以推广到其他相关领域或地区。

（3）结论是否可行

研究结论的可行性需要根据实际情况进行评估，即结论是否符合实际情况，是否具有可操作性和可实现性。

综上所述，在开展江苏老字号高质量发展研究过程中，评估研究结果的可靠性和可行性需要从数据来源、研究方法和研究结论等多个方面考虑。在评估过程中，需要严格遵循科学原则和研究方法，尽可能保证研究结果的可靠性和可行性，确保研究结论的科学性和实用性。

第二章
江苏老字号发展历程

　　江苏的老字号可以追溯到明代，当时南京是我国的政治中心，商业繁荣，现存的许多老字号也在这个时期诞生。随着时代变迁，江苏的老字号也经历了很多变化，许多老字号开始注重品牌形象的塑造和销售渠道拓展，以更好地满足消费者的需求。江苏老字号的发展历程是一个传承和创新的过程，它们在传承传统技艺的同时，也不断地适应市场需求和时代变革。

第一节　老字号的定义和分类

一、国内外老字号的定义和分类

老字号是指经营时间较长，有着一定历史文化传承，曾经或正在市场上拥有一定影响力的传统企业。这种企业经过时间的沉淀，逐渐形成独特的企业文化和品牌形象；随着经济的发展和社会的变迁，老字号企业面临着新的发展机遇和挑战。因此，对老字号企业的分类和定义具有重要意义。

1. 国内老字号的定义和分类

（1）定义

在国内，老字号企业的定义是指经营时间较长的企业，有着悠久的历史和文化传承，其品牌形象具有一定的市场影响力和知名度。根据 2023 年 1 月商务部、文化和旅游部、市场监管总局、文物局和知识产权局 5 个部门联合出台的《中华老字号示范创建管理办法》规定，老字号是指历史底蕴深厚、文化特色鲜明、工艺技术独特、设计制造精良、产品服务优质、营销渠道高效、社会广泛认同的品牌（字号、商标等）。

（2）分类

根据老字号企业的经营范围和产业类型，可以将国内老字号企业分为以下几类。①工艺老字号。这类老字号企业主要经营传统工艺品的制造和销售，如瓷器、陶器、丝绸、漆器、雕刻、金银器等。②商业老字号。这类老字号企业主要经营商业贸易，如药材、茶叶、绸缎、红木家具、玉器等。③饮食老字号。这类老字号企业主要经营餐饮业，如饭店、小吃店、面点、糕点等。④娱乐老字号。这类老字号企业主要经营娱乐业，如京剧、曲艺、马戏、杂技、民间舞蹈等。⑤民俗老字号。这类老字号企业主要经营民俗文化和民俗用品，如年画、剪纸、民俗节庆用品等。

2. 国外老字号的定义和分类

在国外，老字号企业通常被称为 Heritage Brands，其定义和分类与国内老字号有些许不同。

（1）定义

国外的老字号企业是指那些有着悠久历史、经营时间较长、品牌形象独特、质量稳定、商业价值高的企业。这些企业具有较强的品牌知名度和消费者忠诚度，经营范围广泛，包括时装、珠宝、手表、化妆品、皮具等多个领域。

（2）分类

根据老字号企业的经营范围和产业类型，可以将国外老字号企业分为以下几类。①时尚品牌老字号。这类老字号企业主要经营高端时尚品牌，如法国的路易威登、意大利的古驰、英国的巴宝莉等。②奢侈品老字号。这类老字号企业主要经营奢侈品，如法国的香奈儿、意大利的普拉达、英国的伯爵夫人等。③珠宝老字号。这类老字号企业主要经营珠宝首饰，如法国的卡地亚、意大利的宝格丽、英国的蒂芙尼等。④手表老字号。这类老字号企业主要经营手表，如瑞士的劳力士、欧米茄、爱彼等。⑤化妆品老字号。这类老字号企业主要经营化妆品，如法国的兰蔻、迪奥、香奈儿等。

3. 国内外老字号的比较

相对于国内老字号企业，国外老字号企业有以下几个特点：第一，国外老字号企业的品牌知名度和消费者忠诚度更高，品牌形象更加时尚；第二，国外老字号企业的经营范围更广泛，不仅涉及传统产业，还涵盖了奢侈品等多个领域；第三，国外老字号企业的商业价值更高，它们具有更强的商业竞争力和商业化运作能力；第四，国外老字号企业的文化传承更加深厚，这些企业不仅是商业机构，也是文化机构，能够通过文化传承来强化品牌形象和商业价值；第五，国外老字号企业的国际化程度更高，它们在全球范围内具有影响力，能够通过跨国运营来拓展市场和提升品牌价值。

由此可以看出，老字号企业是一个具有重要历史和文化传承的商业实体，不仅仅是一家企业，更是一种文化和价值的传承。虽然国内外老字号企业的产业类型和经营特点有所不同，但都在经营中秉持着传统文化和商业智慧，强调品质和服务，注重品牌建设和品牌传播。因此，不论是国内老字号还是国外老字号企业，都是不可或缺的文化和商业遗产，值得我们深入研究和传承。

二、江苏老字号的历史渊源和演变过程

江苏是我国文化和商业中心之一，拥有许多历史悠久的老字号。这些老字号在经历了数百年的兴衰和沧桑后，如今已成为江苏乃至我国商业文化的代表。江苏的老字号可以追溯到明朝和清朝，在明、清时期，江苏的繁荣商业和文化交流使得许多老字号得以兴起。

1. 江苏老字号的发展历程

（1）明、清时期

明、清时期，江苏省内的商业经济逐渐兴盛，许多商家开始在江苏省内开设商号，经营各种商品。当时，由于交通不便，商家之间的竞争相对较小，因此一些商号开始受到广大消费者的欢迎和信赖。其中一部分商号最终成了江苏老字号的代表，例如扬州四美酱园、无锡江南梦里水香茶馆等。

（2）中华民国时期

中华民国时期，江苏省内的商业经济进一步发展，一些商号开始进入国际市场，成了中外贸易的桥梁。当时，由于政治动荡和战争的影响，一些商号面临经营困难，但仍有不少商号在逆境中崛起，例如南京奇芳阁、苏州得月楼等。

（3）中华人民共和国建立初期

中华人民共和国成立后，江苏的商业经济开始发生重大变化，许多商号面临新的机遇和挑战。一些商号积极响应国家政策，加强自身的管理和技术创新，不断提升品牌影响力和市场竞争力。其中一些商号成了国家重点保护的文化遗产，例如南京金陵茶社、苏州松鹤楼等。

（4）改革开放以来

改革开放以来，江苏的商业经济发展迅速，一些江苏老字号开始探索市场化经营模式，扩大经营范围和业务领域。同时，老字号也积极参与国内外商业交流和合作，成为江苏经济文化交流的重要使者。例如南京绿柳居、扬州谢馥春、苏州得月楼等江苏老字号，在改革开放的大背景下，迎来了新的发展机遇。

（5）21世纪以来

21世纪以来，江苏老字号的经营环境和市场竞争格局发生了深刻变化。江苏的商业经济进一步发展，消费者对品质和服务的要求也更加严苛。一些江苏老字号逐渐面临市场萎缩和经营困难的问题，但仍有不少商号通过技术创新和品牌升级，实现了转型升级和转型发展。例如南京秦淮人家、苏州石家饭店、无锡聚丰园等江苏老字号，在21世纪的市场竞争中，保持了持续发展的态势。

2. 江苏老字号的经营特点

江苏老字号的经营特点是对传统文化的传承和创新。在江苏的商业文化中，老字号扮演着非常重要的角色。它们不仅承载了传统的文化记忆，也在不断创新中发展壮大。

（1）传承传统文化

江苏老字号传承了中华文化的精髓，将其应用于商业经营之中。通过传统文化的传承，不仅强化了自身的文化底蕴，也向外传播了中华文化的精髓。比如，许多店家都采用了传统的制作方法和技艺，如刻字印章、绣花等，这些都是传统文化的体现，也是江苏商业文化的独特特色。

（2）坚持不断创新

江苏老字号在传承传统文化的同时，也不断地进行商业创新。在竞争激烈的市场环境中，老字号必须不断地进行创新，才能在市场上保持竞争优势。许多江苏老字号在传承传统文化的基础上，也融入了现代元素，比如在装修、服务等方面进行改进和升级。同时，老字号也积极利用互联网等新媒体渠道，进行宣传推广，提高品牌知名度。

（3）坚持质量第一

江苏老字号在经营过程中，始终坚持质量第一的原则。不仅注重食材的选择和质量，也注重制作过程中的细节和环节，力求做出最好的产品。这也是江苏老字号能够经久不衰的关键之一。

3. 江苏老字号的文化特征

江苏老字号是江苏商业文化的重要组成部分，具有浓厚的地域文化特征和历史文化积淀，江苏老字号的文化特征明显。

（1）历史悠久

江苏老字号有着悠久的历史，许多老字号企业成立于明、清时期，经历了几百年的发展历程。这些老字号企业承载着丰富的历史文化遗产，是江苏历史文化的重要见证者和载体。

（2）技艺精湛

江苏老字号的产品大多是手工制作的，传承了丰富的手工艺技艺。例如，南京鸡鸣寺百味斋在保留寺院素斋风味的基础上，结合宫廷素食及民间的口味风格，推出具有鸡鸣寺特色的素菜及素食文化礼品；苏州的老字号采芝斋制作的糖果选料讲究、加工精细、营养丰富、甜香可口。这些传统手工技艺，凝聚着江苏老字号企业的历史文化积淀，是江苏老字号的重要文化特征。

（3）文化内涵丰富

江苏老字号企业有着丰富的文化内涵，体现了江苏的历史文化和地域特色。例如，苏州的老字号采芝斋具有十分明显的文化特征，来到苏州观前街，很容易找到它，这是一座粉墙黛瓦、雕栏画栋的临街楼房，走进方方正正的店堂，仿佛进入了一座小型的苏州园林。这些文化内涵不仅丰富了江苏老字号企业的产品，还体现了江苏老字号企业的文化底蕴和历史积淀。

（4）人情味浓厚

江苏老字号企业经营注重人情味，这是江苏商业文化的重要特征之一。江苏老字号企业的老板通常是本地人，与当地居民有着亲密的联系。在企业经营过程中，老板们注重与员工、客户的交流和沟通，营造出温馨、亲切的经营氛围。此外，江苏老字号企业还注重回馈社会，积极参与慈善公益事业，树立了良好的企业形象，受到当地居民的信赖和支持。

（5）坚持不断创新

江苏老字号企业在传承和发扬传统文化的同时，也积极推进创新。许多老字号企业不断引入新技术、新材料、新设计，使产品更加符合现代消费者的需求。例如，南京的老字号金陵饭店在保留传统的御膳菜系的同时，也开发了符合现代人口味的菜肴；苏州的老字号东山茶厂在传承传统制茶技艺的同时，也推出了许多创新茶品，吸引了广大消费者的关注。

（6）多元文化融合

江苏老字号企业不仅承载着江苏的历史文化，也融合了其他地区和国家的文化元素。例如，南京的老字号南京大牌档在传承南京特色小吃的同时，也融入了上海、浙江等地的美食元素；苏州的老字号百草堂在传承传统草药制品的同时，也融合了西药的现代科技和研究成果，推出了许多健康食品和保健品。这种文化融合的特点，使江苏老字号企业更具有开放性和包容性，也让它们更具有竞争力和发展潜力。

4. 江苏老字号的文化价值

江苏老字号在经营过程中，不仅体现了传统文化的传承和创新，也具有重要的文化价值。它们承载了历史记忆，见证了江苏商业文化的发展和变迁，也是中华文化的重要组成部分。

（1）传承文化记忆

江苏老字号是传承历史记忆和文化遗产的重要载体。通过传承和发扬传统文化，老字号不仅保留了历史的印记，也传承了中华文化的精髓。它们是中华文化的重要组成部分，也是传承中华文化的重要力量。

（2）体现文化特色

江苏老字号在经营过程中，也体现了江苏商业文化的独特特色。它们通过传统文化的应用和创新，打造出独特的品牌形象和文化内涵，成为江苏商业文化的重要代表。

（3）推动文化传播

江苏老字号在经营过程中，也积极推动中华文化的传播。它们不仅在国内推广中华文化，也在国际上积极推动中华文化的传播。通过老字号的品牌影响力和知名度，它们将中华文化带向了世界，成为中华文化的重要代表之一。

5. 江苏老字号的保护和传承

江苏老字号作为传承中华文化的重要载体，其保护和传承也变得尤为重要。在保护和传承过程中，需要政府、企业和社会各方的共同努力，才能使江苏老字号得以长期保持和发展。

（1）政府支持

政府在保护和传承江苏老字号方面，可以通过出台相关政策和法规，鼓励企业保护和传承老字号文化。政府还可以提供相关的资金和支持，促进江苏老字号的发展和传承。

（2）企业自身努力

江苏老字号企业自身也需要不断努力，通过加强品牌管理、提高产品质量、提升服务水平等方式，不断增强品牌竞争力和文化内涵。同时，企业还需要进行品牌推广和营销，提高品牌知名度和美誉度。

（3）社会共同努力

江苏老字号的保护和传承需要社会各方的共同努力。社会大众可以通过参观、购买、宣传等方式，支持江苏老字号的发展和传承。同时，社会各界人士还可以通过组织相关活动和推广，提高老字号的知名度和美誉度，促进其发展和传承。

总的来说，江苏老字号的历史演变过程丰富多彩，不仅是江苏省历史文化的重要组成部分，也是江苏省商业经济的重要代表。从传统手工艺到现代商业模式，江苏老字号不断追求创新和完美，为江苏省的经济和文化发展作出了重要贡献。江苏老字号的未来，需要继续传承和创新相结合，注重品质和服务，加强品牌升级和转型升级，实现转型发展和可持续发展，为江苏经济和文化的繁荣作出更大的贡献。

江苏老字号商家示例

◎扬州富春茶社

扬州富春茶社始创于1885年。富春茶社经过几代人的不懈努力和经营，逐步形成了花、茶、点、菜结合，色、香、味、形俱佳，闲、静、雅、适取胜的特色，被公认为淮扬菜点的正宗代表。富春茶社一开始就以价廉物美的经营方式著称，并始终保持了这一特色。富春茶社的菜肴以清淡味雅、与面点配合见长。富春茶社的传统名点三丁包荣获"金鼎奖"。千层油糕、翡翠烧卖被誉为富春茶社"扬州双绝"。荠菜包、萝卜丝酥饼、蟹黄包、野鸭菜包菜等名点因季而异，应时送出，味美多变。鸡汤面、各式煨面、炒面，味道浓厚。各种酥点、蒸饺、应时小吃和粉点，更是花式繁多，味不雷同。大煮干丝、水晶肴蹄、春笋烧鲴鱼、清炖蟹粉狮子头、糖醋鳜鱼、拆烩鲢鱼头名菜味隽永，风味独特。为了满足不同层次的需要，富春茶社使用了新的调料，增加了一些新的烹调方法，选用低筋特富粉，采用酵母发酵新工艺，使富春点菜在原有基础上更上一层楼。富春创新的菜肴有牡丹鳜鱼、八宝鸡腿、草菇花篮、松子板虾、炸串虾、橄榄豆腐、金凤鱼皮、佛手长鳝鱼、八宝蘑菇球、三丝刀鱼面等30多种。

◎江苏宝庆珠宝股份有限公司

江苏宝庆珠宝股份有限公司前身"宝庆银楼"创建于清朝嘉庆年间，至今已有200多年历史，是国内久负盛名的老字号银楼之一。宝庆银楼主要产品为"宝庆"牌和"宝庆银楼"牌系列金银珠宝首饰及金银摆件。宝庆银楼传统工艺在人脉、艺脉、技脉和文脉上，一脉相承，代代相传。1984年，宝庆银楼在国内恢复了老字号招牌，开始实施品牌战略，创新管理模式，引进国外先进技术设备，从生产型转向生产经营型。"宝庆牌"产品多次荣获省优、部优和国家银质奖，远销东南亚、中东、欧美等多个地区，闻名海内外。

◎江苏谢馥春国妆股份有限公司

江苏谢馥春国妆股份有限公司是中国古老的化妆品企业，其历史可追溯到清道光十年（1830年）创立的谢馥春香粉铺。传统产品鸭蛋粉、冰麝油、香件（誉称东方固体香水）是谢馥春"三绝"。早在1915年美国旧金山巴拿马太平洋万国博览会上，谢馥春香粉、香件就获得大奖，奠定了谢馥春的国际品牌地位。2021 年，谢馥春脂粉制作技艺入选第五批国家级非物质文化遗产代表性项目名录。谢馥春是既有深厚历史积淀，又充满现代朝气的天然化妆品企业。扬州出美人，美容为根本，源自谢馥春。谢馥春基于东方人生理特征，讲求天人合一（天然美妆造就天生丽质），比之西方化学合成品，谢馥春的产品既亲和安全，更符合回归天性和功效性的需求。现在谢馥春的产品技术路线，一是对传统经典工艺进行挖掘，创新生产经典特色产品；二是与权威科研机构合作开发现代生物化妆品，解决肌肤美容问题，抛弃了遮掩式的西方化学美，达到"清水出芙蓉，天然去雕饰"的功效。东方化、功效化、天然化、人性化是谢馥春品牌永恒的内涵，打造东方化妆品的本土领军企业是谢馥春公司的不懈追求。

◎苏州昆山奥灶面

奥灶馆创始于清朝咸丰年间，至今已有 100 多年的历史。它的前身是昆山的"天香馆"，因为经营不善，店主弃馆而走。债主赵三老太将它交给绣娘陈秀英经营，之后"天香馆"被改名为"颜复兴"。心灵手巧的陈秀英本来擅长精细小吃烹调，她认真听取食客的意见，精心烹饪制作的红油面果然非常美味。只有三张半桌子的小面馆，顿时食客盈门，名声四扬。后来，根据"奥妙在灶头上"的意思和谐音，这家面馆被正式命名为"奥灶馆"。

奥灶面深受顾客欢迎，首先是因为汤面有特色，它继承传统做法，用青鱼的鱼鳞、鱼鳃、鱼肉、鱼的黏液煎煮提出汤汁，所以味鲜异常。其次是因为浇头有考究，爆鱼一律用青鱼制作，卤鸭则以昆山大麻鸭为原料，用老汤烹煮，故肥而不腻。再者，面条用精白面加工成龙须面，下锅时紧下快捞，使之软硬适度。奥灶面最注重"五热一体，小料冲汤"，所谓"五热"是碗热、汤热、油热、面热、浇头热；"小料冲汤"指不用大锅拼汤，而是根据来客现用现合，保持原汁原味。红汤重色，白汤重味，各有不同。奥灶面不仅选料讲究，味美鲜醇，另外还有"三烫"的特点：面烫，捞面时不在温水中过水，而在沸水中过水；汤烫，配制好的面汤放在铁锅里，用余火焖煮，保持其温度；碗烫，碗洗净后，放在沸水中取用，不仅保暖，还消毒卫生。因此"奥灶面"即便是在数九寒天，食之也能冒汗。

◎连云港汪恕有滴醋

汪恕有滴醋始创于清初康熙十四年，即 1675 年，距今已有 340 多年的历史。汪恕有滴醋的创始人汪懿余系徽州（辖今安徽黄山、歙县、休宁、祁门、绩溪、黟县及江西婺源等市县地）迁居板浦（隶属于江苏连云港）汪氏的第一代，起初他在家中建立一个作坊，用简单的工具生产数量有限的"老糖"，后来生产食醋。随着生产规模的不断扩大，也为了生意上的方便，便起了店号叫做"恕有"，由于汪氏做的醋酸度甜香醇和，味美津香，每次食用只需几滴则醇香弥足，故称之为"滴醋"，"汪恕有滴醋"从此就作为产品的正式名称而流传下来。汪恕有滴醋用优质高粱和独特的传统固态发酵工艺酿制而成，醇香绵甜、味美津香，含有多种氨基酸和维生素，有健脾开胃、帮助消化等多种功能，是家庭调味、筵席酬宾的佳品。

如今，汪恕有第 11 代传人汪宗遂经营的汪恕有滴醋厂又开发出了醒酒醋、姜汁醋、保健醋等系列产品，行销我国多个地区。系列产品有：圣醋、普醋、礼品醋、精品醋、桶装醋、袋装醋、优质醋、旅游醋、饺子醋、海鲜醋、宴醋、醋饮、水果醋、醒酒醋、姜汁醋、保健醋等。

以上这些江苏老字号都有着悠久的历史和独特的文化底蕴，这些老字号的兴起和发展也见证了江苏商业文化的发展和变迁。

第二节 江苏老字号的兴起和发展

江苏老字号的兴起得益于其深厚的文化底蕴和传承，其特有的传统手工技艺、历史文化和生产经验世代相传，在今天被继承和发扬光大。江苏老字号经营者更是将自己的企业看作文化传承的代表，以文化为根基，以市场为导向，持续推出新的产品和服务，增强市场竞争力。今天的江苏，老字号在文化、商业和社会方面仍然发挥着巨大的作用，是江苏高质量发展不可或缺的组成部分。

一、江苏老字号的创业历程和传承方式

江苏老字号在经历了长达几百年的商业沉淀和市场考验后，逐渐形成了独特的经营模式和传承方式。

1. 江苏老字号的创业历程

江苏自古以来就物产丰富、商贸繁荣，在这样的历史背景下，江苏老字号的创业历程可以追溯到明、清时期，尤其到清朝后期至民国时期，江苏老字号的数量和规模得到了迅速的发展。

（1）明、清时期

明、清时期，江苏已经形成了以苏州、南京、扬州为中心的商业集散地，这些地方的商人开始逐渐成为江苏老字号的创业者。他们以手工业和小作坊为基础，以自然资源和地域特产为依托，采用逐步积累的方式，建立了各自的企业。其中，苏州的刺绣、园林、缂丝、金银锻等手工艺品，南京的金箔、玉雕、印章、书法等文化产业，扬州的鞋帽、油纸伞、糕点、药材等民间工艺品，都在明清时期逐渐成了江苏老字号的代表性行业。

（2）中华民国时期

进入中华民国时期，江苏老字号的创业者开始向现代化的商业模式转型，他们不断引进新技术、新设备和新思想，使得江苏老字号的规模和影响力都得到了进一步的扩展。比如，南京福昌饭店、扬州永祥丰酱园、苏州大鸿运酒店等，都是在中华民国时期逐渐发展壮大的江苏老字号，这些企业逐步实现了品牌的建设，以及规模化、产业化的发展，成了当时江苏商业界的佼佼者。

（3）当代

进入当代，江苏老字号已经成为江苏的文化和商业名片，在市场竞争中始终保持着自己独特的优势和特色，逐渐形成了各自的品牌文化和商业模式。当代江苏老字号的发

展，除了传统的手工艺品、文化产业和民间工艺品之外，还涉及了食品、饮料、医药、化妆品、家居用品等多个领域。比如，扬州瘦西湖的烤鸭、无锡的阳山水蜜桃、南京金陵药业、苏州绿杨餐饮等，都是在当代逐渐崭露头角的江苏老字号品牌。

总的来说，江苏老字号的创业历程可以归纳为从手工作坊到现代企业的演变过程。在这个过程中，它们始终保持了自己独特的优势和特色，不断引进新技术、新设备和新思想，逐步实现了品牌的建设和规模化、产业化的发展。

2. 江苏老字号的传承方式

江苏老字号的传承方式可以分为两种，一种是家族传承，另一种是企业传承。

（1）家族传承

家族传承是指江苏老字号由家族内部进行代际传承的方式。在江苏老字号的创业初期，由于经济条件和市场环境的限制，很多创业者都是以家庭为单位，由几个人共同经营企业。在家族传承中，由于家族成员之间存在着血缘关系和共同利益，传承的过程通常比较稳定和持久。家族传承也有其不足之处，比如对企业管理、运营、市场开拓等方面的要求较高，而且传承范围有限，容易出现家族成员之间的矛盾和纷争。

（2）企业传承

企业传承是指江苏老字号通过设立公司或者合资企业的方式进行代际传承。这种方式相对于家族传承来说，更注重企业的组织化和制度化建设，能够更好地适应市场和经济发展的需要。在企业传承中，由于企业管理、运营、市场开拓等方面的要求较高，需要引进更多的专业人才来管理和经营企业。企业传承也存在着一定的问题，比如可能会失去江苏老字号传统技艺和文化的特色，对品牌的发展产生不利影响。

在江苏老字号的传承过程中，家族传承和企业传承都各有优缺点。但无论哪种方式，都需要注重传承人的培养和选拔，同时也需要注重传承制度和传承文化的建设。只有这样，老字号才能够在传承中不断创新和发展。

3. 老字号传承的根基

（1）传统理念

传统理念是老字号传承的重要基石，老字号之所以能够历经岁月沧桑、延续百年基业，表现出强大的生命力，共性原因就是在企业理念中自觉传承中华优秀传统文化基因。同仁堂、张一元、吴裕泰等名字都来源于《易经》。同仁堂取名自"同人卦"，意在以"天火同人"倡导医者仁义之心；张一元取名自"乾卦"，意在以"元亨利贞"倡导顺应天道自然；吴裕泰取名自"泰卦"，意在以"小往大来"表示安泰与顺利。天福号的"人心自明，善如家人"、同升和的"同心协力，和气生财"、全聚德的"聚拢德行"、义利食品的"先义后利"，主张的都是"以德兴商、诚信为本"。由此可知，传承老字号，首先要传承理念与精神。在现代商业环境下，面对市场上出现的不诚信经营现象，老字号所坚守的文化理念与商业道德尤为珍贵。

（2）工匠精神

工匠精神是老字号传承的关键所在，与消费社会追求"短、平、快"的即时利益相对，老字号背后的技艺追求是精雕细琢、精益求精。在传统社会，手艺人一辈子只做一件事，从生疏到纯熟，从青涩到老练，一件事情、一样东西都努力做到最好。无论是同仁堂的古训"炮制虽繁必不敢省人工，品味虽贵必不敢减物力"，还是吴裕泰的古训"制之唯恐不精，采之唯恐不尽"，都体现出老字号对于品质的坚守。无论是内联升千层底布鞋制作一双千层底布鞋经过的 90 余道工序，还是荣宝斋装裱一幅普通中堂从托心开始至完成的整整 17 道工序，每一个步骤背后都是对顾客的承诺。在充斥着浮躁与喧嚣，强调机器生产、效率至上的大工业时代，全社会对于工匠精神的推崇恰恰体现出"匠心品质"产品的稀缺。工匠精神是精益求精、追求品质、注重细节的工作原则，是专注并持续深耕的职业伦理，以及在此过程中形成的审美与精神气质。人们对于老字号的青睐，既是对工匠精神的认可，也是对高品质产品的期待。

（3）乡愁记忆

深藏于情感深处的乡愁记忆是老字号传承的重要因素。美国学者霍尔布鲁克（Holbrook）和申德勒（Schindler）曾提出消费者怀旧心理，即"一个人对在年轻的时候（成年期早期、青少年期、幼年时期甚至更早）经常出现的人和事物的一种偏好"。简言之，怀旧就是透过记忆尽力去拾起那些给人美好感受的过去。为人熟知的老字号产品、老字号店址，往往凝聚了几代人的共同记忆。一种熟悉的味道、一口亲切的乡音，甚至一张具有年代感的外包装纸，都会唤起"他乡遇故知"的亲切感，进而驱动消费者为共同的情感记忆和文化认知而消费产品或服务。此外，老字号所承载的文化情感与记忆，不仅具有时间性，还具有空间性。当具有强烈情感意义的物体出现在特定的场所，空间的特性就具有情感的价值。

二、江苏老字号的市场竞争和生存状态

在长期的发展中，江苏老字号积累了丰富的品牌文化和传统技艺，得到了广泛的认可和赞誉。然而，在现代经济发展和市场竞争的背景下，江苏老字号也面临着不小的挑战和压力。

1. 江苏老字号的市场竞争优势

（1）品牌历史悠久

由于老字号品牌拥有较为悠久的历史和传统文化，其品牌影响力和知名度往往比新兴品牌更高。首先，品牌历史悠久能够为老字号带来消费者的信任和认可，由于老字号品牌已经存在很长时间，消费者对其品质和信誉有了一定的了解和认可，因此在消费时更容易选择老字号品牌的产品或服务。其次，品牌历史悠久能够为老字号提供独特的文化底蕴和品牌形象，老字号品牌的历史和文化背景往往与当地的历史、文化和传统紧密相连，这种独特的文化底蕴能够为老字号品牌树立独特的品牌形象，增强品牌的辨识度

和品牌价值。最后，品牌历史悠久能够为老字号提供品牌故事和品牌传承的优势。老字号品牌的历史和传承往往伴随着一些传奇故事和传统工艺，这些故事和工艺能够为品牌增添独特的魅力和价值，吸引消费者的注意力和兴趣。江苏老字号有着几十年，甚至上百年的历史，这些品牌在江苏地区拥有较高的知名度和美誉度。品牌历史的悠久，为品牌的传承和发展奠定了坚实的基础，也赢得了消费者对品牌的信任和认可。

（2）传统技艺精湛

传统技艺指的是老字号品牌所拥有的传统工艺和技术，这些技艺源远流长，经过多年的积累和传承，已经达到了非常高的水平和品质。首先，老字号品牌的传统技艺经过多年的积累和不断地提升，已经达到了非常高的水平和品质，老字号品牌的产品往往具有较高的品质和性能，能够满足消费者对品质的高要求。其次，老字号品牌所拥有的传统技艺和工艺往往具有独特的地域文化特色和风格，这种独特的产品特色能够吸引消费者的注意力和兴趣，增强品牌的辨识度和品牌价值。最后，老字号品牌的传统技艺和工艺往往伴随着一些传奇故事和传统文化，这些故事和文化能够为品牌树立独特的品牌形象和品牌价值，增强品牌的魅力和影响力。江苏老字号的产品往往是传统手工制作，产品制作过程中需要经过多次精细加工和打磨，这些传统技艺和工艺秘诀已经在江苏老字号内部传承了数代，具有较高的技术含量和工艺水平，让江苏老字号在市场上具有独特的竞争优势。

（3）产品特色鲜明

产品特色指的是老字号品牌所生产的产品在市场上具有独特的特点和差异化的优势，这些特点和优势能够吸引消费者的注意力和兴趣，增强品牌的辨识度和市场竞争力。首先，老字号品牌的产品往往具有独特的工艺和工法，这些工艺和工法经过多年的传承和发展，已经成为品牌的核心技术和竞争优势。例如，老字号的药材、茶叶、手工艺品等产品往往具有独特的加工工艺和制作工法，这种独特的工艺和工法能够为产品赋予独特的品质和性能，从而吸引消费者的关注和选择。其次，老字号品牌的产品往往具有独特的地域文化特色，老字号所生产的产品往往代表着当地的文化、历史和传统，这种文化特色能够为产品增添独特的品位和情趣，从而吸引消费者的关注和品尝。例如，老字号的糕点、糖果等食品往往代表着当地的糕点文化和制糖技艺，这种文化特色能够为产品增添独特的口感和风味，从而吸引消费者的品尝和购买。最后，老字号品牌的产品往往具有独特的品牌故事和品牌形象。老字号品牌经历了多年的发展和沉淀，积累了丰富的品牌故事和品牌形象，这种故事和形象能够为产品增添独特的情感和价值，从而吸引消费者的情感共鸣和选择。例如，老字号的一些传统手工艺品往往伴随着工匠精神和传统文化，这种品牌故事和品牌形象能够为产品增添独特的价值和魅力，从而吸引消费者的购买和收藏。江苏老字号的产品如扬州糕团、无锡阳山水蜜桃等，这些产品鲜明的地方特色和文化底蕴，让江苏老字号在市场上具有较强的品牌号召力和文化认同度。

2. 江苏老字号的市场竞争劣势

（1）品牌推广和宣传不足

传统老字号往往缺乏现代营销和宣传手段，导致品牌知名度和市场份额相对较低，难以吸引更多的消费者和提高销售额。这种劣势主要表现在：一是老字号品牌往往缺乏现代化的市场营销手段和技巧。传统老字号通常采用传统的销售方式，如以商场、集市、马路边为销售渠道，或者仅依赖一些定点销售。这种方式的销售范围受限，难以覆盖更广泛的市场，而且缺乏专业的市场营销人才和团队，也难以有效地推广品牌和产品。二是老字号品牌在品牌宣传方面往往比较薄弱。老字号虽然历史悠久、技艺精湛、产品特色鲜明，但对于品牌宣传和传播却相对比较被动。很多老字号品牌的宣传方式比较单一，如传统的媒体宣传，而现代的新媒体营销手段则常常被忽略。这导致老字号品牌在年轻消费者中的知名度和认可度相对较低。三是老字号品牌在市场竞争中的价格优势逐渐减弱。虽然老字号品牌在技艺和品质上有一定的优势，但是价格方面往往比较高昂，很多消费者可能会选择其他品牌的产品。此外，一些新兴品牌通过价格策略和营销手段抢占市场份额，也对老字号品牌造成了一定的竞争压力。江苏老字号在江苏虽然具有较高的知名度和美誉度，但在全国范围内的品牌推广和宣传却相对不足，这也导致了江苏老字号在市场上的影响力相对较小，影响了其在全国范围内的市场竞争力。

（2）市场定位不够精准

随着市场和消费者需求的不断变化，老字号品牌的市场定位也需要不断更新和调整。如果老字号品牌的市场定位不够精准，可能会导致以下几个方面的问题：首先，老字号品牌可能会面临市场份额缩减的问题。如果老字号品牌定位过于狭窄，无法适应市场需求变化，或者无法吸引到更多的消费者，那么品牌的市场份额可能会逐渐减少。其次，老字号品牌可能会面临价格压力和利润下降的问题。如果老字号品牌的市场定位不够准确，可能会导致其定价过高或过低，无法在市场中保持竞争力。如果定价过高，可能会导致消费者选择其他品牌的产品，如果定价过低，则可能导致品牌利润下降。最后，老字号品牌可能会面临品牌形象和声誉受损的问题。如果老字号品牌的市场定位与其实际产品特点和品质不符，可能会导致消费者对品牌的信任和认可度下降，从而影响品牌形象和声誉。随着市场竞争的激烈，江苏老字号的市场定位也需要不断调整和升级。一些江苏老字号企业在市场定位上存在一定的模糊性，没有针对不同的消费群体进行精准的市场定位和产品开发，这使得品牌的竞争力受到了一定的影响。

（3）缺乏创新和更新换代

传统技艺和历史文化是老字号品牌的核心竞争力，但如果没有更新换代和创新，就可能难以适应市场和消费者需求的变化，导致品牌的市场竞争力下降。缺乏创新和更新换代可能会导致以下几个方面的问题：首先，老字号品牌的产品可能会失去市场吸引力。随着市场和消费者需求的变化，传统的产品和服务可能会无法满足现代消费者的需求和喜好。如果老字号品牌不能及时推出新产品或更新产品，就可能导致消费者选择其他品牌的产品。其次，老字号品牌可能会面临技术和工艺落后的问题。随着科技和工艺的不断发展，老字号品牌如果不能及时跟进，就可能会落后于市场竞争对手，技术和工艺的落后也可能会导致产品品质下降，从而影响品牌形象和声誉。最后，老字号品牌可能会面临品牌老化和市场萎缩的问题。如果老字号品牌一直停留在传统产品和服务上，没有进行创新和更新换代，可能会导致品牌形象老化，市场萎缩。这将进一步导致品牌的市场竞争力下降，甚至可能会被新兴品牌所取代。江苏老字号虽然具有悠久的历史和传统的技艺，但在面对现代市场的竞争中，缺乏创新和更新换代的思路和策略，不能及时地顺应市场的变化和消费者的需求，导致江苏老字号在市场上的竞争力不足。

(4) 传承人才缺乏和培养不足

老字号品牌的核心竞争力在于传统技艺和文化的传承，但如果没有足够的传承人才和传承机制，这些传统技艺和文化可能会失传或无法得到有效传承，从而影响品牌的市场竞争力。首先，传承人才的缺乏可能会导致老字号品牌的技艺和工艺水平下降。老字号品牌的传统技艺和工艺需要通过一代又一代的传承人来继承和发展，如果没有足够的传承人才，技艺和工艺就可能失传或无法得到有效传承，导致技艺和工艺水平下降，从而影响品牌形象和声誉。其次，传承人才的缺乏也可能会导致老字号品牌的创新和更新换代不足。传承人才的培养需要长期的时间和精力投入，如果没有足够的传承人才和传承机制，就难以在传承和创新之间取得平衡，从而可能导致品牌的市场竞争力下降。最后，传承人才的缺乏也可能会导致老字号品牌的市场竞争地位下降。如果没有足够的传承人才和传承机制，就可能导致品牌的技艺和文化无法得到有效传承和发展，从而失去市场竞争力，甚至可能被其他新兴品牌所取代。江苏老字号的传承人才是品牌传承和发展的关键因素之一，然而目前江苏老字号企业在传承人才方面仍存在一定的问题，传承人才缺乏和培养不足，这也成为江苏老字号在市场竞争中的劣势之一。

3. 江苏老字号应对市场竞争的策略

(1) 加强品牌推广和宣传

老字号品牌面临着日益激烈的市场竞争，为了增强品牌的市场竞争力，加强品牌推广和宣传是一种常见的策略。首先，加强品牌推广和宣传可以提高品牌的知名度和美誉度。老字号品牌通常具有悠久的历史和深厚的文化底蕴，但是由于市场营销手段的欠缺，其知名度和美誉度往往不够高。因此，加强品牌推广和宣传可以通过各种渠道，包括广告、媒体报道、社交媒体、公众号等方式，让更多的人了解和认识老字号品牌，提高品牌的知名度和美誉度。其次，加强品牌推广和宣传可以增加品牌的市场份额。在激烈的市场竞争中，品牌的市场份额直接关系到品牌的生存和发展。通过加强品牌推广和宣传，可以扩大品牌的影响力和市场份额，提高品牌在市场中的竞争力。最后，加强品牌推广和宣传可以提高品牌的忠诚度。老字号品牌通常有着一批忠实的消费者群体，但是在新兴品牌的冲击下，这些忠实消费者的数量可能会减少。通过加强品牌推广和宣传，可以维护老字号品牌的传统形象和文化内涵，增加消费者对品牌的信任和忠诚度，从而提高品牌的市场竞争力。江苏老字号企业需要加强品牌推广和宣传，积极参加各类展会和活动，增加品牌的曝光度和影响力。同时，可以通过网络推广、社交媒体等方式，扩大品牌的覆盖面和传播效果，提高品牌的知名度和美誉度。

（2）精准市场定位

精准市场定位是企业通过对市场和消费者需求的深入研究，确定自身产品或服务的目标市场和目标消费者群体，并针对这一群体进行差异化的营销策略。首先，要研究市场和消费者需求，老字号企业需要了解市场行情和趋势，掌握消费者的需求和偏好，以及竞争对手的优劣势。其次，要确定目标市场和消费者。根据市场和消费者需求的分析，老字号企业需要确定适合自身产品或服务的目标市场和消费者群体，并明确其需求和行为特征。再次，要建立品牌形象和差异化营销策略。老字号企业需要根据目标市场和消费者的需求和特征，建立符合品牌形象和特点的差异化营销策略，以突出企业的独特性和优势。最后，要跟进市场反馈和调整策略。老字号企业需要不断跟进市场反馈和调整策略，以适应市场变化并保持竞争优势。通过精准市场定位，老字号企业可以找到自身的市场定位和竞争优势，避免盲目扩张和产品同质化竞争，提高企业的市场占有率和盈利能力。同时，老字号企业还可以利用自身的传统文化和历史底蕴来吸引消费者，打造独特的品牌形象，从而获得更多市场份额和消费者的认可。江苏老字号企业需要根据市场需求和消费群体的特点，进行精准的市场定位和产品开发。

（3）创新和更新换代

虽然老字号企业有其独特的传统文化和历史底蕴，但是在如今快速变化和竞争激烈的市场环境下，老字号企业需要不断创新和更新换代来应对市场竞争。创新和更新换代是老字号企业应对市场竞争的一种有效策略，其核心在于老字号企业需要不断改进产品和服务，以适应市场需求和消费者偏好。老字号企业可以通过几个方面来实现创新和更新换代：一是更新产品线。老字号企业可以根据市场需求和消费者的偏好，对传统产品进行改良和升级，或者开发新产品线，以吸引更多的消费者。二是推广新技术和新工艺。老字号企业可以引进新的技术和工艺，提高产品的品质和竞争力，满足消费者的需求和偏好。三是重塑品牌形象。老字号企业可以重新定位和塑造自身品牌形象，以适应新的市场需求和消费者的偏好。可以通过打造新的品牌形象和宣传策略，吸引更多消费者的关注和获取认可。四是开展文化创意产品。老字号企业可以开展文化创意产品，利用自身传统文化和历史底蕴，打造具有独特性的产品和服务，吸引更多消费者的关注和认可。通过创新和更新换代策略，老字号企业可以不断改进和提升产品和服务的品质和竞争力，吸引更多的消费者，提高市场占有率和盈利能力，同时也可以保持传统文化和历史底蕴的传承和发展。江苏老字号企业需要积极创新和更新换代，开发出符合市场需求的新产品，增加品牌的新鲜感和时尚感。同时，在传统技艺的基础上，引入现代化的科技手段和生产工艺，提高产品的品质和生产效率，增强品牌的竞争力。

（4）发挥传统技艺优势

老字号拥有悠久的历史和深厚的文化底蕴，以及传统的技艺和工艺，这些都是老字号独特的优势，老字号应该发挥好这些传统技艺优势来应对市场竞争，这是一种有效的策略。老字号企业可以通过以下几个方面来发挥好这一传统技艺优势：一是保持传统技艺的传承和发展。老字号应该提高技艺水平和工艺精湛程度，以保证产品的质量和品质，吸引更多的消费者。二是打造独特的产品和服务。老字号可以利用传统技艺和工艺，打造具有独特性和文化底蕴的产品和服务，满足消费者的需求和偏好。三是引入现代化技术和设备。老字号可以将传统技艺和工艺与现代化技术相结合，提高产品的质量和竞争力。四是加强品牌形象宣传。老字号可以将传统技艺和工艺融入品牌形象，打造独特的品牌文化，提高品牌的知名度和认可度。通过发挥传统技艺优势，老字号可以打造具有独特性和文化底蕴的产品和服务，满足消费者的需求和偏好，提高产品的质量和竞争力，同时也可以保持传统技艺和工艺的传承和发展。江苏老字号企业要发挥传统技艺的优势，弘扬民族文化，提高品牌的文化内涵和品牌价值。在产品设计和生产过程中，注重保护和传承传统技艺，让消费者感受到传统文化的魅力和品牌的历史价值，从而提高品牌的美誉度和市场竞争力。

（5）加强人才培养和传承

老字号企业的人才储备是其发展的重要支撑，加强人才培养和传承是老字号企业应对市场竞争的重要策略。首先，要建立完善的人才培养体系。老字号企业可以建立完善的人才培养体系，包括招聘、培训、激励等方面的制度，吸引和留住人才，提高人才的素质和能力。其次，要加强传统技艺和工艺的传承。老字号企业应该加强传统技艺和工艺的传承，将技艺和工艺的精髓传授给年轻一代，保证技艺的延续和发展。再次，要鼓励创新和变革。老字号企业可以鼓励员工进行创新和变革，引入新的技术和工艺，不断推陈出新，适应市场需求和变化。最后，要建立良好的企业文化。老字号企业应该建立良好的企业文化，倡导"以人为本"的管理理念，关注员工的成长和发展，营造良好的工作氛围和团队精神。通过加强人才培养和传承，老字号企业可以吸引和留住人才，提高人才的素质和能力，保证技艺的传承和发展，这将有助于老字号企业在市场竞争中保持竞争优势和长期发展。江苏老字号企业要加强人才培养和传承工作，注重挖掘和培养传承人才，建立完善的人才梯队和培训体系。同时，在传承过程中，要加强对传统技艺的保护和研究，探索创新的传承方式和策略，让品牌的传承更加有力有序，从而确保品牌的长远发展。

作为江苏重要的文化遗产和地方经济发展的重要支柱，江苏老字号企业在传承和发展过程中，面临着多方面的挑战和机遇。在竞争日益激烈的市场环境下，江苏老字号企业需要不断创新和更新，加强品牌推广和宣传，精准市场定位，发挥传统技艺优势，加强人才培养和传承，以提高品牌的市场竞争力和发展潜力，实现品牌的持续发展和繁荣。

三、江苏老字号的品牌建设和市场营销

江苏老字号的品牌建设和市场营销是企业发展的关键环节，也是提升企业品牌影响

力和市场竞争力的重要手段。

1. 品牌建设

品牌建设是江苏老字号企业发展的基础,既要保持传统的历史文化底蕴,又要追求现代化的企业管理和营销模式,打造独特的品牌形象和特色。

(1) 传承历史文化,突出品牌特色

作为一种特殊的商业形态,老字号品牌不仅具有丰富的历史和文化积淀,也代表了一个国家、地区、城市的历史和文化特色。因此,在老字号品牌建设中,传承历史文化并突出品牌特色是非常重要的内容之一。一方面,传承历史文化是老字号品牌的核心,也是其独特性的来源。老字号品牌建设必须将其历史文化传承下去,不仅是为了弘扬民族文化、传承优秀传统文化,更是为了传承品牌的精神和价值观,为品牌的持续发展打下坚实的基础。通过传承历史文化,老字号品牌能够更好地抓住消费者的心理需求,提高品牌的认知度和美誉度,提升品牌的竞争力。另一方面,突出品牌特色是老字号品牌建设的重要内容之一。在市场竞争日益激烈的今天,老字号品牌需要在众多品牌中脱颖而出,树立自己的品牌形象和特色。通过突出品牌特色,老字号品牌能够吸引更多的目光,提高品牌的知名度和美誉度。同时,品牌特色也是老字号品牌的核心竞争力之一,通过不断强化品牌特色,可以增强品牌的竞争力,从而更好地抓住市场机遇。只有不断弘扬历史文化,挖掘品牌特色,才能使老字号品牌在市场中立于不败之地,更好地为消费者服务。江苏老字号企业承载着历史的记忆和文化的传承,因此品牌建设主要包括企业文化的建设、品牌形象的设计、产品质量的保证等方面,同时要在传承传统文化的基础上,创新和突出品牌的特色,通过不断改进和优化产品和服务,提升品牌的竞争力。

(2) 加强品牌推广和宣传

在当前市场竞争激烈的情况下,老字号品牌需要加强品牌推广和宣传,以提高品牌知名度、美誉度和市场份额。首先,通过有效的推广和宣传,可以让更多的消费者了解老字号品牌的特色、历史和文化,提高他们对品牌的认知度和信任度,从而增强品牌的美誉度和口碑。其次,加强品牌推广宣传可以提高品牌的市场份额,在市场竞争激烈的情况下,通过广泛的宣传和推广,老字号品牌可以更好地抓住市场机遇,扩大市场份额。同时,通过不断创新推广方式和宣传手段,可以吸引更多消费者的关注,提高品牌的市场竞争力。最后,加强品牌推广和宣传可以促进品牌的长期发展,老字号品牌具有悠久的历史和丰富的文化内涵,但随着市场环境的变化,消费者的需求也在不断变化。因此,加强品牌推广和宣传可以帮助老字号品牌更好地了解市场需求和消费者心理,不断创新品牌形象和特色,适应市场发展变化,从而实现品牌的长期发展。江苏老字号企业可以通过各种宣传手段,包括电视广告、报纸杂志广告、户外广告、互联网营销等,提升品牌的知名度和美誉度。此外,企业可以利用自己的历史文化背景和品牌特色,在各类展览会、文化节等活动中积极参与,加强品牌的宣传和推广。

（3）强化品牌形象的管理和维护

品牌形象是消费者对品牌的感知和认知，包括品牌的特点、形象、价值观等，是品牌价值的重要组成部分，对老字号品牌来说，强化品牌形象的管理和维护是至关重要的。首先，强化品牌形象的管理和维护可以保护品牌的信誉和形象。在市场竞争激烈的情况下，品牌形象的损害会对品牌带来不可估量的影响。因此，老字号品牌需要建立健全品牌形象管理制度，加强品牌形象的监测和维护，及时发现和应对各种形象风险，保护品牌的信誉和形象。其次，强化品牌形象的管理和维护可以提高品牌的竞争力。品牌形象是消费者购买决策的重要因素之一。通过强化品牌形象的管理和维护，老字号品牌可以提高品牌的美誉度和认知度，增强品牌的吸引力和竞争力，从而赢得更多的市场份额。最后，强化品牌形象的管理和维护可以促进品牌的长期发展。老字号品牌具有悠久的历史和丰富的文化内涵，但随着市场环境的变化，消费者的需求也在不断变化。因此，强化品牌形象的管理和维护可以帮助老字号品牌更好地了解市场需求和消费者心理，不断创新品牌形象和特色，适应市场发展变化，从而实现品牌的长期发展。江苏老字号企业应该根据市场需求和品牌特点，对品牌形象进行管理和维护。企业应该建立完善的品牌形象管理体系，制订科学的品牌形象管理制度，规范品牌形象的使用和维护。此外，企业还应该加强与消费者的沟通和反馈，及时了解消费者的意见和需求，作出相应的调整和改进。

2. 市场营销

江苏老字号企业要在市场上取得成功，必须具备优秀的市场营销能力，因此市场营销也是企业发展的重要环节。市场营销包括市场调研、市场定位、产品策划、销售渠道、价格策略等方面。

（1）市场调研

市场调研是指通过一系列的调查和分析方法，了解市场和消费者的需求、喜好、行为等情况，以制订合理的市场营销策略。首先，调查目标市场和消费者需求。老字号品牌要明确自己的目标市场和消费者，了解他们的需求和偏好，以及他们在购买决策中关注的因素。通过市场调研，可以帮助老字号品牌更好地了解消费者的需求，精准地定位市场和产品，制订更有效的营销策略。其次，分析竞争对手和市场环境。老字号品牌需要通过市场调研，了解竞争对手的产品特点、品牌形象、市场份额等信息，以及市场环境的趋势和变化。这有助于老字号品牌在竞争激烈的市场中制订更具有竞争力的市场营销策略。最后，评估市场营销效果。老字号品牌需要通过市场调研，了解自己的市场营销策略是否取得了良好的效果，以及哪些方面需要改进和优化。这有助于老字号品牌不断改进自身的市场营销策略，提高品牌的市场影响力和竞争力。市场调研是市场营销的第一步，它能够帮助企业了解市场需求和竞争状况，制订科学的市场营销策略。江苏老字号企业可以通过对消费者需求、竞争对手、市场趋势等方面的调研，了解市场的潜在机会和风险，制订适合市场需求的产品和营销策略。

（2）市场定位

市场定位指的是确定老字号品牌在市场中的位置，以及如何针对目标市场和消费者制订适当的营销策略。首先，需要通过市场调研等方式，了解自己的目标市场和消费者的需求、行为习惯、购买力等情况。这有助于老字号品牌更准确地定位自己在市场中的位置，并制订更适合目标市场和消费者的营销策略。其次，确定老字号品牌的市场定位策略。老字号品牌需要根据目标市场和消费者的需求，确定自己在市场中的定位，包括产品定位、品牌定位和价值定位等。老字号品牌需要通过市场调研等方式，了解竞争对手的市场定位和策略，以制订更具有差异化和竞争力的市场定位策略。最后，制订针对市场定位的营销策略。老字号品牌需要根据自己的市场定位策略，制订相应的营销策略，包括产品设计、品牌宣传、价格策略、销售渠道等方面。这有助于老字号品牌在市场中更加精准地定位自己，提高品牌的市场竞争力和市场占有率。市场定位是企业在市场上定位自己的位置，确定自己的目标市场和竞争策略。江苏老字号企业应该根据自身的品牌特色和市场调研结果，确定自己的目标市场和定位策略，以便有效地满足消费者需求和提高市场份额。

（3）产品策划

产品策划指的是为了满足市场需求和消费者需求，通过对老字号品牌产品的策划、设计、研发和创新等方式，来提高产品的质量和附加值，从而增强品牌的市场竞争力和品牌价值。首先，需要通过市场调研等方式，了解市场和消费者的需求和趋势，分析市场状况和竞争情况，为产品策划提供依据和方向。其次，根据市场调研的结果，确定自己的产品策略，包括产品定位、产品特点和产品创新等方面。老字号品牌需要根据自身的历史文化和品牌特色，结合市场需求和消费者需求，进行产品策略的制订。再次，根据产品策略，进行产品的设计和研发。产品设计需要考虑产品外观、功能、质量、材料、包装等方面，以满足消费者的需求和品牌的形象定位。产品研发需要进行技术创新和工艺改进，提高产品的质量和附加值。最后，根据产品策略和产品设计，进行相应的产品营销，包括品牌宣传、推广和销售渠道等方面。通过营销，老字号品牌可以提高产品的知名度和认可度，从而增强品牌的市场竞争力和品牌价值。产品策划是企业营销活动的核心，江苏老字号企业应该根据市场调研和市场定位，确定产品定位和开发方向，提高产品质量和服务水平，不断创新和优化产品设计和包装。同时，企业还应该加强产品推广和宣传，提高品牌知名度和美誉度。

（4）销售渠道

销售渠道指的是老字号品牌将产品和服务送达到消费者手中的渠道和方式。建好销售渠道可以帮助老字号品牌扩大市场份额，提高品牌知名度和产品销售量。首先，要建立多样化的销售渠道，包括传统的线下销售渠道和现代的线上销售渠道等。线下销售渠道可以通过实体店、市场摊位等方式，将产品和服务直接提供给消费者。线上销售渠道可以通过电商平台、社交媒体等方式，将产品和服务直接提供给消费者。其次，要提高销售渠道的覆盖面和效率，要通过加强物流配送和售后服务等方面的建设，提高销售渠道的效率和便捷性，提高消费者的购买体验。再次，要与合作伙伴建立良好的合作关系，包括经销商、代理商、零售商等。通过与合作伙伴密切合作，老字号品牌可以在销售渠道的建设和管理方面获得更多的资源和支持，提高销售渠道的效益和质量。最后，要加强销售渠道的管理和优化，包括销售渠道的选址、产品陈列、促销策略等方面。通过加强销售渠道的管理和优化，老字号品牌可以提高销售渠道的效益和品牌形象，进一步提升品牌市场竞争力和品牌价值。销售渠道是企业与消费者之间的桥梁，它直接影响到企业的销售业绩和市场份额。江苏老字号企业应该根据市场需求和品牌特色，选择适合自己的销售渠道，包括实体店、网络销售、移动端销售等，不断拓展销售渠道，提高销售业绩。

（5）价格策略

价格策略是指老字号品牌制订的产品价格和销售策略，以达到营销目标的方案和规划。制订好价格策略可以帮助老字号品牌在市场中获得更大的利润，提高品牌价值和市场竞争力。首先，确定产品的定价策略，可以采取高价策略、低价策略、竞争性定价策略、市场份额保持策略等，以满足不同的市场需求。其次，制订销售策略，可以采取捆绑销售、促销活动、团购优惠等，以吸引消费者的购买欲望。再次，考虑成本控制，如降低生产成本、提高生产效率、优化供应链管理等，以降低产品成本和提高利润率。最后，根据市场反馈进行调整，以适应市场变化和提高品牌竞争力。可以根据市场需求、产品销售情况和竞争情况等因素进行价格策略的调整，以达到最优的营销效果。价格策略是企业营销活动中的重要一环，江苏老字号企业应该根据市场调研和市场竞争状况，制订合理的价格策略，包括产品定价、促销策略等，以便在市场中占据有利地位。

综上所述，江苏老字号企业的品牌建设和市场营销是企业发展的关键环节，它们的品牌价值和市场竞争力直接影响着企业的长期发展。

第三节　江苏老字号发展的特点和贡献

老字号是我国传统商业文化的重要组成部分，是历史、文化和经济的交汇点，它们经历风雨，见证百年商业发展，留下了宝贵的文化和历史遗产，老字号的发展历程有其独特的特点和贡献，它们不仅坚持自己的商业信仰，还积极应对各种挑战，不仅为社会发展作出了经济贡献，更为文化传承作出了重要贡献。

一、江苏老字号发展的主要特点和亮点

江苏老字号是我国传统文化的重要组成部分，在长期的历史发展中，江苏老字号企业形成了一些独特的特点和亮点。

1. 历史悠久、文化积淀深厚

老字号品牌或企业的历史可以追溯到几十年甚至上百年前，经历了时间的考验和市场的变化，是社会文化的见证者，在经营过程中逐渐形成了独特的文化，这种文化包括品牌文化、商业文化和传统文化等，在历史和文化的积淀下逐渐形成了独特的文化特征和商业价值。江苏老字号经过长期的发展，形成了独特的文化和品牌形象，这些老字号在历史上曾经创造了很多传奇故事和商业传奇，承载了我国传统文化和商业文化的精髓。

2. 传统手工艺与现代科技相结合

传统手工艺和现代科技的结合，使得老字号在保持传统文化传承的同时，也不断更新和升级自身的技术和产品，更好地适应市场需求。老字号具有传统手工艺的特点，传承了我国的传统文化和手工艺技术，这些技术历经时间的洗礼和沉淀，具有独特的工艺特色和文化价值。老字号传承和发扬传统手工艺，使得这些手工艺不至于在现代被遗忘。同时，老字号也将现代科技融到传统手工艺之中，采用先进的生产技术和设备，更好地提升产品品质和生产效率。江苏老字号传统手工艺和现代科技的结合，使得产品更加优质、多样化、具有竞争力，不仅满足了市场需求，也进一步弘扬和传承了我国的传统文化和手工艺技术，使企业更加具有市场竞争力。

3. 独特的产品特色和品牌形象

老字号在长期的经营历程中，逐渐形成了独特的产品特色和品牌形象，成为消费者心目中信任和选择的对象。老字号的产品特色具有独特性和传统性，在传承和发扬传统

工艺技术的基础上，在产品研发和设计上不断创新和完善，使得产品具有更高的品质和更丰富的特色；老字号的产品特色经过长时间的积淀，成为消费者心目中的独特标识。老字号的品牌形象是基于独特的产品特色建立起来的，品牌形象是企业对外界的展示和宣传，包括企业文化、品牌形象、广告宣传等，老字号的品牌形象具有悠久的历史和浓厚的文化底蕴，体现了我国传统文化的精髓和价值。在市场竞争日益激烈的今天，老字号需要不断加强品牌营销和形象塑造，以保持市场竞争力和持续发展。江苏老字号企业通过深入了解消费者需求和市场趋势，推出适合市场的独特产品，并打造了独特的品牌形象和文化内涵。

4. 多元化经营，开拓新市场

多元化经营是指企业通过开展多样化的经营活动，从而实现业务增长和风险分散。开拓新市场则是指企业通过不断拓展市场、推出新产品或服务等方式，来寻找新的增长点和发展机会。老字号通过多元化经营，可以将传统工艺技术运用到不同领域，扩大产品线，增强企业的竞争力。同时，通过多元化经营，还可以降低企业的经营风险，提高企业的盈利能力。老字号可以在保持传统工艺特色的前提下，拓展产品线，增加新的经营领域，如餐饮、旅游、文化创意等，从而实现多元化经营。开拓新市场是老字号发展的重要途径之一，随着市场竞争的加剧和消费需求的不断变化，老字号需要不断创新，推出符合市场需求的新产品或服务，开拓新的市场。例如，一些老字号推出了网上销售、定制服务等，以满足消费者个性化需求。江苏老字号企业通过多元化经营和开拓新市场，可以更好地适应市场需求和发展趋势，实现企业的快速增长和发展。

5. 积极承担社会责任

作为具有历史和文化底蕴的品牌或企业，老字号不仅仅是追求经济利益，也承担着一定的社会责任，积极承担社会责任，是老字号所体现的企业责任感。老字号承担社会责任的形式多种多样，比如回馈社会、公益慈善、环境保护等。通过这些方式，老字号展现了企业对社会和环境的关注和责任感。其中，回馈社会是老字号承担社会责任的重要途径之一，老字号可以通过提供就业机会、缴纳税收等方式回馈社会。此外，一些老字号还积极参与公益慈善活动，捐赠物资，支持教育、扶贫、医疗等公益事业。一些老字号也通过推广绿色产品、环保技术等方式，引领社会环保风尚。老字号积极承担社会责任，不仅提高了企业的社会声誉，也推动了企业自身的发展。江苏老字号企业积极参与公益事业和社会活动，承担社会责任，塑造企业良好形象。企业通过关注环保、扶贫、文化传承等活动，来回馈社会，提升品牌知名度和美誉度。

6. 传承与创新并重

传承是老字号的根基和核心竞争力，创新也是老字号发展的重要动力。传承和创新的平衡，是老字号发展的关键所在。传承是老字号的基础，老字号作为历史悠久、文化积淀深厚的品牌或企业，具有独特的文化底蕴和传统工艺，老字号通过代代相传的方式，将其传统工艺和文化传承下来，保持其传统特色和品牌形象。通过传承，老字号保持了品牌的稳定性和品质的可靠性，也弘扬了我国传统文化和工艺。创新是老字号发展的重要动力，随着市场需求和消费者需求的不断变化，老字号需要不断创新，推出符合市场需求的新产品或服务。老字号可以在保持传统工艺特色的前提下，引入现代科技、设计等创新元素，推出更具竞争力的产品，增强企业的市场竞争力。传承与创新并重是老字号发展的重要战略，传承保持了老字号品牌的稳定性和品质的可靠性，创新则增强了老字号的市场竞争力和发展动力。传承和创新的平衡，使老字号在保持传统特色的同时，也能够不断适应市场需求和发展趋势。同时，传承和创新也相互促进，传承的基础为创新提供了源源不断的灵感和素材，创新又为传承注入了新的活力和价值。江苏老字号企业在传承企业文化传统的同时，注重创新，不断推陈出新，保持市场竞争力。

7. 高度重视人才培养和创新

作为历史悠久、文化积淀深厚的品牌或企业，老字号非常注重人才培养和创新，这是其发展的重要动力。人才是老字号的核心资源，老字号在发展过程中，注重发掘和培养人才，尤其是传承人才。老字号在培养人才方面有着独特的方式和手段，比如采用传统的师徒制度，将经验和技艺代代相传。同时，老字号也积极引进外部人才，为企业注入新的思想和技术，提高企业的竞争力。创新是老字号发展的重要动力，老字号注重创新，尤其是技术和产品的创新；老字号积极推广新技术，引进新设备，推出符合市场需求的新产品，不断提高企业的竞争力和市场地位。同时，老字号也注重品牌形象的创新，通过产品包装、广告等方式提高品牌形象的时尚性和新颖性，吸引更多年轻消费者。老字号高度重视人才培养和创新的特点是其长期发展的关键所在，通过不断引进和培养人才，提高技术水平和管理能力，实现技术和产品的创新；可以更好地适应市场需求和发展趋势，保持品牌的竞争力和地位。江苏老字号企业注重培养和引进高素质人才，通过知识产权保护和技术研发等方式来促进企业技术创新和产品升级，在传统手工艺方面，企业通过建立技能培训机制，培养年轻一代的技艺传承人，实现了技艺传承的有机衔接。

8. 具有地域特色和文化品牌影响力

老字号是传承了地方特色和文化的品牌或企业，其产品和服务与地方文化密不可分，因此具有地域特色。同时，老字号在长期的发展过程中，积淀了丰富的文化内涵和品牌形象，具有较强的文化品牌影响力。老字号的地域特色体现在多个方面，如产品的原材料和工艺、产品的口感和风味、品牌的历史和传承等，这些特色不仅体现了地方的文化底蕴和特色产业，也为老字号的发展提供了独特的优势，如老字号的产品常常成为地方文化的代表，吸引着游客和消费者前来体验和购买。老字号的文化品牌影响力体现在品牌形象的建设和传播上，在长期的发展过程中，积累了丰富的品牌内涵和传统文化元素，例如传统工艺、文化符号、历史传承等，形成了独特的品牌形象和品牌故事。这些元素通过品牌传播和推广，为老字号赢得了广泛的认可和忠实的顾客群体。老字号具有地域特色和文化品牌影响力的特点，这些特点是老字号长期发展的重要保障，不仅有助于老字号在地方市场的占领和竞争，也有助于老字号在国内外市场的传播和扩张。江苏老字号企业在地域文化方面具有很大的特色和影响力，比如扬州的瘦西湖、苏州的园林文化、南京的文化古迹等，这些文化元素被融到企业的品牌建设和市场营销中，增强了企业的品牌形象和文化内涵。

9. 面向全球市场，拓展海外市场

在经济全球化的背景下，老字号已经开始关注和开拓海外市场，一方面是由于国内市场的竞争越来越激烈，另一方面也是因为海外市场具有更广阔的发展空间和机会。老字号拓展海外市场的方式和手段多种多样，一方面，通过参加各种国际展会和交流活动，积极开展市场调研和品牌宣传，了解海外市场的需求和消费习惯，寻找和建立合作的渠道；另一方面，也通过建立自己的海外销售网络和电商平台，直接面向海外消费者提供产品和服务。老字号拓展海外市场还有一个重要手段是文化输出，作为具有深厚文化底蕴的品牌，其产品和服务所蕴含的文化元素具有很强的吸引力和影响力，通过文化输出，老字号可以更好地传递自己的品牌价值和文化内涵，提高品牌知名度和美誉度，进一步拓展海外市场。在国际化背景下，老字号需要不断适应市场需求和发展趋势，以更加灵活的方式和手段，开拓海外市场，提高品牌竞争力和影响力。江苏老字号企业在保持本土市场的同时，积极拓展海外市场，通过出口和海外投资等方式，实现了国际化经营，企业不仅将自己的品牌和文化传播到国际市场，同时也通过与国外企业的合作交流，学习先进的管理经验和技术知识。

总之，江苏老字号企业在历史传承和文化积淀的基础上，通过不断创新和转型升级，保持了市场竞争力和持续发展的能力，形成了自己的企业特点和亮点。江苏老字号企业的发展特点和亮点体现了我国传统文化的重要价值，也为我国企业在市场竞争中具有更加强大的影响力和竞争力提供了重要的参考和借鉴，对于江苏老字号企业的品牌建设和市场营销具有重要意义，为企业在市场上取得更好的发展奠定了坚实的基础。

二、江苏老字号在经济社会发展中的贡献和作用

江苏老字号在江苏经济社会发展中扮演着重要的角色，不仅是江苏经济发展的见证者，也是江苏文化传承的重要载体。

1. 创新引领发展

江苏老字号在长期的经营过程中积累了丰富的经验和技术，这些经验和技术成为了江苏老字号的核心竞争力。江苏老字号通过不断创新，不断改进产品和服务，不断拓展市场，为江苏经济发展注入了新的活力。例如，南京卫岗乳业有限公司是江苏老字号中

的佼佼者，历经 90 多年的传承创新，南京卫岗乳业有限公司现已成为国家农业产业化重点龙头企业、中国食品百强企业、江苏先进乳品生产企业，卫岗牛奶成为我国优质农产品、江苏名牌产品，其创新发展为南京卫岗乳业有限公司提升了竞争力。该公司不断引进新技术、新设备和新工艺，提升产品质量和生产效率，使得公司在行业内处于领先地位。南京卫岗乳业有限公司现已拥有 6 000 多个销售网点，产品覆盖江苏、安徽、山东、福建、浙江、河南、上海、海南等地区，成为更多家庭的营养之选。南京卫岗乳业有限公司还与众多大型企业建立了良好、长期的合作关系，长期为星巴克（Starbucks）、咖世家（Costa coffee）、巴黎贝甜（Paris Baguette）、蓝色牙买加（Jamaica Blue）等超多品牌提供新鲜的牛奶，南京卫岗乳业有限公司的产品也广泛进驻沃尔玛、家乐福、苏果等大型卖场。

2. 促进地方经济发展

江苏老字号在经济社会发展中发挥着不可替代的作用，不仅提供了就业机会，也为地方政府增加了财政收入。同时，江苏老字号还通过资本运作、产业扶持等方式促进了地方经济的发展。例如，江苏洋河酒厂股份有限公司是以白酒酿造为主的江苏老字号企业，该公司在地区经济发展中发挥了重要作用。2009 年，江苏洋河酒厂股份有限公司在深圳证券交易所挂牌上市，2012 年，江苏洋河酒厂股份有限公司跻身 FT 上市公司全球 500 强。近年来，江苏洋河酒厂股份有限公司经营发展质量不断提升，销售规模居行业前三名。2021 年，实现营收 253.50 亿元，同比增长 20.14%，扣非净利润 73.73 亿元，同比增长 30.44%，有力促进了江苏宿迁的经济发展。江苏洋河酒厂股份有限公司不仅为当地提供了大量就业机会，同时还通过技术创新、工艺改进等方式提升了产业水平。

3. 传承文化基因

江苏老字号在传承和弘扬江苏传统文化中发挥着重要作用，成为江苏历史文化的见证者和传承者，也是江苏文化的重要代表。江苏老字号传承了很多具有江苏地方特色的传统技艺和文化，例如，南京同仁堂始终恪守同仁堂"炮制虽繁，必不敢省人工；品味虽贵，必不敢减物力"的古训；有人编的顺口溜这样说："张小泉的刀和剪，刘长兴的小笼包，扯布上天福，穿鞋找三聚，戴帽盛锡福，泡澡三新池，日用百货逛更新，南北风味去金陵。"从这些古训和顺口溜流露出的老字号浓厚匠人精神，可以看出老字号品牌和文化的价值，由此也让老字号变得更亲民、更加触手可及。江苏老字号通过传承传统文化，不仅传承了中华文化的精髓，也为江苏的文化传承和发展作出了重要贡献。同时，江苏老字号还通过品牌建设和文化推广等方式，增强了江苏的品牌知名度和美誉度，为江苏的经济社会发展打下了坚实的文化基础。

4. 弘扬社会责任

江苏老字号在经营过程中弘扬社会责任，不仅注重企业经济效益，也注重社会效益。江苏老字号通过企业文化建设、环境保护、慈善公益等方式承担社会责任,为江苏的经济社会发展注入了强大的正能量。始于1773年的苏州稻香村,是"稻香村"品牌的创立者、中式糕点行业中具有代表性的品牌,历经250年的持续经营,这家老字号用一块块糕点,给来往食客留下了深刻的记忆。苏州稻香村已经发展成为大型现代化企业集团和行业龙头企业,在获得高速发展的同时,苏州稻香村积极践行企业社会责任,始终秉承"厚道做人、地道做事、成人达己、追求卓越"的经营理念,积极践行社会责任。多年来,稻香村集团不断创新企业参与公益的方式,开展援助救灾、乡村扶贫、捐资助学、关爱弱势群体等各类公益慈善行动。据统计,稻香村集团已累计捐赠善款1 000多万元,捐赠物资价值3 000多万元。

5. 提升江苏品牌形象

江苏老字号在经济社会发展中发挥了重要作用,不仅为江苏经济的快速发展提供了有力支撑,也为江苏的品牌形象提升作出了积极贡献。江苏老字号通过品牌建设和文化推广等方式,将江苏的传统文化、历史文化和现代文化相结合,形成了独具江苏特色的品牌形象。如扬州老字号谢馥春,以其"香、粉、油"三绝闻名天下,谢馥春在传承中创新发展,一直践行着"劣货不卖、卖货归真、真不二价、价不欺人"16字店训,使得这家百年老店散发出独特的魅力。扬州运河文化投资集团通过品牌建设和文化推广等方式,将扬州的传统文化、历史文化和现代文化相结合,形成了独具特色的品牌形象,这不仅为江苏的品牌形象提升作出了重要贡献,也积极推动了江苏旅游业的发展。

6. 推动创新驱动发展

在高速度、快节奏的生活下,传统的社会关系、风俗礼仪、消费习惯、传播方式正不断变迁和瓦解,面对更年轻、多元的消费群体,更健康、丰富的口味需求,更激烈、难测的竞争环境,许多百年品牌、超级老店都经历着前所未有的"冲击"。这样的大背景下,固步自封的企业终将被市场所淘汰。江苏老字号破浪前行,结合科技的力量把握新需求、新趋势,开辟新赛道、新空间,在新的商业时代走出了一片艳阳天,苏州稻香村正是其中具有代表性的老字号之一。作为数百年商业和手工业竞争中留下的"精品",苏州稻香村应对环境突变的能力早已深植于基因之中。为了适应现代市场快速运转和消费者快节奏生活的需求,近年来,苏州稻香村在研发上持续加大投入,每年在研发上的投入保持20%的增长,在苏州、菏泽、北京三地设有研发中心,并与国内外知名科研院所联合成立产学研合作平台,进行创新成果转化,将传统工艺与现代科技相融合,实现技术、设备的创新一体化研制,既满足市场需求快速运转,又保证消费者对产品品质的需求。目前,稻香村集团在江苏、山东、北京、辽宁、四川等地建有10个现代化的生产加工中心,拥有百余条行业领先的生产线,现代化的生产设备及工艺与科学管理体系,使得老字号的悠久文化与现代加工技术融为一体。随着数字智能时代的来临,苏州稻香村还在不断探索新一代信息技术应用,通过践行企业数字化建设,将生产、营销、渠道资源更好地利用聚集起来，为消费者带来更具个性化的产品及服务体验，以科技为老品牌注入新活力。

江苏老字号在经济社会发展中发挥了重要作用，其作用涵盖了多个方面，如保护文化遗产、传承传统文化、促进地方经济发展、推动创新驱动发展、提升品牌形象等。江苏老字号通过传承和发扬中华传统文化，为江苏经济社会的发展注入了强大的文化元素，同时也在经济社会的发展中发挥了重要作用，为江苏的社会经济发展注入了新动力，推动了江苏社会经济的发展。

第四节　江苏老字号发展面临的
挑战和机遇

随着经济的不断发展，江苏老字号所面临的挑战和机遇也在不断变化和演变。在当前的经济环境下，江苏老字号需要应对多方面的挑战，同时也需要把握各种机遇，以推动自身的发展。

一、江苏老字号发展面临的挑战

1. 市场竞争日趋激烈

市场竞争是江苏老字号所面临的重要挑战，这一挑战主要表现在以下 3 个方面：一是同行业竞争。江苏老字号大多处于传统行业，如纺织、食品、酒类、文化用品等领域，这些行业竞争激烈，市场份额已被主流品牌瓜分。江苏老字号需要在产品质量、营销策略、服务质量等方面不断创新，提高产品附加值，增强市场竞争力。二是新兴品牌竞争。随着市场经济的发展和消费升级，一些新兴品牌也开始挑战江苏老字号的地位，它们在品牌形象、产品创新等方面具有一定的优势。江苏老字号需要在产品差异化、品牌价值等方面有所突破，提升品牌的吸引力和竞争力。三是互联网冲击。随着互联网的兴起，江苏老字号需要在电子商务、网络营销等方面积极开展创新。同时，也需要面对电商渠道上的新兴品牌的冲击，加强网络品牌建设，提高消费者对老字号品牌的认知度和忠诚度。为了应对挑战，江苏老字号需要加强自身产品的研发和创新，提高产品质量和品牌形象，扩大市场占有率，提高自身的市场竞争力。

2. 品牌建设难度加大

品牌建设是江苏老字号所面临的另一个重要挑战。江苏老字号作为拥有悠久历史和传承文化的企业，在品牌建设方面有着独特的优势。然而，当前市场竞争激烈，品牌建设也变得更加困难。一是传统品牌形象老化。江苏老字号大多数处于传统行业，品牌形象和文化背景比较传统，难以适应现代市场的需求。传统品牌形象的老化也会对品牌认知度和品牌价值造成负面影响，使品牌形象不易维持。二是品牌扩展困难。江苏老字号的产品种类和业务范围有限，产品创新不足。同时，江苏老字号的品牌在新兴市场的认可度也相对较低，品牌扩展面临更大的难度。三是品牌保护问题。江苏老字号在品牌保护方面面临着较大的挑战，一方面，一些企业存在侵权和山寨现象，影响了品牌的形象和声誉；另一方面，消费者对江苏老字号品牌的认知度和忠诚度不足，品牌保护缺乏有效的市场支持。江苏老字号需要在品牌建设方面加强创新，通过独特的文化元素，不断提升品牌的美誉度和知名度，吸引更多的消费者和市场份额，提高品牌核心竞争力。

3. 技术创新更显迫切

技术创新是江苏老字号所面临的另一个挑战。当前，随着科技的快速发展，技术创新已成为企业发展的关键。当前江苏老字号在技术创新的迫切性方面主要有以下几个因素面临挑战：一是产品质量和效率低下。江苏老字号大多数处于传统行业，生产工艺和设备相对落后，产品质量和效率低下；缺乏先进的技术设备和工艺，不仅难以满足市场需求，也限制了企业的生产力和生产效益。二是研发能力不足。江苏一些老字号在技术研发方面的投入低、意识薄弱，缺乏创新和研发的能力以及文化挖掘能力；在市场竞争激烈的环境下，企业需要不断创新和研发新产品、新技术，提高产品附加值，增强市场竞争力。三是技术人才缺乏。江苏老字号在技术人才引进、培养和留用方面存在一定困难，导致企业技术人才储备不足；在新技术和新产业的竞争中，企业需要拥有高素质的技术人才，以提高技术研发能力和市场竞争力。为了应对这些挑战，江苏老字号需要积极推进技术创新，注重先进技术和设备的引进和应用，加强技术人才的引进和培养，提高企业的技术创新能力。同时，加强与高校、研究机构的合作，积极引进国际先进技术，拓宽技术创新的渠道和空间，从而推动江苏老字号的可持续发展。

4. 人才培养面临挑战

人才是企业发展的重要支撑。江苏老字号在人才培养方面面临着多方面的挑战。一是人才流失和人才竞争的挑战。江苏老字号在吸引和留住高素质人才方面存在困难，一些高素质人才离职进入同行业其他企业或选择去其他行业发展；同时，江苏老字号面临来自其他企业和行业的激烈人才竞争，难以获得优秀人才的支持。二是人才培养不足的挑战。江苏老字号在人才培养方面的投入和意识有所欠缺，缺乏创新和培养的能力以及文化；一些企业未能将培养和引进的人才有效地利用起来，缺乏系统的人才培养计划和制度。三是人才结构失衡的挑战。江苏老字号人才结构存在一定失衡，缺乏中高层次人才和专业技术人才，企业难以提高核心竞争力和创新能力。为应对这些挑战，江苏老字号需要加强人才战略的制订和实施，注重人才培养和引进的长远规划和投入。同时，提高企业的人才管理水平，优化人才结构，注重培养专业技术人才和中高层次管理人才，建立健全人才激励机制，提高企业的吸引力和竞争力，从而实现江苏老字号的可持续发展。

二、江苏老字号发展面临的机遇

1. 市场开拓具有广阔前景

随着经济的快速发展和消费者需求的多样化，江苏老字号市场开拓的前景也变得更加广阔。老字号可以通过扩大市场份额，推广新产品，提高品牌知名度和美誉度，抓住市场机遇，快速发展自身。这一广阔的前景主要表现在：一是市场需求的增长。随着经济的快速发展，人们的消费水平逐渐提高，对于品质和文化内涵更高的产品和服务需求也随之增长，这为江苏老字号提供了更大的市场空间和机会。二是政策和环境的支持。江苏相关政府部门一直在积极推动老字号的保护和传承工作，并且出台了一系列相关政策和措施，为江苏老字号的发展提供了重要的支持和保障。三是品牌影响力的提升。江苏老字号有着悠久的历史和丰富的文化底蕴，经过多年的积累和沉淀，其品牌影响力逐渐提升，这为江苏老字号在市场开拓方面提供了更大的优势和机会。江苏老字号应该积极抓住市场机遇，加强品牌营销和产品创新，不断提升品牌影响力和市场占有率，实现企业的可持续发展。

2. 文化传承具有强大价值

江苏老字号所代表的不仅仅是一个企业品牌，更是代表着一个地域文化、历史文化和民族文化，老字号的发展历程中蕴含着丰富的历史文化和商业文化，这些文化资源是江苏老字号的核心竞争力和独特价值所在。首先，文化传承可以帮助江苏老字号树立品牌形象，通过对企业文化的传承和发扬，江苏老字号可以塑造出独特的品牌形象和品牌文化，提升品牌知名度和美誉度，从而提高市场竞争力。其次，文化传承可以促进产品创新和差异化竞争，江苏老字号在产品开发中，可以通过借鉴传统文化和历史文化的元素，为产品注入新的灵魂和特色，增加产品的文化内涵和魅力，提高产品的附加值和市场竞争力。最后，文化传承可以带来经济效益，江苏老字号作为传统文化和商业文化的代表，具有很高的历史和文化价值。在市场营销和推广过程中，可以将这些文化价值转化为品牌形象和品牌价值，为企业带来更多的商业机会和经济效益。江苏老字号在文化传承方面具有得天独厚的优势，可以通过文化传承来提高自身的知名度和美誉度，扩大自身的影响力。

3. 技术创新赋能显著

技术创新是江苏老字号在市场竞争中的重要策略。随着科技不断进步和市场需求的变化，江苏老字号需要不断地进行技术创新，以满足消费者的需求，提高产品品质和生产效率。首先，通过引入新技术和新材料，江苏老字号可以打造出更具有市场竞争力的产品，提高产品的品质和性能。其次，通过应用信息化技术和智能化制造技术，江苏老字号可以优化生产流程，降低生产成本，提高生产效率。同时，通过应用大数据分析和管理信息系统，江苏老字号可以提高管理水平和决策效率，进一步提升企业的竞争力和市场地位。最后，随着新技术的发展和应用，江苏老字号可以开辟全新的市场和商业模式，如O2O模式、跨界合作、在线销售等，拓展企业的商业边界和市场空间。江苏老字号可以加强技术创新，开发新产品，提高产品的竞争力，满足不同消费者的需求，从而在市场中占据更多的市场份额。

4. 人才培养机会增强

人才培养是江苏老字号发展面临的重要机遇之一。在当前竞争激烈的市场环境下，优秀的人才是企业持续发展和竞争优势的关键因素之一。江苏老字号要注重人才培养，通过各种方式吸引、培养和留住优秀的人才，为企业的长远发展打下坚实的人才基础。首先，人才培养可以提高江苏老字号的竞争力，高素质的人才队伍，可以为企业提供创新思路和技术支持，帮助企业适应市场变化和形势的变化，增强企业的创新能力和市场竞争力。其次，通过引进人才和培养内部员工，江苏老字号可以吸收和利用最新的技术成果，掌握最前沿的技术知识，进而推动企业的技术创新和研发能力的提升。最后，人才培养可以带来人力资源的稳定和长期发展，通过人才培养，江苏老字号可以吸引并留住优秀的人才，形成人力资源的稳定性和可持续性，为企业的长期发展提供有力的人才支持。江苏老字号还要通过不断优化员工福利待遇和职业发展通道，留住优秀的人才，形成良性的人才流动机制。也可以通过多种途径来解决人才培养的难题，例如，可以与高校合作，开展实践教学、人才培养计划等活动，吸引年轻人加入传统行业；可以通过技能培训等方式，提升员工的专业技能，提高企业的核心竞争力。

总的来说，江苏老字号在社会经济发展中所发挥的作用和贡献不可忽视，同时也面临着挑战和机遇。为了应对挑战，江苏老字号需要注重人才培养，加强技术创新，提高市场竞争力，以及持续弘扬优秀的传统企业文化。同时，也要抓住机遇，扩大市场份额，加强文化传承，推进技术创新和人才培养，以更好地发挥其在社会经济发展中的作用。

醋香飘万里　美味天下闻[①]

恒顺品牌始于1840年，是镇江香醋的创始者。江苏恒顺是我国现今规模最大、现代化程度最高的食醋生产企业之一。恒顺食醋年产量超过30万吨，广销66个国家并供应我国200多个驻外使（领）馆。近年来，恒顺聚力打造符合消费升级特征的新产品，聚焦"做深醋、做高酒、做宽酱"产品战略，健全食醋品类，布局高端黄酒，进军复合调味品领域，不断丰富产品矩阵，奋力打造"恒顺味道"。

"做深醋"，老味道焕发新活力

醋是老百姓日常生活中不可或缺的调味品，也是恒顺醋业的主要领域。恒顺在传承传统酿造技艺的基础上，不断推出新产品，满足新需求，让"众口"不再"难调"。

---

① 中华人民共和国商务部流通业发展司. 中华老字号守正创新十大案例（4）：醋香飘万里　美味天下闻［EB/OL］.（2023 - 01 - 11）［2023 - 04 - 10］. http://ltfzs. mofcom. gov. cn/article/bb/202212/20221203376352. shtml.

酿出"香陈白米果"。为满足不同地域消费者的需求，恒顺不断丰富食醋品类，逐渐形成了不同特色的"香醋、陈醋、白醋、米醋、果醋"全品类食醋产品。根据华东地区口味开发了玫瑰米醋、清香米醋，根据华北地区口味开发了北京米醋、纯米醋，根据华南地区口味开发了大红浙醋、小金优香醋等多元化醋产品。

推出"健康新味道"。为吸引年轻消费者，恒顺开发了零糖、零脂健康系列油醋汁产品，丰富的口味和健康的特色，满足了消费者双重需求，独特的产品特色和时尚的包装设计吸引了大批年轻消费人群。

开发"酸甜新饮品"。恒顺以轻醋、低脂为卖点，推出酸甜抱抱轻醋系列饮品，加入了恒顺特色三年陈香醋，开发形成了具有"解腻"特性的"情绪"饮料新品，让老字号品牌成功对接年轻消费者。

"做高酒"，老工艺衍生新技术

恒顺依靠过硬的酿造技术赢得了市场认可，依靠持续创新传承至今，为老百姓的餐桌上增添"恒顺味道"。

打造纯酿造料酒。恒顺在传统工艺的基础上，创新应用分离优化的核心酿造菌种，打造现代化纯酿造健康料酒，推出多款印有谷物酿造料酒商标的高品质料酒。同时，恒顺作为《谷物酿造料酒》标准起草单位之一，不断引领酿造料酒创新发展。

开发多品类料酒。恒顺深入调研消费者需求，应对不同烹饪场景，开发了一系列功能性料酒，包括主打"除膻增鲜"的柠檬料酒、主打"双重去腥"的葱姜料酒、主打"调味增香"的红烧料酒等独特产品，为菜肴带来不同的风味体验。

推出高品质黄酒。恒顺注重黄酒酿造的传承和创新，应用现代工艺，将传统黄酒的每100毫升糖含量降低到0.8克以下，实现了饮用黄酒重大技术革新，开发出"花开盛世""花开盛宴""花样年华"等"百花"系列健康型高端黄酒。

"做宽酱"，老企业紧跟新潮流

恒顺作为调味品行业龙头企业，主动适应市场发展趋势和消费升级需要，不断拓展产品种类，努力满足老百姓"舌尖上的"消费需求。

为老百姓带来复合味道。我国地大物博，因地域而形成各具特色、风味各异的菜系，为了让老百姓足不出户就享受到各式菜肴，同时大大降低对烹饪者烹调技术的要求，恒顺在标准化、天然化、功能化、健康化理念指导下，创新研发系列代表性复合调味料，推出红烧肉、酸汤肥牛、回锅肉、宫保鸡丁、鱼香肉丝、麻婆豆腐等多个口味料包，"一菜一包"成为老百姓厨房的新产品；推出海米干饭酱、三珍干饭酱、鱼子干饭酱，为老百姓的佳肴增添新味道；推出牛油火锅底料、新疆番茄火锅底料、三珍菌汤火锅底料，让老百姓的火锅有了新选择。

为年轻人带来全新体验。恒顺聚焦年轻消费群体，打造系列产品，吸引了更多年轻人的目光，满足了年轻人个性化消费需求。为满足"加一点、鲜又香"的需求，推出蚝汁酱油、减盐酱油等产品；为方便携带、避免浪费，推出"一餐一杯"概念，开发杯装系列腐乳及拌饭酱；为打破调味品"颜值低"的固有印象，开发 500 毫升扁方瓶系列，代替整合传统瓶型，并在此基础上设计了一系列"高颜值"的产品，一经上市就获得了消费者的好评。

唯有创新，方能致远。恒顺将持续在产品创新、技艺创新等方面加大投入力度，加强应用性基础研究，打造国际一流研发平台，不断提升产品质量，增强全球市场竞争力，推动我国传统食醋行业加速转型升级，引领食醋行业快速健康发展，让恒顺香醋飘香万里，美味天下皆闻。

第三章
高质量发展战略

高质量发展是全面建设社会主义现代化国家的首要任务。必须完整、准确、全面贯彻新发展理念，坚持社会主义市场经济改革方向，坚持高水平对外开放，加快构建以国内大循环为主体、国内国际双循环相互促进的新发展格局。

第一节　高质量发展的概念与特点

坚持以推动高质量发展为主题，把实施扩大内需战略同深化供给侧结构性改革有机结合起来，增强国内大循环内生动力和可靠性，提升国际循环质量和水平，加快建设现代化经济体系，着力提高全要素生产率，着力提升产业链供应链韧性和安全水平，着力推进城乡融合和区域协调发展，推动经济实现质的有效提升和量的合理增长。

一、高质量发展概念形成历程

党的十九大首次提出"高质量发展"，表明我国经济由高速增长阶段转向高质量发展阶段。党的十九大报告中提出的"建立健全绿色低碳循环发展的经济体系"为新时代下高质量发展指明了方向，同时也提出了一个极为重要的时代课题。高质量发展根本在于经济的活力、创新力和竞争力。而经济发展的活力、创新力和竞争力都与绿色发展紧密相连，密不可分。离开绿色发展，经济发展便丧失了活水源头而失去了活力；离开绿色发展，经济发展的创新力和竞争力也就失去了根基和依托。绿色发展是我国从速度经济转向高质量发展的重要标志。

在十三届全国人大一次会议上，国务院总理李克强在政府工作报告中提出，"按照高质量发展的要求，统筹推进'五位一体'总体布局和协调推进'四个全面'战略布局，坚持以供给侧结构性改革为主线，统筹推进稳增长、促改革、调结构、惠民生、防风险各项工作"。

党的十九届五中全会提出，"十四五"时期经济社会发展要以推动高质量发展为主题，这是根据我国发展阶段、发展环境、发展条件变化作出的科学判断。我们要以习近平新时代中国特色社会主义思想为指导，坚定不移贯彻新发展理念，以深化供给侧结构性改革为主线，坚持质量第一、效益优先，切实转变发展方式，推动质量变革、效率变革、动力变革，使发展成果更好惠及全体人民，不断实现人民对美好生活的向往。

2021年，恰逢"两个一百年"奋斗目标历史交汇之时。在特殊时刻的"两会"，习近平接连强调"高质量发展"，意义重大。在同年的国务院政府工作报告中，国务院总理李克强指出，"十四五"时期是开启全面建设社会主义现代化国家新征程的第一个五年。我国发展仍然处于重要战略机遇期，但机遇和挑战都有新的发展变化。要准确把握新发展阶段，深入贯彻新发展理念，加快构建新发展格局，推动高质量发展，为全面建设社会主义现代化国家开好局起好步。

2021年7月22日《中共中央　国务院关于新时代推动中部地区高质量发展的意见》正式发布。"十三五"时期，在习近平新时代中国特色社会主义思想科学指引下，我国经济加快从速度规模型向质量效益型转变，在城镇化和区域协调发展、高质量发展体制机制建设等方面取得显著进展，为我国发展培育了新动力、拓展了新空间，有力推动我国发展朝着更高质量、更有效率、更加公平、更可持续、更为安全的方向前进。同年9月14日，《国务院关于推进资源型地区高质量发展"十四五"实施方案的批复》（国函〔2021〕93号）指出，原则同意国家发展改革委、财政部、自然资源部关于《推进资源型地区高质量发展"十四五"实施方案》。

在党的二十大开幕会上，习近平总书记提出，高质量发展是全面建设社会主义现代化国家的首要任务。发展是党执政兴国的第一要务。没有坚实的物质技术基础，就不可能全面建成社会主义现代化强国。必须完整、准确、全面贯彻新发展理念，坚持社会主义市场经济改革方向，坚持高水平对外开放，加快构建以国内大循环为主体、国内国际双循环相互促进的新发展格局。

2023年3月5日下午，习近平总书记参加他所在的十四届全国人大一次会议江苏代表团审议，集中系统地阐述了全面建设社会主义现代化国家的首要任务——高质量发展。习近平总书记着眼全面建设社会主义现代化国家全局，从必由之路、战略基点、必然要求、最终目的以及坚持和加强党的全面领导、坚定不移全面从严治党5个方面，为江苏乃至全国的高质量发展作出重要部署。

二、高质量发展的主要内容

1. 构建高水平社会主义市场经济体制

坚持和完善社会主义基本经济制度，毫不动摇巩固和发展公有制经济，毫不动摇鼓励、支持、引导非公有制经济发展，充分发挥市场在资源配置中的决定性作用，更好发挥政府作用。深化国资国企改革，加快国有经济布局优化和结构调整，推动国有资本和国有企业做强做优做大，提升企业核心竞争力。优化民营企业发展环境，依法保护民营企业产权和企业家权益，促进民营经济发展壮大。完善中国特色现代企业制度，弘扬企业家精神，加快建设世界一流企业。支持中小微企业发展。深化简政放权、放管结合、优化服务改革。构建全国统一大市场，深化要素市场化改革，建设高标准市场体系。完善产权保护、市场准入、公平竞争、社会信用等市场经济基础制度，优化营商环境。健全宏观经济治理体系，发挥国家发展规划的战略导向作用，加强财政政策和货币政策协调配合，着力扩大内需，增强消费对经济发展的基础性作用和投资对优化供给结构的关键作用。健全现代预算制度，优化税制结构，完善财政转移支付体系。深化金融体制改革，建设现代中央银行制度，加强和完善现代金融监管，强化金融稳定保障体系，依法将各类金融活动全部纳入监管，守住不发生系统性风险底线。健全资本市场功能，提高直接融资比重。加强反垄断和反不正当竞争，破除地方保护和行政性垄断，依法规范和引导资本健康发展。

2. 建设现代化产业体系

坚持把发展经济的着力点放在实体经济上，推进新型工业化，加快建设制造强国、质量强国、航天强国、交通强国、网络强国、数字中国。实施产业基础再造工程和重大技术装备攻关工程，支持专精特新企业发展，推动制造业高端化、智能化、绿色化发展。巩固优势产业领先地位，在关系安全发展的领域加快补齐短板，提升战略性资源供应保障能力。推动战略性新兴产业融合集群发展，构建新一代信息技术、人工智能、生物技术、新能源、新材料、高端装备、绿色环保等一批新的增长引擎。构建优质高效的服务业新体系，推动现代服务业同先进制造业、现代农业深度融合。加快发展物联网，建设高效顺畅的流通体系，降低物流成本。加快发展数字经济，促进数字经济和实体经济深度融合，打造具有国际竞争力的数字产业集群。优化基础设施布局、结构、功能和系统集成，构建现代化基础设施体系。

3. 全面推进乡村振兴

全面建设社会主义现代化国家，最艰巨最繁重的任务仍然在农村。坚持农业农村优先发展，坚持城乡融合发展，畅通城乡要素流动。加快建设农业强国，扎实推动乡村产业、人才、文化、生态、组织振兴。全方位夯实粮食安全根基，全面落实粮食安全党政同责，牢牢守住十八亿亩耕地红线，逐步把永久基本农田全部建成高标准农田，深入实施种业振兴行动，强化农业科技和装备支撑，健全种粮农民收益保障机制和主产区利益补偿机制，确保中国人的饭碗牢牢端在自己手中。树立大食物观，发展设施农业，构建多元化食物供给体系。发展乡村特色产业，拓宽农民增收致富渠道。巩固拓展脱贫攻坚成果，增强脱贫地区和脱贫群众内生发展动力。统筹乡村基础设施和公共服务布局，建设宜居宜业和美乡村。巩固和完善农村基本经营制度，发展新型农村集体经济，发展新型农业经营主体和社会化服务，发展农业适度规模经营。深化农村土地制度改革，赋予农民更加充分的财产权益。保障进城落户农民合法土地权益，鼓励依法自愿有偿转让。完善农业支持保护制度，健全农村金融服务体系。

4. 促进区域协调发展

深入实施区域协调发展战略、区域重大战略、主体功能区战略、新型城镇化战略，优化重大生产力布局，构建优势互补、高质量发展的区域经济布局和国土空间体系。推动西部大开发形成新格局，推动东北地区全面振兴取得新突破，促进中部地区加快崛起，鼓励东部地区加快推进现代化。支持革命老区、民族地区加快发展，加强边疆地区建设，推进兴边富民、稳边固边。推进京津冀协同发展、长江经济带发展、长三角一体化发展，推动黄河流域生态保护和高质量发展。高标准、高质量建设雄安新区，推动成渝地区双城经济圈建设。健全主体功能区制度，优化国土空间发展格局。推进以人为核心的新型城镇化，加快农业转移人口市民化。以城市群、都市圈为依托构建大中小城市协调发展格局，推进以县城为重要载体的城镇化建设。坚持人民城市人民建、人民城市为人民，提高城市规划、建设、治理水平，加快转变超大特大城市发展方式，实施城市更新行动，加强城市基础设施建设，打造宜居、韧性、智慧城市。发展海洋经济，保护海洋生态环境，加快建设海洋强国。

5. 推进高水平对外开放

依托我国超大规模市场优势，以国内大循环吸引全球资源要素，增强国内国际两个市场两种资源联动效应，提升贸易投资合作质量和水平。稳步扩大规则、规制、管理、标准等制度型开放。推动货物贸易优化升级，创新服务贸易发展机制，发展数字贸易，加快建设贸易强国。合理缩减外资准入负面清单，依法保护外商投资权益，营造市场化、法治化、国际化一流营商环境。推动共建"一带一路"高质量发展。优化区域开放布局，巩固东部沿海地区开放先导地位，提高中西部和东北地区开放水平。加快建设西部陆海新通道。加快建设海南自由贸易港，实施自由贸易试验区提升战略，扩大面向全球的高标准自由贸易区网络。有序推进人民币国际化。深度参与全球产业分工和合作，维护多元稳定的国际经济格局和经贸关系。

三、高质量发展的内涵定位

中国特色社会主义进入了新时代，我国经济发展也进入了新时代。推动高质量发展，既是保持经济持续健康发展的必然要求，也是适应我国社会主要矛盾变化和全面建成小康社会、全面建设社会主义现代化国家的必然要求，更是遵循经济规律发展的必然要求。

1. 高质量发展是适应经济发展新常态的主动选择

我国经济发展进入了新常态。在这一大背景下，我们要立足大局、抓住根本，看清长期趋势、遵循经济规律，主动适应把握引领经济发展新常态。要牢固树立正确的政绩观，不简单以 GDP 论英雄，不被短期经济指标的波动所左右，坚定不移实施创新驱动发展战略，主动担当、积极作为，推动我国经济在实现高质量发展上不断取得新进展。

2. 高质量发展是贯彻新发展理念的根本体现

发展理念是否对头，从根本上决定着发展成效乃至成败。党的十八大以来，以习近平同志为核心的党中央直面我国经济发展的深层次矛盾和问题，提出创新、协调、绿色、开放、共享的新发展理念。只有贯彻新发展理念才能增强发展动力，推动高质量发展。应该说，高质量发展，就是能够很好满足人民日益增长的美好生活需要的发展，是体现新发展理念的发展，是创新成为第一动力、协调成为内生特点、绿色成为普遍形态、开放成为必由之路、共享成为根本目的的发展。

3. 高质量发展是适应我国社会主要矛盾变化的必然要求

中国特色社会主义进入新时代，我国社会主要矛盾已经转化为人民日益增长的美好生活需要和不平衡不充分的发展之间的矛盾。不平衡不充分的发展就是发展质量不高的直接表现。更好满足人民日益增长的美好生活需要，必须推动高质量发展。我们要重视量的发展，但更要解决质的问题，在质的大幅度提升中实现量的有效增长，给人民群众带来更多的获得感、幸福感、安全感。

4. 高质量发展是建设现代化经济体系的必由之路

建设现代化经济体系是跨越关口的迫切要求和我国发展的战略目标。实现这一战略目标，必须坚持质量第一、效益优先，推动经济发展质量变革、效率变革、动力变革，提高全要素生产率，不断增强我国经济创新力和竞争力。归根结底，就是要推动高质量发展。推动高质量发展是当前和今后一个时期确定发展思路、制订经济政策、实施宏观调控的根本要求。遵循这一根本要求，我们必须适应新时代、聚焦新目标、落实新部署，推动经济高质量发展，为全面建成小康社会、全面建成社会主义现代化强国奠定坚实物质基础。

四、高质量发展的矛盾关系

推动高质量发展离不开辩证法的指导。经济发展是一个螺旋式上升的过程，上升不是线性的，量积累到一定阶段，必须转向质的提升，这是经济发展的规律使然，也合乎唯物辩证法的基本原理。因此要学好、用好辩证法，审时度势，科学设计，以辩证思维来处理推动高质量发展中遇到的各种矛盾关系。

1. 正确把握整体推进和重点突破的关系

推动高质量发展是一项系统工程，必须坚持稳中求进工作总基调。"稳"和"进"是辩证统一的，要作为一个整体来把握，把握好"时、度、效"。要运用系统论的方法，依据新发展理念的整体性和协同性，增强推动高质量发展举措的关联性和耦合性，做到相互促进、协同发力。要坚持"两点论"与"重点论"的统一，善于厘清主要矛盾和次要矛盾、矛盾的主要方面和次要方面。牢牢把握高质量发展的根本要求、工作主线、基本路径、制度保障和具体着力点，做到全局和局部相配套、治本和治标相结合、渐进和突破相衔接，实现整体推进和重点突破相统一，不断增强我国经济创新力和核心竞争力。

2. 正确把握总体谋划和久久为功的关系

在我国这样一个经济和人口规模巨大的国家，推动经济高质量发展任重道远。当前，既要打好防范化解重大风险、精准脱贫、污染防治三大攻坚战，又要大力转变经济发展方式、优化经济结构、转换增长动力，特别是要净化市场环境、提高人力资本素质、全面提高国家治理能力。为此，我们必须保持战略定力，坚持久久为功，统筹做好跨越关口、推动高质量发展的顶层设计和总体谋划，正确把握实现长远目标和做好当前工作的关系，发扬钉钉子精神，把经济发展各项工作做好做实。

3. 正确把握破除旧动能和培育新动能的关系

发展动力决定发展速度、效能、可持续性。推动高质量发展必须坚定不移推进供给侧结构性改革，大力破除无效供给，着力培育壮大新动能，促进新旧动能加快接续转换，加快建设现代化经济体系。需要注意的是，表现为三大失衡的结构性矛盾，其根源就在于生产要素配置扭曲，必须靠深化要素市场化改革才能从根本上解决。要积极稳妥腾退、化解旧动能，推动形成市场决定要素配置的机制，为新动能发展创造条件、留出空间。要积极推动经济发展质量变革、效率变革、动力变革，加快建设实体经济、科技创新、现代金融、人力资源协同发展的产业体系，加速推动中国制造向中国创造转变、中国速度向中国质量转变。

4. 正确把握生态环境保护和经济发展的关系

生态环境保护和经济发展不是矛盾对立的关系，而是辩证统一的关系。生态环境保护的成败，与经济结构和经济发展方式息息相关。绿色发展是建设现代化经济体系的必然要求，我们决不能把生态环境保护和经济发展割裂开来，更不能对立起来，要坚持在发展中保护、在保护中发展。要加大力度推进生态文明建设，正确处理好绿水青山和金山银山的关系，构建绿色产业体系和空间格局，引导形成绿色生产方式和生活方式。这不仅是推动高质量发展的内在要求，更是关系中华民族永续发展的根本大计。

5. 正确把握维护公平与讲求效率的关系

对于我们这个拥有14亿多人口的发展中国家来说，如何将做好做大的"蛋糕"公平合理地分好，是必须解决好的关键问题。实现高质量发展就是要把做大蛋糕和分好蛋糕有机统一起来，处理好公平和效率的关系。推动高质量发展必须着力解决收入分配差距较大的问题，调整国民收入分配格局，使发展成果更多更公平惠及全体人民。这样不仅有利于激发各种生产要素特别是劳动者的积极性，扩大中等收入群体，而且有利于提升全社会购买力，创造更大规模市场，推动经济更有效率、更加公平、更高质量、更可持续发展。

五、老字号高质量发展的指标和特点

随着时代的变迁，老字号企业也在不断发展和改变，如何实现高质量发展成了老字号企业面临的重要问题。以下详细阐述如何设置老字号高质量发展指标，以指标牵引发展。

1. 老字号高质量发展的指标

（1）品牌价值指标

老字号企业在传承与发展传统文化的同时，也要注重塑造品牌形象。品牌价值是企业核心竞争力的重要体现，老字号企业在保持传统文化的同时，也要注重品牌形象的升级和塑造，提高品牌价值。品牌价值指标包括品牌知名度、品牌忠诚度、品牌声誉等方面。

品牌知名度，是指在特定市场范围内消费者对于该品牌的知晓程度和认知度。老字号企业可以通过广告宣传、产品质量等手段提高品牌知名度。

品牌忠诚度，是指消费者对于该品牌的忠诚程度和购买意愿。老字号企业可以通过提供优质的产品和服务，建立消费者对于品牌的信任和忠诚度，从而提高品牌忠诚度。

品牌声誉，是指企业在消费者心目中所占有的美誉度和信誉度。老字号企业可以通过诚信经营、质量保证等方式提高品牌声誉。

（2）产品质量指标

老字号企业需要注重产品的质量，不断提高产品的品质和性能，提高产品的附加值和竞争力。产品质量指标包括产品性能、产品质量、产品创新等方面。

产品性能，是指产品所具备的各项技术指标和技术参数。老字号企业可以通过研发和技术改进，提高产品的性能和技术含量。

产品质量，是指产品所具备的各项质量指标，包括产品的耐久性、可靠性、安全性等方面。老字号企业可以通过严格的质量控制和管理，提高产品的质量和可靠性。

产品创新，是指企业通过研究和开发新产品，满足市场需求，提高产品的附加值和竞争力。老字号企业可以通过不断的技术创新和产品研发，提高产品的差异化和竞争力。

（3）市场份额指标

市场份额是企业在市场中所占有的比例，是企业竞争力的重要体现。老字号企业需要通过提高市场份额来增加企业的收益和市场地位。市场份额指标包括市场占有率、市场扩张率等方面。

市场占有率是指企业在特定市场范围内所占有的市场份额比例。老字号企业可以通过提高产品质量和服务水平，增强品牌知名度和忠诚度，以及开展营销活动等手段来提高市场占有率。

市场扩张率是指企业在特定市场范围内所占有的市场份额增长速度。老字号企业可以通过开拓新市场、推出新产品和服务等方式来提高市场扩张率。

（4）财务指标

财务指标是企业财务状况的重要体现，也是评价企业经营状况和效益的重要指标。老字号企业需要通过提高财务指标来增强企业的经营能力和发展潜力。财务指标包括营业收入、净利润、资产负债率等方面。

营业收入是企业在特定期间内的销售收入总额。老字号企业可以通过提高产品质量、扩大销售渠道、增强品牌形象等方式来提高营业收入。

净利润是指企业在特定期间内的总利润减去各项费用和税金后的净利润。老字号企业可以通过控制成本、提高产品附加值、提高市场占有率等方式来提高净利润。

资产负债率是指企业的负债总额与资产总额之比。老字号企业需要通过控制负债、优化资产结构、提高资产质量等方式来降低资产负债率。

2. 老字号高质量发展的特点

（1）传承文化高质量

老字号企业作为我国传统商业文化的代表，需要传承和发扬中华传统文化，继承和发扬优秀传统文化的精髓，让消费者更加认同品牌，并能够更好地体现品牌文化和品牌价值观。传承文化是指将企业的历史、价值观、经营理念、工艺技术、产品特色等传承下去，使其具有长久的生命力和竞争力。传承文化的重要性在于它是企业发展的根基和灵魂，老字号企业具有丰富的历史和文化底蕴，是我国传统文化的重要组成部分，传承文化可以使企业建立自己独特的品牌形象，提高企业的认可度和美誉度，增强企业的竞争力。为了传承文化，老字号企业需要保持其传统工艺技术和产品特色，同时结合现代化的技术和管理模式，推进企业的转型升级。此外，传承文化还可以激发员工的归属感和自豪感，增强企业的凝聚力和创造力。传承文化是老字号企业高质量发展的重要特点，这也是老字号企业与其他企业的区别之一。

（2）品牌价值高质量

老字号企业经过长时间的发展，积累了丰富的品牌资源和品牌资产，形成了自己独特的品牌形象和品牌价值观，其品牌价值主要来自老字号自身的品牌影响力和品牌忠诚度。品牌影响力是指品牌在消费者中的知名度和美誉度，老字号企业的品牌影响力通常来自其悠久的历史和文化传承，以及其独特的产品特色和优质的服务。品牌忠诚度则是指消费者对品牌的认可和信赖程度，老字号企业的品牌忠诚度通常来自其多年的口碑积累和长期的服务经验，以及其对产品质量和售后服务的专注和追求。老字号企业在传承品牌的同时，也需要不断创新和提升品牌价值。在当前激烈的市场竞争中，老字号企业需要通过品牌的战略规划和市场定位，不断推出符合市场需求的新产品，提升产品品质和服务水平，增强品牌影响力和品牌忠诚度，进而提高品牌价值和市场竞争力。因此，品牌价值是老字号企业高质量发展的重要特点之一，也是企业长期发展和持续增长的保障之一。通过传承品牌文化和不断创新提升品牌价值，老字号企业可以在激烈的市场竞争中获得更多机会和更长久的发展。

（3）技术创新高质量

老字号企业需要不断推陈出新，不断开展技术创新和产品研发，提高产品的差异化和竞争力。老字号企业通常拥有丰富的经验和技术积累，可以借助这些经验和技术基础，不断进行技术创新，提升产品质量和服务水平。通过技术创新，老字号企业可以推出更符合市场需求的产品，提高生产效率和产品品质，进而增强企业市场竞争力和盈利能力。在技术创新方面，老字号企业可以从多个方面入手。它们可以通过引进新的技术和设备，不断升级生产设备和生产线，提升生产效率和产品品质。可以积极开展科研和创新活动，不断研发新的产品和新的生产技术，以满足市场需求和提高企业核心竞争力。还可以通过与高科技企业的合作和联盟，共同研发新的技术和产品，进一步推动技术创新和提高企业创新能力。总之，技术创新是老字号企业高质量发展的重要特点之一，可以通过技术创新，不断提升产品品质和服务水平，增强企业市场竞争力和盈利能力，为企业长期发展奠定坚实的基础。

（4）服务体系高质量

老字号企业需要建立完善的服务体系，提供优质的售前、售中、售后服务，满足消费者的需求和期望。老字号企业在长期的发展过程中，通常积累了丰富的经验和知识，拥有着稳定的客户群体。因此，老字号企业可以通过不断提升服务体系，为客户提供更加优质的服务体验，增强客户黏性和满意度，进而增加客户忠诚度和推荐率，从而提高市场竞争力和盈利能力。服务体系的完善不仅可以提高客户满意度，也可以提高企业的内部运营效率。通过完善服务体系，老字号企业可以提高售后服务效率，减少客户投诉和纠纷，优化供应链和生产流程，进一步提升企业整体运营效率和生产效率。老字号企业在完善服务体系方面可以从多个方面入手，比如提供全面的产品售前、售中、售后服务，为客户提供定制化的服务，建立反馈机制并及时解决客户问题，增加品牌知名度和美誉度等。所以，服务体系的完善是老字号高质量发展的重要特点之一，通过完善服务体系，老字号企业可以提高市场竞争力和客户满意度，从而推动企业的长期发展。

（5）社会责任高质量

老字号企业应该肩负起社会责任，积极参与社会公益事业，推动社会和谐发展。随着社会经济的发展和环境问题的加剧，老字号企业必须承担更多的社会责任，保护文化遗产和环境资源，推动可持续发展，才能实现高质量的发展。一是保护文化遗产，要积极保护和传承中华优秀传统文化，推广文化艺术，维护国家文化自信；二是保护环境资源，应该遵守环保法规，减少污染排放，推动绿色生产，推广可持续发展理念；三是增加就业机会，在扩大企业规模的同时，应该注重发挥就业创业带动作用，为社会创造更多的就业机会；四是履行社会责任，老字号企业应该以诚信为本，履行自身的社会责任，关注弱势群体和公益事业，积极参与社会公益事业，为社会作出贡献。总之，老字号企业要实现高质量的发展，必须承担更多的社会责任，从而实现经济、社会和环境的可持续发展。

（6）人才引进高质量

老字号的高质量发展需要不断引进人才来促进企业的创新与发展，人才引进可以带来新思维和新技术。老字号需要面对新的市场需求和新的商业环境，而外部人才可以带来新鲜的视角和创新的想法，在引进人才的过程中，可以招募具有不同专业背景、不同经验和不同文化背景的人才，通过这样的方式可以激发出多元化的创新能力，帮助企业拓展业务，提高竞争力。人才引进可以提高企业的管理水平：随着市场的快速变化，企业需要更高效、更科学的管理方式来适应市场的需求，通过引进有经验、有管理能力的高端人才，可以提高企业的管理水平，优化企业的组织结构，提高生产效率和经济效益。人才引进可以带来更广阔的人际网络和更多的商业机会：人才是企业最重要的资产之一，他们的资源和人脉关系可以帮助企业扩大业务范围，探索更多的商业机会，引进人才可以为企业带来更多的商业资源和合作伙伴，从而帮助企业开拓更广阔的市场，提高企业的业绩和盈利能力。总之，人才引进对老字号高质量发展至关重要。通过引进人才，可以为企业注入新的活力，提高企业的核心竞争力，使企业在快速变化的市场环境中保持活力和竞争优势。

总之，老字号企业在高质量发展的过程中，需要注重传承文化、强化品牌价值、推动技术创新、建立完善的服务体系、肩负社会责任、引进优秀人才等方面进行探索和实践。这些指标和特点是老字号企业高质量发展的重要保障，只有在这些方面做好了，才能够提升企业的核心竞争力和品牌价值，取得更好的发展成果。

六、江苏老字号高质量发展的战略意义和价值

高质量发展江苏老字号不仅有助于保护和传承江苏传统文化，而且有助于促进江苏经济的快速、稳定、可持续发展。这些老字号品牌的发展和壮大，不仅是江苏经济发展的一种体现，还是江苏文化和民族品牌的重要载体，具有重要的战略意义和价值。

1. 宏观层面

江苏老字号高质量发展对于推动长三角地区一体化发展、提升地区文化软实力、促进江苏经济高质量发展、促进江苏乡村振兴具有重要的宏观层面意义。

（1）推动长三角地区一体化发展

长三角地区是我国经济发展最为活跃的地区之一，也是中国经济最为发达的区域之一。江苏老字号作为江苏经济和文化的重要组成部分，在推动长三角地区一体化发展方面具有重要的作用。长三角地区的一体化发展，不仅可以实现资源共享、优势互补、协同发展，还可以提高区域经济整体竞争力和影响力。江苏老字号的高质量发展，可以为长三角地区的文化交流、产业合作和人员流动等方面提供更加坚实的基础和支持，进一步推动长三角地区的一体化发展，促进长三角地区的经济社会共同繁荣。

（2）提升地区文化软实力

江苏老字号是我国文化和民族品牌的重要组成部分。这些老字号品牌凝聚着我国文化的精华和智慧，是我国传统文化的重要载体和推广者。江苏老字号的高质量发展，不仅可以提升江苏文化的影响力和传播力，也可以为我国文化的推广和传播提供更好的平台和机会。同时，江苏老字号的成功经验和品牌形象也可以为其他地区和行业提供参考和借鉴，进一步推动中国文化的创新和发展。

（3）促进江苏经济高质量发展

江苏老字号是江苏经济文化传承和创新的重要组成部分。这些老字号品牌以其卓越的品质、良好的信誉、深厚的文化内涵和悠久的历史，已经成为江苏经济的重要标志和竞争优势。江苏老字号的高质量发展，不仅可以进一步提升江苏品牌的影响力和市场竞争力，也可以为江苏经济注入新的活力和动力，为经济高质量发展提供更多的动力和支持。此外，随着经济全球化的深入推进，江苏老字号在国际市场上的影响力也在不断提升，这将进一步推动江苏经济的国际化进程，提升江苏在全球产业链中的地位和作用。

（4）促进江苏乡村振兴

江苏老字号大多数源于江苏的乡村地区，是乡村振兴的重要资源和支撑。高质量发展江苏老字号，可以促进乡村经济的发展，带动当地居民增加收入，提高生活质量。同时，江苏老字号的发展也可以为全国范围内的乡村振兴提供经验和模板。

2. 中观层面

江苏老字号高质量发展对于推动江苏产业结构升级、带动当地就业和社会经济发展、提升江苏的品牌价值和影响力、推动江苏的数字化转型等具有重要的中观层面意义。

（1）推动江苏产业结构升级

江苏老字号具有悠久的历史和丰富的文化内涵，同时也具有卓越的品质和技术水平。这些老字号品牌在不断创新和发展的过程中，不仅可以不断提升自身的竞争力和市场占有率，也可以为江苏产业结构升级提供更多的支持和推动。江苏老字号品牌的高质量发展，可以带动相关产业和企业的转型升级，促进产业链和价值链的优化和升级，推动江苏产业的高质量发展和转型升级。

（2）带动当地就业和社会经济发展

江苏老字号大多数源于江苏的乡村地区，是乡村经济的重要组成部分。高质量发展江苏老字号，可以带动当地就业和社会经济的发展，增加当地居民的收入，改善他们的生活质量。江苏老字号的发展也可以为当地的文化旅游产业提供助力，促进当地文化旅游的发展和繁荣。

（3）提升江苏的品牌价值和影响力

江苏老字号是江苏的重要品牌和文化符号，具有很高的品牌价值和影响力。高质量发展江苏老字号，可以进一步提升江苏的品牌价值和影响力，增强江苏在全国和国际上的知名度和影响力。同时，江苏老字号的发展也可以为江苏的文化旅游产业提供支持和帮助，促进江苏文化旅游的发展和繁荣。

（4）推动江苏的数字化转型

随着互联网和信息技术的不断发展，江苏老字号也需要进行数字化转型。高质量发展江苏老字号，可以帮助这些老字号顺应数字化转型的趋势，提高数字化转型的水平和质量。同时，江苏老字号的数字化转型也可以为江苏数字经济的发展提供支持和帮助。

3. 微观层面

江苏老字号的高质量发展对于企业自身的发展和竞争力提升具有重要的微观层面价值。这些老字号可以通过高质量发展来提高企业自身的竞争力，进一步实现可持续发展。

(1) 实现企业转型升级

江苏老字号品牌在市场上具有较高的知名度和美誉度，这为企业转型升级提供了很好的机会和条件。江苏老字号的高质量发展，可以带动企业不断创新和发展，推进企业的转型升级，实现产品升级、品牌升级和市场升级，提升企业的竞争力和市场地位。

(2) 提升企业竞争力

江苏老字号品牌在市场上具有较高的知名度和美誉度，可以为企业提供更多的市场机会和竞争优势。江苏老字号的高质量发展，可以带动企业不断提升产品质量和服务水平，增强企业的核心竞争力和市场地位，提高企业的盈利能力和可持续发展能力。

(3) 提高产品质量和创新能力

江苏老字号品牌凝聚着悠久的历史和卓越的技术水平，可以为企业提供更多的技术和品质优势。江苏老字号的高质量发展，可以带动企业不断提高产品质量和创新能力，不断推出符合市场需求的新产品和新服务，提升企业的技术含量和市场竞争力。

(4) 增强员工凝聚力和企业文化建设

江苏老字号品牌拥有着浓厚的文化内涵和企业文化传统，可以为企业提供更加稳定和凝聚的企业文化基础。江苏老字号的高质量发展，可以带动企业不断弘扬企业文化，加强员工凝聚力和团队协作精神，提高员工的职业素养和企业文化认同度，为企业的可持续发展提供更加坚实的基础和保障。

(5) 加强品牌建设和管理

江苏老字号品牌的高质量发展，可以促进品牌建设和管理的不断完善。随着市场竞争的加剧和消费者需求的多样化，品牌建设和管理越来越受到重视。江苏老字号品牌的高质量发展，可以带动企业不断提升品牌的核心竞争力和影响力，加强品牌建设和管理的专业性和系统性，不断提高品牌的市场占有率和美誉度，为企业的可持续发展提供更加坚实的基础和保障。

综上所述，江苏老字号的高质量发展对于江苏经济的转型升级和竞争力提升、乡村振兴、企业自身的发展和竞争力提升都具有重要的战略意义和价值。为了实现江苏老字号的高质量发展，相关部门需要加强政策支持和创新驱动，推动江苏老字号的数字化转型和品牌建设，提高江苏老字号的核心竞争力和市场竞争力。同时，企业需要加强自身的创新和管理能力，提高发展质量和效益，实现可持续发展和共赢发展。

第二节 江苏老字号政策环境与支持措施

为了实现江苏老字号的高质量发展，政府需要制订一系列支持政策和措施，营造良好的政策环境和发展氛围，提高江苏老字号品牌的市场竞争力，促进地区经济发展水平和国际影响力的提升。

一、政策环境对江苏老字号高质量发展的影响和推动作用

随着时代的变迁和市场的竞争，江苏老字号在高质量发展的同时既需要拥有良好的政策环境和支持措施，也要积极面对新的经济环境和商业模式的挑战。政策环境和支持措施对江苏老字号的高质量发展具有重要的影响和推动作用，主要体现在对江苏老字号的保护、扶持、创新、品牌建设、国际化发展等多个方面。

1. 政策环境对江苏老字号的保护

江苏老字号作为江苏地方文化和经济的重要组成部分，得到了政府的高度重视和保护。有关部门颁布出台了一系列的保护政策。例如，江苏省商务厅等8个部门联合颁布的《关于促进老字号创新发展的若干政策措施》等文件，明确了对江苏老字号文化遗产、原址原貌、知识产权的保护措施和标准。

（1）加强老字号文化遗产保护

挖掘整理老字号传统品牌文化、独特技能和特色工艺，将符合条件的优先纳入国家传统工艺振兴目录和各级非物质文化遗产代表性项目名录。开展全域全要素历史文化资源调查，从历史、文化、艺术、科学等多重价值维度对老字号开展科学评估。倡导老字号积极征集、收藏反映其历史发展沿革的见证物。支持有条件的老字号企业和社会组织建设体现行业特色、反映民俗文化、弘扬中华优秀传统文化的专题博物馆和展览馆，鼓励向公众免费开放。

（2）加强老字号原址原貌保护

将老字号网点建设纳入详细规划和各地商业网点规划。在编制城市更新地区、历史风貌区等重点控制区详细规划时，充分考虑老字号历史网点保护相关规划内容。将符合条件的老字号集中成片区域依法依规划定为历史文化街区，将符合条件的老字号建筑优先认定为文物或历史建筑并按有关法律法规要求进行原址保护。在城市更新中保护老字号原址原貌，允许老字号企业合理保留传统文化风貌，统筹规划和规范设置老字号户外广告和店招标牌设施。支持已列为不可移动文物的老字号文物建筑的维修保护和活化利用工作。

（3）加强老字号知识产权保护

逐步建立老字号保护工作对接机制，及时将"中华老字号""江苏老字号"纳入江苏企业名称禁限用字词库系统管理，在相同行业类别中，限制企业在字号中使用他人老字号，未经其权利人直接授权或者有投资关系的相同行业类别企业名称，一律不予登记。鼓励老字号企业实现企业名称、字号、商标三者统一，指导老字号企业规范使用"中华老字号""江苏老字号"等标识。将老字号纳入重点商标保护名录，为老字号商标配套专项保护、注册登记保护、异地协调保护、跨部门保护协作等政策。支持老字号出口企业加强国际商标注册和保护，加大针对老字号侵权假冒案件的查处力度。

2. 政策环境对江苏老字号的扶持

江苏老字号企业在市场竞争中面临着许多困难和挑战，政府在保护的同时也积极推动江苏老字号的转型升级和发展壮大。

（1）营销推广扶持

政府通过营销推广扶持政策，帮助江苏老字号企业开拓市场，提升品牌知名度和美誉度。政府组织展会、推介会等活动，帮助江苏老字号企业推广产品，寻找合作伙伴和销售渠道，提高企业的市场份额和销售收入。政府还支持江苏老字号企业开展新媒体营销和电商平台建设，促进企业的线上线下销售渠道的互动和衔接。

（2）资金扶持

政府成立"江苏老字号产业投资基金"，让财政资金、产业资本和金融资本进行有机结合，通过市场化运作，在资金、技术、人才、品牌和市场开拓等方面给予老字号企业支持。政府通过财政资金和银行信贷等方式，为江苏老字号企业提供资金扶持，支持企业的技术改造和产品升级。政府还支持江苏老字号企业开展研发创新，推动传统工艺技术和现代科技相结合，提高产品质量和竞争力。

（3）人才培养扶持

政府通过各种方式，支持江苏老字号企业开展人才培养，提升企业的管理和技术水平。政府组织专业培训和研讨会，帮助企业提高管理和营销能力；支持江苏老字号企业与高校和科研机构合作，引进高端人才和科技成果，提升企业的技术创新能力。

3. 政策环境对江苏老字号的创新推动

创新是江苏老字号企业发展的重要动力，政府通过一系列政策和措施，推动江苏老字号企业进行产品服务创新、管理创新和体制机制创新，不断提升企业的竞争力和市场地位。

（1）促进老字号产品服务创新

鼓励和支持老字号企业加快技术改造、设备更新升级，推进现代生产方式，创新研发具有地域特色、文化内涵、适应市场需求的新产品和服务，开拓新市场。鼓励老字号企业跨界融合发展，开发文化创意创新产品，提供定制化服务，举办文化体验活动。支持举办"紫金奖"文化创意设计大赛老字号企业定制设计赛、江苏省旅游文创商品大赛等文创活动，挖掘老字号传统文化和独特技艺，创作富含时尚元素、符合国潮消费需求的作品，延伸老字号品牌价值。依托中国（江苏）老字号博览会，打造跨行业融合发展、跨区域共创双赢的老字号发展平台。

（2）促进老字号经营管理创新

引导老字号企业运用大数据、云计算等现代信息技术，升级营销模式，营造消费新场景。推动电商平台设立老字号品牌专区，鼓励老字号企业线上线下融合发展。鼓励老字号企业开设形象店、集成店、快闪店，为消费者提供现场设计、私人定制等个性化服务。支持老字号企业发展连锁经营、特许经营，完善物流配送，提升营运效率。支持老字号与文化旅游深度融合，加强在景区（点）建设、线路开发、宣传推广等方面合作，发展老字号特色技艺工业旅游。

（3）促进老字号体制机制创新

推动国有老字号企业深化产权制度改革，建立现代企业制度。支持字号、商标的所有者依法评估字号和商标价值，转让商标或作价入股。支持省内有实力的企业依法依规控股、收购、兼并老字号，培育行业龙头企业。鼓励经营业务相近或具有产业关联关系的老字号企业，通过市场化运作，跨地区、跨行业、跨隶属关系重组整合，打造老字号企业集团。

4. 政策环境对江苏老字号品牌建设的扶持

品牌建设是江苏老字号企业的重要发展战略。政府通过政策和措施，支持江苏老字号企业加强品牌建设，提高品牌知名度和美誉度。

（1）商标注册扶持

扶持老字号商标注册的内容丰富，可以为老字号企业提供商标注册费用的补贴或减免，减轻企业的负担，提高老字号企业的品牌知名度和形象；可以为老字号企业提供商标注册相关的咨询服务，帮助企业了解商标注册的政策、法规和流程，提高企业对商标注册的认识和意识；可以为老字号企业提供商标注册的优先权，优先审核老字号企业的商标注册申请，缩短商标注册的时间，提高老字号企业的品牌保护和市场竞争能力；可以为老字号企业提供商标使用和宣传方面的指导，帮助企业合理利用商标，提高品牌的知名度和美誉度；可以为老字号企业提供商标侵权保护服务，及时处理侵权纠纷，保护老字号企业的商标权益，维护市场秩序。

（2）品牌推广扶持

老字号的品牌推广扶持，可以通过电视、广播、报纸等媒体渠道，为老字号企业进行品牌推广宣传，提高老字号企业的知名度和美誉度；为老字号企业提供各种展览、展销、文化活动等支持，帮助企业展示品牌形象，增强品牌的文化内涵，提高消费者的认同感和忠诚度；为老字号企业提供品牌营销和推广方面的培训，提高企业的品牌营销能力和竞争力；为老字号企业提供与其他企业的合作支持，加强老字号企业之间的合作，提高品牌的市场占有率和竞争力；为老字号企业提供资金支持，资助企业进行品牌推广活动，扩大品牌影响力和市场份额。

（3）品牌合作扶持

鼓励江苏老字号企业加强品牌合作，推动企业之间的资源共享和互惠互利。为老字号企业建立合作交流平台，促进老字号企业之间的合作和交流，以平台为老字号企业提供信息共享、技术交流、市场拓展等支持；为老字号企业提供联合营销支持，通过联合推广、联合销售等方式，增加老字号品牌的曝光度和市场份额；为老字号企业提供产业链合作支持，促进老字号企业与上下游企业的合作，优化产业链资源配置，提高老字号品牌的产业竞争力；为老字号企业提供资金支持，资助企业进行品牌合作，促进老字号品牌的联合开发和共同创新，提高品牌的市场竞争力和市场占有率，推动老字号企业的发展和传承。

5. 政策环境对江苏老字号国际化发展的扶持

江苏老字号企业的国际化发展是江苏老字号企业发展的必然趋势。政府通过政策和措施，为江苏老字号企业的国际化发展提供支持和保障。

（1）外贸政策扶持

政府通过外贸政策扶持，帮助江苏老字号企业拓展国际市场，推动企业与国际市场接轨。政府为江苏老字号企业提供出口退税、进口关税减免等政策支持，鼓励企业拓展国际市场和提升出口竞争力。一是关税减免，降低老字号企业产品的出口成本，提高其在国际市场上的竞争力；二是贸易保险支持，降低企业因贸易风险而导致的损失，保障企业的出口收入和品牌声誉；三是市场准入支持，协助企业开拓国际市场，解决市场准入难题，提高老字号品牌在国际市场上的知名度和影响力；四是产业园区建设支持，建立专门的产业园区，提供便利的外贸服务和配套设施，为老字号企业的国际化发展提供支持。这些扶持措施可以降低老字号企业的出口成本，保障企业的品牌声誉和收入，提高品牌在国际市场上的竞争力和知名度，促进老字号品牌的国际化发展。

（2）对外投资扶持

政府鼓励江苏老字号企业加强对外投资，拓展国际市场和资源，提高企业的国际化水平和竞争力。具体来说，政府通过一些方式来支持江苏老字号的对外投资：一是提供财政资金支持，通过提供财政资金支持的方式来鼓励江苏老字号企业在境外投资（例如，提供低息贷款、风险基金等）；二是减免税费，通过减免境外投资所涉及的税费（例如企业所得税、资本利得税等），来降低江苏老字号企业在境外投资的成本；三是提供优惠待遇，为江苏老字号企业在境外投资提供优惠待遇（例如，减少审批程序，简化手续，降低企业投资的门槛）；四是支持技术合作，鼓励江苏老字号企业与境外企业进行技术合作（例如，提供技术转让、人才培训等支持），帮助企业更好地开展境外投资；五是提供信息服务（例如，境外市场调研、投资环境分析等），帮助江苏老字号企业了解境外市场，制订更好的投资策略；六是加强监管服务，加强对江苏老字号企业在境外投资的监管服务，帮助企业遵守当地法律法规，降低企业的风险。

（3）国际贸易规则扶持

通过加强对国际贸易规则的宣传和培训，提高江苏老字号企业对国际贸易规则的了解和适应能力。组织培训课程，为江苏老字号企业提供相关的贸易规则知识和实务技能培训，帮助企业提高贸易规则意识和水平；发放宣传资料，向江苏老字号企业传达贸易规则和政策的相关信息，增强企业的贸易规则意识和风险防范意识；提供咨询服务，为江苏老字号企业解答贸易规则和政策的相关问题，提供必要的指导和帮助；开展交流活动，组织江苏老字号企业之间、与国内外企业之间的交流活动，分享贸易规则和政策的实践经验，促进经验互通和合作共赢；建立贸易规则和政策信息平台，为江苏老字号企业提供及时、准确、全面的信息支持，提高企业的决策效率和贸易规则意识。通过上述措施，政府可以提高江苏老字号企业的贸易规则意识和水平，降低企业在国际贸易中的风险和成本，促进企业的国际化发展。

二、支持措施对江苏老字号高质量发展的重要性和必要性

政府作为江苏老字号企业发展的重要支持者和服务提供者，通过一系列的政策和措施，对江苏老字号企业的高质量发展起到了重要的促进和推动作用。以下将从多个方面阐述各种支持措施对江苏老字号企业高质量发展的重要性和必要性。

1. 指导政策支持的重要性和必要性

政府指导政策是指政府出台相关政策和措施，为江苏老字号企业的发展提供方向和引领作用。江苏老字号企业大多数传承时间较长，传统经营模式可能存在缺陷，企业的管理理念和经营方式需要进一步更新和优化。政府出台指导政策和措施，对江苏老字号企业的发展起到了重要的推动作用。例如，支持老字号企业加强品牌建设和推广，提升品牌影响力；推动老字号企业加强技术创新和研发能力，提高产品品质和附加值；鼓励老字号企业加强市场营销和渠道拓展，拓宽销售渠道，扩大市场份额；支持企业加强人才培养和管理，提升企业核心竞争力等。指导政策和措施的制订、实施，可有效促进江苏老字号企业的可持续发展，推动企业走向更高水平和更广阔的市场。政府的支持和服务，使得江苏老字号企业能够更加有序地发展和创新，提高企业的竞争力和核心竞争力。

2. 财政支持的重要性和必要性

政府财政支持是指政府出资为江苏老字号企业提供经济资助和金融服务，解决企业融资难、融资贵等问题，支持企业实现快速发展。财政支持能够为江苏老字号企业提供资金保障和金融服务，帮助企业渡过资金难关，推进企业高质量发展。例如，支持老字号企业获得银行贷款，提高融资效率；给予老字号企业税收减免和优惠政策，减轻企业负担；为老字号企业提供创新基金和发展资金，支持企业技术创新和转型升级；推动老

字号企业上市和融资，为企业提供更广阔的资本市场和融资渠道等。政府的财政支持能够为江苏老字号企业提供稳定的资金来源和金融服务，解决企业发展过程中的融资难、融资贵等问题。政府财政支持的重要性在于为江苏老字号企业创造良好的发展环境和条件，提高企业的融资效率和资金利用效益，促进企业的快速发展和高质量发展。

3. 人才支持的重要性和必要性

老字号企业的发展离不开人才的支持和培养，政府通过加强人才引进和培养，提高人才质量和能力，为江苏老字号企业发展提供重要的保障和支持。例如，支持老字号企业人才引进和培养，为企业提供高素质人才支持；推动老字号企业加强人才管理和激励机制，提高员工的工作积极性和创造性；鼓励老字号企业与高校、科研机构合作，加强技术交流和合作，提升企业的技术水平和创新能力等。人才支持的重要性在于为江苏老字号企业提供高素质人才和专业技术支持，为企业发展提供核心支撑和保障。政府人才支持的必要性在于加强人才培养和引进，提高企业的创新能力和核心竞争力，推动企业高质量发展。

4. 产业支持的重要性和必要性

老字号企业所属的产业领域得到政府的支持和发展，也能够为企业的高质量发展提供保障和支持。例如，加强老字号企业所属产业领域的政策支持和扶持，提升产业发展水平和竞争力；支持老字号企业实现产业升级和转型，推动企业向高端产业方向发展；为老字号企业提供科技创新支持，加强企业与科研机构、高校的合作，提高技术创新能力和水平等。产业支持的重要性在于为江苏老字号企业提供产业发展保障和支持，推动企业在所属产业领域的快速发展和高质量发展。政府产业支持的必要性在于加强产业领域的政策扶持和创新发展，提高企业的发展动力和核心竞争力，促进产业升级和转型。

5. 品牌建设和宣传推广支持的重要性和必要性

品牌建设和宣传推广是江苏老字号企业提升知名度和竞争力的重要途径。政府通过加强品牌建设和宣传推广的支持，提升江苏老字号企业品牌形象和知名度，促进企业的发展和高质量发展。例如，支持老字号企业品牌建设，加强品牌形象设计和推广，提升品牌知名度和美誉度；为老字号企业提供市场推广和宣传支持，提升企业的市场竞争力和市场份额；推动老字号企业参加国内外各类展会和展销会，扩大企业影响力和知名度等。品牌建设和宣传推广支持的重要性在于提升江苏老字号企业品牌形象和知名度，推动企业向高质量发展方向迈进。品牌建设和宣传推广支持的必要性在于扩大江苏老字号企业的市场份额和影响力，提高企业的品牌价值和竞争力。

6. 外贸支持的重要性和必要性

老字号企业的发展除了要求在国内市场取得优异的成绩外，还需要拓展海外市场，开拓国际贸易。政府的外贸支持能够为江苏老字号企业拓展海外市场提供必要的保障和支持，促进企业在国际市场上的高质量发展。例如，提供海外市场情报和数据，为老字号企业开展海外市场调研和拓展提供支持和帮助；为老字号企业提供贸易促进和合作机会，推动企业与国外合作伙伴建立稳定的贸易关系；支持老字号企业参加国际贸易展览和活动，扩大企业在国际市场上的知名度和影响力等。外贸支持的重要性在于为江苏老字号企业开拓海外市场提供必要的保障和支持，促进企业在国际市场上的高质量发展。外贸支持的必要性在于为企业提供了拓展海外市场的机会和条件，扩大企业的市场份额和影响力，提升企业的国际竞争力。

7. 知识产权保护支持的重要性和必要性

老字号企业在发展过程中，需要不断进行技术创新和产品升级，而这些都需要保护知识产权。知识产权保护支持能够为江苏老字号企业保障知识产权，促进企业技术创新和产品升级，提升企业的市场竞争力和核心竞争力。例如，加强知识产权法律法规和政策的宣传和普及，提高老字号企业对知识产权保护的意识和重视程度；建立健全知识产权保护体系，加强对老字号企业知识产权的保护和维护；支持老字号企业开展知识产权保护工作，提供必要的法律咨询和技术支持等。知识产权保护支持的重要性在于为江苏老字号企业保障知识产权，促进企业技术创新和产品升级，提升企业的市场竞争力和核心竞争力。政府知识产权保护支持的必要性在于建立健全的知识产权保护体系，加强对江苏老字号企业知识产权的保护和维护，提高企业的创新意识和创新能力。

8. 文化传承支持的重要性和必要性

老字号企业是江苏地区传统文化的代表，传承和弘扬传统文化是江苏老字号企业的重要使命。文化传承支持能够为江苏老字号企业传承和弘扬传统文化提供必要的支持和保障，提升企业在文化领域的影响力和核心竞争力。例如，建立江苏老字号企业文化传承的长效机制，保障江苏老字号企业传统文化的传承和弘扬；加强老字号企业文化传承的宣传和推广工作，提高社会公众对江苏老字号企业的认知度和支持度；推动江苏老字号企业与文化产业、旅游业等相关行业的合作和交流，共同促进文化传承和发展等。文化传承支持的重要性在于为江苏老字号企业传承和弘扬传统文化提供必要的支持和保障，提升企业在文化领域的影响力和核心竞争力。文化传承支持的必要性在于建立江苏老字号企业文化传承的长效机制，保障江苏老字号企业传统文化的传承和弘扬，提高社会公众对江苏老字号企业的认知度和支持度。

因此，江苏省人民政府需要继续加大对江苏老字号企业的支持力度，建立更加完善的政策体系和支持机制，为江苏老字号企业提供更加优质的服务和保障，推动江苏老字号企业实现转型升级和高质量发展，为传承和弘扬中国传统文化作出更大的贡献。

三、政策和措施的具体内容和实施效果

1. 政策和措施的具体内容

（1）产业扶持

在产业扶持方面，政府出台了一系列举措，包括资金扶持、技术支持、市场开拓、品牌建设等，旨在提升江苏老字号企业的核心竞争力和市场竞争力。其中，重点文化企业扶持计划是重要的一项政策。该计划自 2005 年开始实施，旨在扶持江苏省内的文化企业，推动文化产业的发展。该计划的重点是支持江苏老字号企业转型升级，通过该计划的实施，江苏老字号企业能得到充分的资金扶持和技术支持，将大大提升企业的核心竞争力。

（2）税收优惠

为鼓励江苏老字号企业转型升级和高质量发展，江苏省人民政府推出了税收优惠政策。该政策包括增值税减免、企业所得税优惠等。其中，对于有条件的老字号企业，可以享受企业所得税优惠政策。此外，江苏还出台了"老字号品牌"认定政策，被认定为老字号的企业可以享受税收优惠政策，这将激发江苏老字号企业的创新活力和发展潜力。

（3）融资支持

为解决江苏老字号企业融资难的问题，江苏省人民政府积极推进金融服务和融资支持。在融资方面，江苏省人民政府出台了多项政策和措施，包括对江苏老字号企业的融资担保、利率优惠、财政补贴等。同时，江苏省还成立了老字号产业投资基金、老字号企业融资服务中心，为江苏老字号企业提供专业的融资服务和咨询，为企业的融资活动提供保障。支持金融机构在风险可控、商业可持续的前提下，向老字号企业开展商标专用权质押贷款，开发适合老字号特点的金融产品。

（4）国际合作

江苏老字号企业在国际市场上的发展是推进高质量发展的关键因素之一。江苏省人民政府积极推动江苏老字号企业的国际合作，通过与国际品牌合作、参加国际展览、开展海外推广等方式，扩大了江苏老字号企业在国际市场上的影响力和市场份额。为更好地推动江苏老字号企业的国际化进程，江苏省人民政府出台了一系列支持措施，包括政策扶持、资金支持、人才引进等。例如，江苏省人民政府推出了"境外投资"奖励政策，对于在海外开展业务的江苏老字号企业，可以享受财政补贴和其他优惠政策，为企业的海外业务提供更多支持。

（5）品牌建设

品牌建设是江苏老字号企业高质量发展的重要因素之一。江苏省人民政府积极推动江苏老字号企业品牌建设，出台了一系列品牌建设的支持政策和措施。例如，充分利用中央和地方媒体资源，深入挖掘老字号承载的商业价值和文化价值，结合大运河文化带

和大运河、长江国家文化公园建设，通过世界运河城市论坛、中国大运河文化讲堂、长江文化发展论坛等载体，创新传播内容，讲好老字号品牌故事，推动老字号品牌文化对内对外推广传播。优先支持老字号参与国家级宣传活动，在各类重要展销会展览会、外事活动、援外项目中推广老字号产品和文化。

2. 实施效果分析

政策和措施的实施，对于推动江苏老字号企业的高质量发展产生了积极的影响和作用。

（1）加速了老字号企业转型升级

江苏省人民政府通过产业扶持、税收优惠等政策和措施，大力推进江苏老字号企业的转型升级，帮助企业提升产品和服务质量，提高企业的市场竞争力和核心竞争力。据统计，截至2021年年底，江苏省内已有280家老字号企业成功转型升级，企业的市场份额和收入均有显著提升。

（2）促进了老字号企业品牌建设

江苏省人民政府积极推动江苏老字号企业的品牌建设，通过品牌建设的支持政策和措施，帮助企业树立了更加清晰、鲜明的品牌形象，提高了企业在市场上的竞争力。截至2021年年底，江苏省内已有120家老字号企业成功完成了品牌建设，其中50家企业的品牌知名度和美誉度已经达到了国内领先水平。

（3）加强了老字号企业人才培养

江苏省人民政府通过人才引进、培训等措施，积极推动江苏老字号企业的人才培养，提高企业的人力资源素质。截至2021年年底，江苏省内已有80家老字号企业成功引进了优秀人才，企业的人力资源素质得到了显著提升。

（4）促进了老字号企业国际化发展

江苏省人民政府通过海外推广、国际合作等措施，积极推动江苏老字号企业的国际化进程，扩大了企业在国际市场上的影响力和市场份额。截至2021年年底，江苏省内已有40家老字号企业成功开展了海外业务，企业的国际化水平得到了显著提升。

（5）提高了老字号企业对社会经济发展的贡献

江苏省人民政府通过一系列政策和措施，积极推动江苏老字号企业的高质量发展，提高了企业的市场竞争力和核心竞争力。同时，老字号企业在产业升级、文化传承、就业创业等方面发挥了积极的作用，为经济社会发展作出了重要贡献。

老字号企业是宝贵文化遗产和经济资源，出台支持政策和措施，能够有效加速老字号企业的转型升级、品牌建设、人才培养、国际化进程等。这些政策和措施在推进江苏老字号企业高质量发展、推动江苏经济发展、促进文化传承等方面发挥了重要作用，得到了积极的社会反响和经济效益。

第三节　江苏老字号的创新驱动
与技术升级

随着市场经济的发展，老字号在面临着市场竞争的挑战，创新驱动与技术升级成为老字号实现高质量发展的重要内容，老字号需要通过技术创新和管理创新实现自我更新和升级，需要通过技术升级提高产品质量和生产效率，降低成本，提高企业盈利能力和竞争力。

一、创新驱动发展的理论基础和实践意义

1. 创新驱动发展的理论基础

创新驱动发展是一种新的经济发展方式，是在以科技创新为核心的创新体系建设的支持下，推动经济社会发展的一种重要方式。创新驱动发展的理论基础主要有以下几个方面。

（1）科技进步是经济发展的主要动力

经济的发展和科技的进步是相互依存、相互促进的。随着科技的进步，新技术、新产品、新工艺和新服务不断涌现，创造了新的市场需求和生产要素，为经济的增长提供了不竭动力。因此，科技进步是经济发展的主要动力。

（2）创新是科技进步的基础

创新是科技进步的核心，是推动经济发展的基础。创新包括技术创新、产品创新、管理创新、市场创新等多个方面，是实现经济发展的关键要素。只有通过创新，才能不断推动经济发展，不断提高生产效率和经济效益。

（3）创新体系是创新驱动发展的保障

创新体系是指由科研机构、高校、企业等多个方面共同构成的科技创新网络。只有建立健全的创新体系，才能为经济发展提供可持续的技术支持和人才保障。

（4）制度环境是创新驱动发展的重要条件

创新驱动发展需要一个良好的制度环境。制度环境涵盖政策、法规、标准、文化等方面，其中政策和法规是最重要的方面。政策和法规的制订和实施，直接影响到企业的投资、研发、生产和市场开发等方面，因此，必须建立健全创新驱动发展的制度环境，为创新提供更好的政策支持和法律保障。

2. 创新驱动发展的实践意义

（1）促进经济结构调整和升级

创新驱动发展可以引领经济结构调整和升级。随着科技的进步和社会的发展，新技

术、新产品和新服务不断涌现，对传统产业和市场模式造成冲击，因此，需要通过创新，推动经济结构调整和升级，促进经济可持续发展。

（2）提高经济发展质量和效益

创新驱动发展可以提高经济发展质量和效益。创新能够提高生产效率，降低生产成本，提高产品和服务的品质，进一步提高企业的市场竞争力。这种提高经济效益的方式是长期、可持续的，对于提升国家经济发展质量和效益具有重要作用。

（3）培育新的经济增长点

创新驱动发展可以培育新的经济增长点。创新可以开发新产品、新技术、新市场，打造新的竞争优势，培育出新的经济增长点。这些新的经济增长点，可以促进经济的发展，提升国家的综合实力。

（4）推动产业转型升级

创新驱动发展可以推动产业转型升级。创新可以优化产业结构，加速产业升级，推动传统产业向高端化、智能化、绿色化转型，进一步提高产业的发展水平。

（5）促进社会进步和发展

创新驱动发展可以促进社会进步和发展。创新可以推动科技进步和人才培养，提高人们的生产力和创造力，推动社会科学、文化、教育等多个方面的进步和发展，促进社会的发展和进步。

3. 创新驱动发展的实践措施

为了实现创新驱动发展的目标，需要采取一系列的措施。具体来说，创新驱动发展需要从以下几个方面入手。

（1）科技创新

科技创新是创新驱动发展的核心。相关政府部门要加大对科技创新的投入力度，推动科技成果的转化和应用，提高创新的质量和效益。同时，还要加强对人才的培养和引进，吸引更多的优秀人才参与科技创新，为经济发展提供人才支持。

（2）产学研合作

产学研合作是创新驱动发展的重要方式。相关政府部门要加强对产学研合作的支持，建立健全产学研一体化的创新体系，提高科技创新的转化效率和应用水平。

（3）政策支持

政策支持是创新驱动发展的重要保障。相关政府部门要制订和完善相关的创新政策和法规，加大财政支持力度，推动创新驱动发展的顺利实施。

（4）市场导向

市场导向是创新驱动发展的重要特点。相关政府部门要引导市场资源向科技创新倾斜，打造创新创业的良好市场环境，促进市场资源和创新资源的优化配置。

（5）开放合作

开放合作是创新驱动发展的重要手段。相关政府部门要积极推动对外开放，加强国际科技交流与合作，借鉴和吸收国际先进技术和经验，促进科技创新和产业升级。

创新驱动发展是实现我国经济转型升级和高质量发展的必然选择，也是推动全球经济发展的重要途径。江苏作为经济大省和经济强省，一直以来注重创新驱动发展，取得了显著的成效。在未来的发展中，江苏还将继续坚持创新驱动发展的战略方向，加强科技创新、产学研合作、政策支持、市场导向和开放合作等方面的工作，推动经济高质量发展和社会进步。

二、技术升级对江苏老字号高质量发展的影响和意义

在经济快速发展中，江苏老字号既面临着市场竞争压力，也面临着传统工艺和经营模式的转型困境。技术升级可以为江苏老字号的高质量发展提供支持和机遇，其影响和意义主要体现在以下几个方面。

1. 提高产品质量和品牌知名度

江苏老字号作为具有悠久历史和深厚文化底蕴的企业，其产品具有独特的工艺和文化价值，但也存在一些制约其发展的问题，如产品质量和品牌知名度不高等。技术升级可以帮助江苏老字号解决这些问题。

一方面，技术升级可以提高江苏老字号的生产效率和产品质量。传统的手工制作虽然能够保持产品的独特性和高品质，但生产效率较低，很难满足市场需求。而通过技术升级，江苏老字号可以实现生产过程的自动化和智能化，提高生产效率和降低成本，同时也可以提高产品的一致性和稳定性，保证产品的品质和质量稳定性。例如，江苏老字号可以引进先进的设备和生产工艺，采用数字化技术和物联网技术，实现生产过程的全过程控制和管理，提高产品的生产效率和质量水平。

另一方面，技术升级可以提高江苏老字号的品牌知名度和美誉度。传统的江苏老字号虽然有着悠久的历史和深厚的文化底蕴，但随着市场的竞争加剧和消费者需求的不断升级，单纯的历史和文化并不足以吸引消费者的注意和信任。而通过技术升级，江苏老字号可以创新产品和服务，提高产品的附加值和竞争力，同时也可以通过数字化营销和社交媒体营销等手段，扩大品牌影响力和知名度。例如，江苏老字号可以研发新产品和服务，满足消费者对于品质、品种和服务的不断升级需求，同时也可以通过线上平台和社交媒体等渠道，增强品牌的曝光度和传播效果，提高品牌知名度和美誉度。

2. 提高企业竞争力和市场份额

江苏老字号作为传统企业，面临着日益激烈的市场竞争和新兴企业的崛起，如何提高企业的竞争力和市场份额成了摆在面前的难题。技术升级可以帮助江苏老字号提高企业竞争力和市场份额。

一方面，技术升级可以提高江苏老字号的生产效率和降低成本，从而提高企业竞争力。随着市场竞争的日益激烈，降低成本和提高效率成了企业提高竞争力的重要手段。

通过技术升级，江苏老字号可以实现生产过程的自动化和智能化，提高生产效率和降低成本，从而提高企业的竞争力。例如，江苏老字号可以采用先进的物流管理系统和供应链管理系统，优化企业的供应链和物流流程，提高生产效率和降低成本，从而增强企业的竞争力。

另一方面，技术升级可以提高江苏老字号的产品质量和附加值，从而扩大市场份额。随着消费者对于品质和服务的要求不断提高，江苏老字号需要通过技术升级提高产品的品质和附加值，扩大市场份额。例如，江苏老字号可以采用数字化技术和物联网技术，实现产品的全生命周期管理，从而保证产品的品质和质量稳定性，提高产品的附加值和竞争力，吸引更多的消费者。

3. 推动传统文化的创新传承和保护

江苏老字号作为传统企业，具有深厚的文化底蕴和独特的文化价值，其传承和保护是中华文化的一部分，也是江苏老字号高质量发展的重要任务。技术升级可以帮助江苏老字号推动传统文化的创新传承和保护。

一方面，技术升级可以帮助江苏老字号保护传统文化的物质遗产和非物质遗产。江苏老字号作为传统企业，拥有丰富的物质文化遗产和非物质文化遗产，如传统手工艺制作技术、传统制造工艺、传统包装设计等。通过技术升级，江苏老字号可以将传统手工艺制作技术、传统制造工艺等进行数字化和智能化，保护传统文化的物质遗产和非物质遗产，使传统文化得以延续和传承。

另一方面，技术升级可以帮助江苏老字号创新传统文化，推动文化创新发展。江苏老字号作为传统企业，需要不断创新传统文化，推动文化发展，以适应时代发展的需求。通过技术升级，江苏老字号可以将传统文化与现代科技相结合，创新传统文化，推出符合市场需求的文化产品，从而为传统文化的创新传承作出贡献。

4. 助力乡村振兴和社会经济发展

江苏老字号所处的乡村地区是乡村振兴和社会经济发展的重要领域，作为传统企业，可以通过技术升级助力乡村振兴和社会经济发展。

一方面，技术升级可以帮助江苏老字号实现工业化和数字化生产，提高农村产业化水平。随着乡村振兴战略的深入推进，农村产业化已成为促进乡村振兴和社会经济发展的重要手段。通过技术升级，江苏老字号可以实现工业化和数字化生产，提高农村产业化水平，从而助力乡村振兴和社会经济发展。

另一方面，技术升级可以帮助江苏老字号发展新型农村经济和农村电商。随着互联网和数字化技术的发展，新型农村经济和农村电商已成为乡村振兴和社会经济发展的新动能。通过技术升级，江苏老字号可以开展新型农村经济和农村电商，将传统产品线上化，拓展市场，从而助力乡村振兴和社会经济发展。

总之，技术升级对江苏老字号高质量发展的影响和意义是多方面的。技术升级可以提高江苏老字号的生产效率和产品质量，提高企业竞争力和市场份额；技术升级还可以帮助江苏老字号进行品牌升级和创新，提高品牌知名度和影响力；技术升级还可以保护和传承传统文化，推动文化创新发展；技术升级还可以助力乡村振兴和社会经济发展，提高农村产业化水平，发展新型农村经济和农村电商。

三、江苏老字号创新和技术升级的现状及未来趋势

随着科技的不断发展和进步，技术升级成为传统企业迎接挑战、实现转型升级的必经之路。江苏老字号企业创新和技术升级的现状和未来趋势主要有以下表现。

1. 江苏老字号创新和技术升级的现状

（1）传统文化和工艺的创新

传统文化和工艺是江苏老字号企业的优势，也是其发展的重要支撑。目前，一些江苏老字号企业通过传承和创新，将传统文化和工艺与现代科技有机融合，推出了一系列具有文化内涵的产品，得到了消费者的喜爱和认可。例如，南京中医药大学研发的针灸机器人，采用了传统针灸和现代电子技术相结合的设计，使得针灸治疗更加精准和舒适。

（2）信息技术的应用

随着信息技术的快速发展，江苏老字号企业开始注重数字化转型，运用信息技术提高生产效率和产品质量。例如，连云港赣马镇兆法牛肉店通过电商平台销售生鲜牛肉，利用大数据技术和智能化管理，提高生产效率和产品品质。

（3）设计和品牌建设的提升

随着消费者需求的升级和市场竞争的加剧，江苏老字号企业开始注重设计和品牌建设，提升产品形象和市场竞争力。例如，扬州红木家具厂将传统家具与现代设计相结合，推出了一系列颇受欢迎的产品，成功打造出自己的品牌形象。

（4）研发投入的增加

为了提高产品质量和创新能力，江苏老字号企业开始增加研发投入，加强技术攻关和创新能力。例如，江苏宜兴百年利永紫砂在继承"百年利永"深厚紫砂文化底蕴的基础上，不断进行技术研发和创新，整合优质产业资源，推出了一系列创新产品，赢得了市场认可。

（5）产业升级的推进

江苏老字号企业开始加速推进产业升级，实现从传统手工生产向机械化、自动化生产转型。例如，苏州老字号稻香村采用现代化的生产设备和自动化流水线生产冰糖葫芦，提高了生产效率和产品品质。

2. 江苏老字号创新与技术升级的未来趋势

（1）推进数字化转型

随着信息技术的不断发展，江苏老字号企业将进一步推进数字化转型，运用大数

据、云计算、物联网等新技术提高生产效率和产品品质。例如，利用物联网技术，老字号企业可以实现对生产过程的全程监控，确保产品质量的稳定和一致性。

（2）推进智能化生产

江苏老字号企业将加速推进智能化生产，通过引进智能设备和机器人等新技术，实现生产自动化和智能化。例如，常州怡泰食品在几十年的研制发展过程中，坚守"真材实料"的原则，严选上乘乌梅、山楂、甘草等为原材料，将传统熬煮工艺与现代智能化浓缩提取技术相结合，实现全自动化生产和智能化管理。

（3）加强研发创新

江苏老字号企业将加强研发创新，投入更多的人力、财力和物力，不断推陈出新，开拓新市场。例如，老字号企业江苏洋河酒厂先后建立国家级博士后技术创新中心、省级技术中心、江苏省酿酒工程技术研究中心、陈坚院士工作站等研发平台，致力于研究酿造技术和创新产品，提高公司的市场竞争力。

（4）推动传统文化与科技融合

江苏老字号企业将进一步推动传统文化与科技的融合，将传统技艺与现代科技相结合，推出更具特色和品质的产品。例如，老字号企业江苏洋河酒厂在开发生产中圆梦酒6A的过程中，采用传统酿造工艺，加入了现代科技元素，充分利用科技在酿造过程中的作用，使酒品口感更加柔和细腻，回味更加悠长。

（5）拓展国际市场

江苏老字号企业将加大对国际市场的拓展力度，利用技术升级和品牌建设的优势，进一步开拓国际市场，提高产品的国际影响力和市场份额。例如，在第五届中国国际进口博览会江苏展区，展示了来自全省27家省（市）级老字号企业的50余类240件产品，以及苏绣、南通蓝印花布、紫砂制作等9个非遗技艺项目。宜兴紫砂、扬州漆器等为代表的江苏非遗技艺吸引了众多展商目光。

江苏老字号企业随着时代的变迁和市场的竞争，需要进行技术升级和创新，以适应市场的变化和满足消费者的需求，技术升级和创新不仅可以提高企业的生产效率和产品质量，还可以推动传统文化与现代科技的融合，创造更具特色和品质的产品，只有不断创新发展，老字号企业才能够成为我国产业发展的重要代表性企业和国际市场的领军企业。

江苏：新技术营造新场景　促进老字号新消费①

为助力老字号品牌振兴和创新发展，由南京旅游集团建设的江苏省规模最大的老字号博物馆——"金陵印象老字号博览馆"在南京国展中心开馆迎客。博览馆将江苏人耳

---

① 中华人民共和国商务部流通业发展司．江苏：新技术营造新场景　促进老字号新消费［EB/OL］．（2022-12-30）［2023-05-05］. http://ltfzs.mofcom.gov.cn/article/bb/202212/20221203376330.shtml.

熟能详的老字号齐聚一堂，运用新技术营造新场景，将充满时代感、文化感与故事感的老字号呈现于大众视野，推动老字号焕发出新时代的迷人魅力。

典藏老字号臻品，展示文化新魅力

博览馆收藏了包括皇家御用南京云锦、国宴专用瓷具高淳陶瓷、金陵金箔、十竹斋、宜兴紫砂、扬州漆器、苏州刺绣、蓝印花布等在内的众多臻品瑰宝，特别是其中的漆画艺术品《金陵老字号盛景图》，运用浮雕、镶嵌、刻漆、螺钿、掐丝、窑变、变涂等14种新旧技法，详细描绘了32家老字号店铺、255个人物以及50座古今建筑，将金陵老字号的悠久历史展现得淋漓尽致。

多媒体技术赋能，增强艺术观赏性

博览馆上层以古色古香的艺术手法，糅合城市及园林艺术造型，并应用声光电等现代方式和多媒体技术，将丰富的馆藏实物、书籍以及影像资料进行全方位立体呈现，集中展示南京乃至江苏老字号的悠久品牌文化和传承发展历史，凸显了老字号文化的独特魅力，吸引大量观众驻足观赏。

沉浸式街区布局，打造消费新场景

博览馆下层为占地近8 000平方米的沉浸式体验街区，生动还原了清朝晚期、民国初期、民国中期、民国晚期4个不同历史时期的南京街市情景，巧妙浓缩了南京城的风景、建筑、市集，结合"活态"南京老字号及江苏省老字号店铺，以及云锦织造机、复古牌坊、黄包车、老自行车、留声机等老物件，打造出富有历史人文气息的现代版"南都繁会图"体验式旅游商品消费空间，以旅游商品展示和场景体验式购物的融合，助力释放老字号消费潜力。

第四章
江苏老字号产业升级与转型升级

江苏老字号企业在产业升级和转型升级方面面临着许多挑战，包括技术和设备更新、人才引进和培养、管理模式创新等方面。产业升级和转型升级既有助于江苏老字号企业的可持续发展，也为其他传统产业的企业提供了宝贵的经验和借鉴。

第一节　产业升级与转型升级的
背景和必要性

随着社会经济的不断发展和市场的不断变化，老字号产业面临着前所未有的压力和挑战。这些传统行业所处的市场环境和消费者需求都已经发生了巨大变化，而且新兴的互联网和数字技术也对传统行业的发展带来了冲击和影响。因此，老字号产业必须进行升级和转型，以适应市场的变化和满足消费者的需求。

一、江苏老字号产业升级和转型升级的背景及意义

1. 背景

江苏是我国重要的制造业基地和经济中心之一，拥有众多的老字号企业，这些企业在经济发展的过程中扮演着重要的角色。然而，随着市场环境和消费者需求的变化，老字号企业在发展中遇到了诸多挑战。为了适应市场的变化，老字号企业需要进行产业升级和转型升级。

首先，随着社会经济的不断发展和市场竞争的加剧，老字号企业所处的市场环境发生了巨大变化。随着国内经济的转型升级和对外开放的加速，新兴产业和外资企业的涌入给老字号企业带来了巨大的市场压力。此外，随着年轻一代消费者的崛起，消费需求也发生了重大变化，老字号企业如果不能适应市场需求，就会被市场所淘汰。

其次，互联网和数字技术的快速发展也对老字号企业带来了重大冲击。传统的老字号企业在信息技术和数字化方面相对落后，面临生产效率低下、品牌宣传不足等问题。因此，老字号企业必须加强数字化转型，利用互联网和数字技术提高生产效率和品牌推广。

最后，老字号企业在面临市场竞争的同时，也面临着人才流失和品牌知名度下降等问题。随着新兴行业和外资企业的涌入，吸引人才的竞争也变得更加激烈。此外，随着社会文化的变化，老字号企业的品牌知名度和市场地位也在下降，需要进行品牌更新和宣传。

综上所述，老字号企业产业升级和转型升级的背景主要有市场环境和消费者需求的变化、互联网和数字技术的冲击以及人才流失和品牌知名度下降等问题。老字号企业需要利用现代技术手段，适应市场变化和满足消费者需求，以保持品牌竞争力和市场地位。

2. 意义

（1）促进经济结构调整和产业升级

江苏老字号企业作为传统产业的代表，进行产业升级和转型升级可以促进经济结构

调整和产业升级。通过引进新技术、新材料、新工艺等，提高生产效率和产品质量，降低生产成本，使企业在市场竞争中获得更大的优势，同时推动产业升级和转型升级，提高整个区域的经济发展水平。

（2）推动传统文化和现代科技的融合

江苏老字号企业在产业升级和转型升级的过程中，需要充分挖掘和利用传统文化的优势，同时引进现代科技，推动传统文化和现代科技的融合。这不仅可以创造更加具有特色和品质的产品，同时也可以促进传统文化的传承和发展，提高江苏老字号企业的文化软实力，推动中国传统文化在国际市场的传播和认知。

（3）提高企业的核心竞争力和创新能力

产业升级和转型升级是江苏老字号企业提高核心竞争力和创新能力的重要途径。通过引进先进技术和设备、加强产品设计和研发、优化生产流程和管理模式等，提高企业的生产效率和产品质量，增强企业的核心竞争力和市场竞争力。同时，通过产业升级和转型升级，江苏老字号企业可以创新经营模式，开拓新的市场空间，提高企业的创新能力和市场适应能力。

（4）促进人才培养和社会稳定发展

江苏老字号企业进行产业升级和转型升级，需要大量的人才支持。在产业升级和转型升级的过程中，可以通过加强人才培养、引进人才等方式，吸引更多优秀的人才加入企业中来，提高企业的人才素质和专业水平，同时推动区域内的人才培养和社会稳定发展。

（5）推动可持续发展和环保产业的发展

产业升级和转型升级是推动可持续发展和环保产业发展的重要途径。通过引进新技术和新材料，优化生产流程，降低能耗和污染排放，提高资源利用效率和环境保护水平，使江苏老字号企业在生产中更加注重可持续发展和环保产业的发展，同时为区域经济的可持续发展作出贡献。

3. 产业升级和转型升级的策略

（1）技术升级和创新

技术升级和创新是产业升级和转型升级的核心策略。通过引进新技术、新材料和新设备，加强研发和设计能力，提高生产效率和产品质量，推动企业向高端产业链方向发展，增强企业的市场竞争力。一是做好投资研发。老字号企业应该注重研发，加大技术投入，积极引进优秀的人才，培养自己的技术团队，不断推出新产品和技术，以满足消费者的需求。二是做好创新设计，以提高产品质量和增强市场竞争力。可以通过设计更新和改进现有产品，也可以推出新颖的产品和服务，以适应市场的需求和消费者的口味。三是做好数字化转型。采用互联网和信息技术等先进技术，以提高生产效率、降低成本、优化供应链、增强产品服务能力和拓展新兴市场。四是做好与其他企业合作。老字号企业可以与其他企业合作，共享资源和技术，通过联合研发和生产，提高效率和降低成本，同时可以获得更广阔的市场和更多的客户资源。总之，要想在市场竞争中立于不败之地，就需要不断升级和创新技术，以满足市场需求，不断提高产品品质和服务水平，增强自身的竞争力和市场占有率。

（2）资本运营和品牌营销

资本运营和品牌营销是产业升级和转型升级的重要策略。通过充分利用资本市场，提高企业的资本实力，推动企业扩大产能和加强品牌营销，增强企业的品牌价值和市场竞争力。老字号企业可以通过股权融资、债务融资、并购重组等方式进行资本运营，以获得更多的资金支持和资源优势，还可以通过股权激励和员工持股等方式激发企业内部的创新和活力。同时，老字号企业应该注重品牌建设和营销，以提高品牌知名度和美誉度，可以通过品牌宣传、营销推广、活动策划等方式加强品牌与消费者之间的联系，提高产品销售和市场份额。老字号企业还可以积极把握消费升级的机会，满足消费者对品质、品牌和服务的需求，通过高端产品和服务的不断创新和提升，扩大市场份额和品牌影响力。

（3）人才培养和引进

人才培养和引进是产业升级和转型升级的关键策略。通过加强人才培养和引进，提高企业的人才素质和专业水平，促进企业的创新和发展。通过培训、学习和知识传承等方式，提升本地区现有人才的技能和素质，使其具备应对新产业、新技术和新市场的能力，这需要政府、企业和教育机构等各方的合作，共同推进人才培养计划。通过各种方式，如引进海外留学人才、引进国内优秀人才等，将高端人才引入本地区，这些人才具有先进的技术和管理知识，可以为本地区的产业转型和升级注入新鲜血液。政府可以出台一些优惠政策，如税收优惠、住房补贴、子女教育等，以吸引高端人才前来本地区发展。建立人才交流平台，为本地区的人才提供一个互相学习和交流的平台，同时也可以吸引来自其他地区的人才前来本地发展。

（4）转型升级和多元化发展

转型升级和多元化发展是产业升级和转型升级的重要策略。通过推动企业向新领域和新产业方向发展，拓展企业的业务领域，增强企业的市场竞争力和可持续发展能力。不断提升老字号技术和产品的研发能力，适应市场需求的变化，不断升级和调整自身的产业结构和经营模式，以保持市场竞争力。寻求多元化发展的机会，通过投资、收购等方式扩大产业范围，降低企业单一产品或产业的风险，增强企业的稳定性和可持续性。积极开拓新市场，扩大销售渠道，提高品牌知名度，增加产品竞争力。注重创新，积极引进新技术、新产品和新服务，不断提高企业核心竞争力。积极加强与其他企业、高校、科研机构等的合作，共同研发新技术、新产品和新服务，实现资源共享，共同发展。总之，转型升级和多元化发展必须得到企业、政府等各方的重视和支持，注重自身技术和产品研发，积极开拓新市场，加强合作，不断创新，以保持市场竞争力和实现长期稳定发展。

（5）质量管理和品牌建设

质量管理和品牌建设是产业升级和转型升级的基础策略。通过加强质量管理，提高产品质量和服务质量，建设知名品牌，提高企业的品牌价值和市场竞争力。建立健全的质量管理体系，通过优化生产工艺、控制原材料的质量、加强生产现场管理等措施，不断提高产品和服务的质量，增强企业的市场竞争力。注重品牌意识的建设，通过品牌定位、品牌包装、品牌宣传等方式，树立企业的品牌形象，增强品牌的影响力和美誉度。通过技术创新、设计创新等方式，增加产品的附加值，提高产品的竞争力，打造高附加值的品牌。加强品牌推广，通过广告宣传、公关活动、网络营销等方式，扩大品牌知名度，吸引更多的消费者。加强品质管理，通过规范化管理、科学化管理等方式，提升产品品质和企业整体形象。总之，质量管理和品牌建设应该注重提高产品和服务的质量，树立品牌形象，增加产品的附加值，扩大品牌知名度，从而提高企业的市场竞争力和盈利能力。

（6）合作发展和创新创业

合作发展和创新创业是产业升级和转型升级的新型策略。通过加强企业之间的合作，共享资源和技术，推动企业集群发展，增强企业的市场竞争力。积极与高校、科研机构等建立合作关系，共同研发新技术、新产品和新服务，促进产业升级和转型升级。积极参与和组建产业联盟，整合产业链资源，共同开发新产品和新市场，实现互利共赢。同时，积极推动创新创业，打破产业壁垒，促进产业融合和创新发展，提高区域经济的竞争力和发展水平。积极引进创新人才，为企业注入新鲜血液，促进企业的创新和发展。鼓励员工创新创业，提供创新创业的平台和资源支持，培养创新创业的文化氛围，增强企业的创新能力和市场竞争力。推广数字化转型，应用云计算、大数据、人工智能等新技术，提高企业的生产效率、管理效率和创新能力。总之，合作发展和创新创业应该积极与高校、科研机构等合作，整合产业链资源，引进创新人才，鼓励员工创新创业，推广数字化转型，提高企业的创新能力和市场竞争力，实现长期稳定发展。

产业升级和转型升级是江苏老字号企业实现可持续发展的重要途径，对于提高企业的市场竞争力和品牌价值，促进江苏老字号产业的发展具有重要意义。在实践中，企业可以通过加强技术创新、加强供应链整合、推动智能制造、推进品牌建设、加强人才引进等方式，推动企业的产业升级和转型升级。此外，政府和社会各界需要加强对江苏老字号企业的支持和帮助，提供政策、资金、人才等方面的支持，共同推动江苏老字号产业的转型升级和发展。

二、江苏老字号产业升级和转型升级的必要性和迫切性

江苏拥有大量的老字号企业，如江苏洋河酒厂股份有限公司、南京白敬宇制药公司等，这些企业在一定程度上代表了江苏传统产业的发展水平。然而，在经济全球化的大背景下，老字号企业面临着产业升级和转型升级的必要性和迫切性。

1. 江苏老字号产业升级和转型升级的必要性

(1) 保护文化遗产

老字号承载着我国千百年来的文化传统和民族精神,是我国历史文化的重要见证和体现。这些企业历史悠久、文化底蕴深厚,是传承和弘扬中华优秀传统文化的重要途径。然而,随着社会经济的不断发展和技术的不断更新,许多传统技艺和经营模式已经无法适应现代化的市场需求,导致很多老字号企业面临着倒闭或衰退的风险。如果这些老字号企业不进行产业升级和转型升级,不仅无法适应时代的发展,还会面临市场萎缩和生存危机,最终导致这些传统文化遗产的破坏。因此,江苏老字号的产业升级和转型升级是非常必要的,目的是在保护这些传统文化的生命力和延续性,保护地方的文化符号和地方软实力,只有通过升级老字号产业和做好发展转型,让它们适应现代市场的需求,才能更好地保护和传承这些文化遗产。

(2) 提升产品质量和品牌效应

传统老字号企业在传承了几百年的历史和文化积淀之后,产品质量和品牌形象已经得到了一定程度的认可和信任。然而,随着市场竞争的加剧和消费者需求的不断变化,老字号企业只有进一步提升产品质量和品牌效应,才能更好地适应市场发展的需要。一方面,在市场上品质好的产品往往能够获得更多消费者的信赖和认可。传统老字号企业在产品研发、生产工艺、材料选用等方面积累了丰富的经验,但随着时代的变迁,这些经验已经不足以满足现代消费者对产品质量的要求。因此,江苏老字号企业需要借助现代科技和管理手段,不断改进和提升产品质量,提高产品的附加值和市场竞争力。另一方面,提升品牌效应是老字号企业升级的一个必要条件,品牌效应是企业在市场上树立品牌形象、提高品牌知名度和美誉度的过程。对于江苏老字号企业来说,提升品牌效应可以帮助它们更好地传承和弘扬传统文化和品牌精神,赢得更多消费者的信任和认可。同时,品牌效应还可以帮助江苏老字号企业扩大市场份额,提高市场占有率,增加销售收入和利润。只有通过不断创新和改进,让江苏老字号企业在产品质量和品牌形象上保持先进性和领先性,才能更好地适应市场竞争的需要,实现产业升级和转型升级。

(3) 实现可持续发展

传统老字号企业在经营过程中,积累了深厚的文化底蕴和生产技术,成为我国优秀的文化遗产和产业资源。但是,受到经济、社会和环境等多方面因素的影响,老字号产业面临着一系列挑战和问题,例如产品同质化、生产成本上升、市场份额下降等等。这些问题不仅威胁着老字号企业的生存和发展,也给文化传承和产业发展带来了巨大的挑战。首先,通过产业升级和转型升级,江苏老字号企业可以加强自身核心竞争力,推动企业实现可持续发展。其次,老字号产业升级和转型升级可以促进文化传承和创新发展。老字号产业作为中华民族传统文化的重要载体,具有丰富的文化内涵和价值。通过产业升级和转型升级,江苏老字号企业可以更好地挖掘和保护文化遗产,推动文化创新和传承发展,增强企业的文化软实力和社会影响力。最后,老字号企业在我国经济发展中扮演着重要角色，但是在全球化的经济环境下，产业升级和转型升级做好了，可以使江苏老字号企业更好地适应市场需求和变化，实现可持续发展。

2. 江苏老字号产业升级和转型升级的迫切性

（1）经济压力

老字号企业在经济上面临的压力越来越大，主要是由于市场竞争的加剧和技术的迭代换代。如果这些企业不能进行产业升级和转型升级，就难以适应市场的需求和变化，从而无法与其他企业竞争，最终可能会被市场淘汰。首先，由于市场的竞争日益激烈，传统老字号企业在价格、品质和服务等方面面临着越来越大的竞争压力，而新兴产业的崛起也给老字号企业带来了巨大的冲击。其次，随着物价上涨和劳动力成本的不断增加，老字号企业的生产成本逐渐增加，而产品价格却不能随意上涨，这使得老字号企业的利润逐渐下降，需要进行产业升级和转型升级来提高生产效率和降低生产成本，以提高自身的盈利能力。最后，传统老字号企业在技术方面可能相对滞后，无法满足现代市场的需求，而新兴产业的发展也在不断地推动技术的更新和创新。因此，江苏老字号企业需要进行产业升级和转型升级，加强技术研发和创新，提高产品质量和技术含量，以应对市场上的挑战。

（2）消费升级

随着消费者需求的不断升级，老字号产业也面临着消费升级的迫切需要，只有适应消费升级趋势，才能在市场竞争中立于不败之地。首先，随着消费者教育水平和消费观念的提高，消费者对产品品质的要求越来越高，传统的老字号产业往往生产的是传统的手工艺品或特色小吃等，质量参差不齐，无法满足现代消费者的高品质要求，因此，江苏老字号产业需要提高产品品质，注重品牌形象和产品设计，以满足消费者对品质的要求。其次，现代消费者不仅对产品本身有高品质的要求，同时还对购买体验、服务体验等方面有更高的要求，江苏老字号产业需要提供更加个性化、多元化、贴心化的服务，为消费者提供更好的购物体验和消费体验，如可以通过线上线下互动、定制服务、文化体验等方式来满足消费者的需求。最后，江苏老字号产业需要借助科技创新，提高数字化水平，通过电商平台、物联网技术、大数据分析等手段来提升产品质量和服务水平，满足消费者的需求。江苏老字号产业只有不断适应消费升级的趋势，提高产品质量和服务水平，为消费者提供更加个性化、多元化、贴心化的服务和体验，才能在市场竞争中立于不败之地，实现长期稳定发展。

（3）科技进步

科技的发展给传统的老字号产业带来了巨大的机遇和挑战，老字号产业必须紧跟科技发展的脚步，利用科技手段提高生产效率、改善产品品质、创新营销模式等，才能在激烈的市场竞争中获得更大的发展机遇。首先，传统的老字号产业往往采用人工制作，生产效率低，而现代科技的发展可以使生产过程更加自动化和智能化，江苏老字号产业可以运用智能机器人、物联网、大数据分析等科技手段，提高生产效率，减少成本，提高生产效益。其次，随着科技的发展，江苏老字号产业可以运用先进的科技手段来改善产品品质，例如，利用生物科技手段提高食品的口感和营养价值，利用新材料和新技术提高工艺品的质量和设计感，从而提高产品的竞争力和附加值。最后，现代消费者更加依赖数字化、智能化的服务和产品，江苏老字号产业可以利用电商平台、社交媒体、移动支付等科技手段创新营销模式，提高品牌知名度和产品销量。江苏老字号产业需要利用科技手段提高生产效率、改善产品品质、创新营销模式等，以满足现代消费者的需求，实现长期稳定发展。

3. 江苏老字号企业产业升级和转型升级面临的挑战

江苏老字号企业产业升级和转型升级虽然具有必要性和迫切性，但同时也面临着一些挑战。

（1）技术创新和研发投入不足

随着科技不断发展和市场竞争加剧，江苏老字号企业需要不断更新技术和产品，才能保持市场竞争力和持续发展。然而，江苏老字号企业在技术创新和研发方面面临着多种挑战。首先，江苏老字号企业在技术创新和研发投入方面相对薄弱。由于历史沉淀和经验积累，江苏老字号企业在传统技术和工艺方面具有一定优势，但在新技术和新产品开发方面相对较弱。江苏老字号企业在研发投入方面相对较少，往往难以承担高额的研发成本，限制了技术创新和产品升级的速度和质量。其次，江苏老字号企业在人才和组织方面存在一定的问题。由于历史原因和传统文化的影响，江苏老字号企业在人才培养和管理方面往往相对落后，难以吸引和留住高素质人才。江苏老字号企业的组织结构和决策机制也可能不够灵活和开放，限制了技术创新和研发投入的效率和效果。再次，江苏老字号企业在技术转移和应用方面存在一定问题。由于江苏老字号企业在传统技术和工艺方面具有较强的优势，可能难以接受新技术和新理念，限制了技术转移和应用的速度和广度。最后，江苏老字号企业在市场竞争和资源分配方面也面临一定的挑战，可能难以获得足够的技术支持和资源投入，限制了技术创新和产品升级的发展空间和力度。

（2）品牌建设和营销能力有限

江苏老字号企业在品牌建设和营销方面面临的挑战主要是来自营销理念和手段的落后。一些江苏老字号企业在品牌建设和营销方面还存在不足，无法有效提高品牌知名度和市场占有率。随着消费升级和市场竞争加剧，江苏老字号企业需要更加注重品牌形象和品牌价值的提升，通过营销策略的创新来满足消费者的需求和期待。但是，很多江苏老字号企业的营销理念和手段相对陈旧，没有及时跟上时代发展的步伐，导致品牌形象和品牌价值的提升难度增加。同时，营销能力的不足也是江苏老字号企业面临的一个挑战，这主要是由于营销人才的缺乏和营销经验的不足所致。江苏老字号企业需要在营销理念和手段的创新上下功夫，加强营销人才和经验的引进和培养，以提高品牌建设和营销能力，实现产业转型和升级的目标。

（3）人才缺乏和管理不规范

江苏老字号企业在产业升级和转型升级过程中，往往会面临人才缺乏和管理不规范等挑战。一方面，江苏老字号企业可能存在人才流失的问题，因为年轻人往往更倾向于选择新兴行业和企业，而江苏老字号企业的传统产业和管理模式不太能够吸引年轻人的加入。另一方面，江苏老字号企业可能缺乏专业化、高素质的管理人才，导致企业在管理方面存在不规范、不透明、不科学等问题，影响了企业的效率和竞争力。针对这些挑战，江苏老字号企业需要采取一系列措施来应对。首先，江苏老字号企业应该加强人才引进和培养工作，吸引优秀人才加入企业，提高人才的素质和专业技能。其次，江苏老字号企业需要加强管理体制建设，引进现代化的管理理念和方法，推进企业管理的规范化、科学化、专业化。此外，江苏老字号企业还可以通过多种方式，如与高校合作、开展培训等，为员工提供持续学习和发展的机会，促进人才的不断成长和进步。

（4）资金和市场压力加大

随着市场的竞争加剧和消费升级的需求增加，江苏老字号企业需要不断进行创新和升级以保持市场竞争力。然而，这些升级和创新往往需要巨额的资金投入，对企业的财务状况提出了更高的要求。同时，市场压力也不断加大，江苏老字号企业需要更好地把握市场需求，积极拓展市场，并进行市场营销和品牌建设，以增加企业的盈利和市场份额。因此，江苏老字号企业需要寻找资金来源，增强自身的财务实力，同时通过市场营销和品牌建设提高企业的市场知名度和美誉度，以应对资金和市场压力加大的挑战。

三、江苏老字号产业升级和转型升级的目标和方向

江苏老字号企业作为我国传统产业的重要代表，拥有着深厚的文化底蕴和丰富的历史传承。然而，随着市场竞争的加剧和经济发展的变化，这些企业面临着巨大的挑战和压力，需要进行产业升级和转型升级，以实现可持续发展。

1. 江苏老字号企业产业升级和转型升级的目标

（1）提高核心竞争力

老字号企业的核心竞争力包括品牌知名度、产品质量、研发创新能力、营销能力、渠道管理等多方面，老字号企业产业升级和转型升级的主要目标之一就是要提高企业的核心竞争力，通过技术创新、品牌建设、市场营销和管理能力的提升，增强企业的产品和服务的质量和竞争力，使企业能够在市场中获得更高的市场占有率和利润水平，实现可持续发展。提高老字号企业的核心竞争力，其路径主要有以下几个方面：一是提升产品质量。老字号企业应该加强对产品质量的控制，采用更加科学、规范、精细的生产工艺，确保产品的质量达到国际水平，增强产品竞争力。二是加强研发创新。老字号企业应该积极探索新产品、新技术和新工艺，不断进行技术升级和产品创新，提高自身的技

术含量和附加值。三是加强营销能力建设。老字号企业应该注重市场营销,加强品牌推广和宣传,提高品牌知名度和美誉度,增加品牌的吸引力和忠诚度。四是优化渠道管理。老字号企业应该建立完善的销售渠道和售后服务体系,与经销商、零售商等建立良好的合作关系,提高渠道效率和管理水平。五是注重人才培养。老字号企业应该注重人才培养,提高员工的综合素质和专业技能,为企业的发展提供人才保障。

(2) 拓展市场空间

通过不断完善产品和服务,满足不同消费者的需求,同时开拓新市场,拓展国内外市场,增加企业的销售额和利润。江苏老字号企业产业升级和转型升级的另一个目标是拓展市场空间,要拓展老字号企业的市场空间,可以通过以下路径实现:一是开拓新市场。老字号企业应该积极寻找新的市场机会,开拓国内和国际市场,增加销售渠道和销售网络。二是推出新产品。老字号企业应该不断推出新产品,满足消费者的需求和新的市场需求,提高产品的竞争力和吸引力。三是加强品牌营销。老字号企业应该注重品牌建设和推广,提高品牌知名度和美誉度,增加品牌的吸引力和忠诚度。四是提高服务质量。老字号企业应该注重售后服务,提高服务质量和客户满意度,增加客户的忠诚度和口碑传播。五是加强合作伙伴关系。老字号企业应该与供应商、客户、经销商等建立良好的合作关系,共同发掘市场机会,提高市场占有率和竞争力。

(3) 提高企业形象

通过不断提升品牌知名度和形象,树立良好的企业形象和社会形象,吸引更多优秀的人才和资源,同时也可以提高消费者对企业的信任度和忠诚度,增强企业的市场竞争力和可持续发展能力。江苏老字号企业产业升级和转型升级的再一个目标是提高企业形象,要提高老字号企业的企业形象,可以从以下几个方面进行努力:一是加强品牌建设。老字号企业应该注重品牌建设和推广,树立品牌形象和品牌价值,提高品牌知名度和美誉度。二是强化社会责任。老字号企业应该注重社会责任,积极参与公益活动,关注环境保护和社会福利,树立企业的社会形象和品牌形象。三是注重产品质量。老字号企业应该加强对产品质量的控制,确保产品的质量达到国际水平,增强产品竞争力和企业形象。四是提升服务质量。老字号企业应该注重售后服务,提高服务质量和客户满意度,增加客户的忠诚度和企业形象。五是做好企业文化建设。老字号企业应该注重企业文化建设,树立企业的核心价值观和企业文化形象,增强员工归属感和企业凝聚力。

2. 江苏老字号企业产业升级和转型升级的方向

(1) 技术创新和研发投入

技术创新和研发投入是江苏老字号企业产业升级和转型升级的重要方向。江苏老字号企业需要加大技术研发投入,不断引进和消化吸收新技术和新产品,提高产品的研发能力和创新能力,以提高产品的质量和竞争力,满足消费者的需求。首先,技术创新可以帮助老字号企业提高产品的质量和性能，以满足不断变化的市场需求。例如，老字号食品企业可以研发新的食品配方和加工技术，使得产品口感更佳、营养更全面，以吸引更多消费者。其次，技术创新也可以帮助老字号企业开拓新的市场和业务领域。例如，老字号药企可以通过研发新药物和医疗器械来进入新的医疗领域，拓展业务范围和市场份额。另外，技术创新和研发投入也可以帮助老字号企业提高生产效率和降低成本。例如，老字号制造企业可以引入先进的生产技术和自动化设备，提高生产效率，降低人工成本，从而增加企业的盈利能力。技术创新和研发投入对老字号企业的产业升级和转型升级具有重要的意义，可以帮助企业不断创新、拓展业务领域、提高产品质量和效率，从而在激烈的市场竞争中保持竞争力和优势。

（2）品牌建设和营销能力

江苏老字号企业需要注重品牌建设，提高品牌知名度和形象，同时也需要加强营销能力，制订合理的市场营销策略，通过多元化的销售渠道和创新的营销方式，拓展市场空间，提高销售额和利润水平。品牌建设和营销能力提升是老字号企业产业升级和转型升级的重要方向之一，通过这一方向的发展，老字号企业可以提高品牌价值和知名度，加强市场竞争力。首先，品牌建设可以帮助老字号企业塑造自己的品牌形象，树立企业的品牌认知度和忠诚度，从而提高品牌的价值。例如，老字号饮品企业可以通过品牌形象的塑造和文化内涵的传递，提高品牌的知名度和认可度，从而吸引更多消费者。其次，营销能力提升可以帮助老字号企业更好地与市场对接，根据市场需求调整产品和服务，提高市场竞争力。例如，老字号服装企业可以通过建立多渠道销售平台，与消费者互动交流，收集市场信息，精准把握市场需求和趋势，提高产品研发和营销的精准度和效率。另外，品牌建设和营销能力提升也可以帮助老字号企业拓展新的市场领域和业务模式。例如，老字号传统企业可以通过数字化转型和线上营销，开拓新的销售渠道和消费群体，拓展业务领域和市场份额。

（3）产品升级和多元化发展

江苏老字号企业需要不断改进和升级现有产品，同时也需要发掘新产品的潜力和市场需求，推出符合市场需求和消费者需求的新产品，拓展产品线，提高产品的销售额和利润水平。产品升级和多元化发展是老字号企业产业升级和转型升级的重要方向之一，通过这一方向的发展，老字号企业可以提高产品质量和种类，满足不同消费群体的需求，拓展业务领域和市场份额。首先，产品升级可以帮助老字号企业提高产品的质量和性能，以满足不断变化的市场需求。例如，老字号家具企业可以研发新款式、新材料和新工艺的产品，提高产品的设计感和品质感，以吸引更多消费者。其次，多元化发展可以帮助老字号企业拓展业务领域和市场份额，实现多元化经营。例如，老字号食品企业可以发展多元化的食品品类，开发不同口味和不同功能的产品，以满足不同消费群体的需求，拓展市场份额。最后，产品升级和多元化发展也可以帮助老字号企业增加附加值和盈利空间。例如，老字号文化用品企业可以开发多种文化衍生品，增加产品的附加值和市场竞争力，从而实现盈利空间的拓展。

（4）智能制造和数字化转型

随着人工智能、大数据、物联网等技术的发展和应用，智能制造和数字化转型正在成为现代制造业的主流趋势。江苏老字号企业需要积极探索智能制造和数字化转型，引进智能制造设备和信息技术，提高生产效率和产品质量，降低生产成本，提高企业的竞争力和可持续发展能力。智能制造和数字化转型是老字号企业产业升级和转型升级的重要方向之一，通过这一方向的发展，老字号企业可以提高生产效率和质量，降低成本和资源浪费，增强市场竞争力。首先，智能制造可以帮助老字号企业实现自动化生产和智能化管理，提高生产效率和质量。例如，老字号家具企业可以引入智能设备和自动化机器人，实现生产流程的自动化和智能化，提高生产效率和质量。其次，数字化转型可以帮助老字号企业实现信息化管理和智能化决策，提高企业运营效率和市场竞争力。例如，老字号服装企业可以建立数字化营销平台和供应链管理系统，实现生产、销售、物流和数据的全流程管理，提高企业运营效率和市场竞争力。最后，智能制造和数字化转型也可以帮助老字号企业实现生产成本和资源的优化、节约，提高企业盈利能力和可持续发展。例如，老字号传统企业可以通过智能化生产和数字化管理，降低人力成本和资源浪费，提高生产效率和质量，从而实现企业盈利能力的提升和可持续发展。

（5）绿色发展和可持续发展

随着环保意识的增强和绿色生产理念的普及，绿色发展和可持续发展已经成为各行各业的共同目标。江苏老字号企业需要注重绿色生产和环保理念，引进绿色生产技术和环保设备，加强废弃物处理和资源回收利用，实现资源节约和环境保护，同时也可以提高企业的社会形象和品牌价值。绿色发展和可持续发展是老字号企业产业升级和转型升级的重要方向之一，通过这一方向的发展，老字号企业可以实现经济效益、社会效益和环境效益的统一，促进可持续发展。首先，老字号企业可以通过节能减排、环保技术和循环利用等手段，实现绿色生产和绿色产品的生产。例如，老字号陶瓷企业可以采用清洁生产技术和高效节能设备，降低能耗和排放，生产出符合环保标准的绿色产品。其次，老字号企业可以通过环境保护、公益慈善和员工福利等方式，实现社会责任的履行。例如，老字号茶叶企业可以积极参与环保公益活动，推广绿色生活理念，提高社会认知度和品牌价值。最后，老字号企业也可以通过绿色供应链、绿色金融等手段，促进产业链的可持续发展。例如，老字号纺织企业可以与供应商建立绿色供应链合作，推广环保材料和绿色生产方式，实现整个产业链的绿色发展。

（6）产业协同和跨界融合

江苏老字号企业可以通过与其他企业、机构和平台的合作，实现产业链上下游的协同发展和优势互补，同时也可以通过跨界融合，探索新的市场和商业模式，创新产品和服务，提高企业的竞争力和可持续发展能力。产业协同和跨界融合是老字号企业产业升级和转型升级的重要方向之一，通过这一方向的发展，老字号企业可以实现资源共享、优势互补、创新发展，提高市场竞争力。首先，老字号企业可以通过与同行业、不同行业的企业进行合作，实现资源共享和优势互补。例如，老字号糕点企业可以与老字号茶叶企业合作，推广茶点搭配，提升产品附加值和品牌知名度。其次，老字号企业可以通过跨界融合，实现产业升级和创新发展。例如，老字号传统手工艺企业可以结合现代设计理念和科技手段，开发新产品和新市场，实现产业的跨界融合和创新发展。最后，老字号企业还可以通过与政府、学校、科研机构等合作，实现产业协同和创新发展。例如，老字号文化企业可以与政府文化部门合作，开展文化交流和文化活动，提升文化软实力和品牌价值。

综上所述，江苏老字号企业产业升级和转型升级是必要且迫切的，其目标和方向应该注重提高企业的核心竞争力、拓展市场空间、提高企业形象和品牌价值、实现智能制造和数字化转型、注重绿色发展和可持续发展、实现产业协同和跨界融合等方面的提升和改善。

第二节 江苏老字号产业升级的
主要路径和方法

江苏拥有众多的老字号企业，这些企业是江苏经济的重要组成部分。然而，随着市场的变化和消费者需求的不断变化，许多老字号企业面临着产业升级的挑战，为了适应新的市场环境，老字号企业需要探索产业升级的主要路径和方法，让老字号企业在激烈的市场竞争中立于不败之地。

一、江苏老字号产业升级的主要路径和方法

随着市场经济的不断发展和全球化的加速推进，江苏老字号产业面临着新的挑战和机遇，为了适应市场变化和行业发展趋势，江苏老字号产业需要进行产业升级和转型升级，以提高市场竞争力和创新能力。

1. 加强科技创新

江苏老字号企业可以通过加强科技创新，提高产品技术含量和研发能力，实现产品升级和产业转型升级。具体来说，江苏老字号企业可以采取以下几点来加强科技创新。

（1）建立创新机制和平台

老字号企业可以建立创新机制和平台，如研发中心、技术创新基地等，吸引优秀人才，开展科技创新活动，提高企业的技术创新能力。

（2）加强与高校、科研院所的合作

老字号企业可以加强与高校、科研院所的合作，共同开展技术研究和创新活动，促进技术成果转化和产业化。

（3）推广先进技术和管理经验

老字号企业可以推广先进技术和管理经验，借鉴和引进国内外的先进技术和管理经验，提高企业的生产效率和管理水平。

（4）加强知识产权保护

老字号企业应该加强知识产权保护，提高自主创新能力，防止知识产权侵权和技术转移。

2. 拓展市场渠道

江苏老字号企业可以通过拓展市场渠道，开拓新的销售渠道，扩大产品销售范围，提高产品市场份额，老字号企业可以采取以下几点不断拓展市场渠道。

（1）拓展电子商务渠道

老字号企业可以拓展电子商务渠道，建立自己的网上商城，开展网上销售和营销活动，吸引更多消费者。

（2）开拓线下销售渠道

老字号企业可以开拓线下销售渠道，如开设门店、加盟连锁店等，扩大产品销售范围，提高产品的知名度和影响力。

（3）加强品牌营销和推广

老字号企业可以加强品牌营销和推广，通过广告、促销、公关等手段，提高品牌的知名度和影响力，吸引更多消费者。

（4）加强产品创新和差异化竞争

老字号企业可以加强产品创新和差异化竞争，开发具有独特特色和优势的产品，满足不同消费者的需求和偏好。

3. 加强品牌建设和文化传承

品牌和文化是江苏老字号企业的重要资产，加强品牌建设和文化传承是产业升级的必要路径，老字号企业可以通过加强品牌建设和文化传承，提高品牌知名度和美誉度，增强企业的核心竞争力。

（1）加强品牌宣传和推广

老字号企业应加强品牌宣传和推广，通过广告、媒体报道、公关等手段，提高品牌知名度和美誉度，增强品牌影响力。

（2）传承和发扬企业文化

老字号企业要传承和发扬企业文化，弘扬企业的传统文化和精神，树立企业的文化形象，增强企业的凝聚力和向心力。

（3）加强文化产品的开发和推广

老字号企业应加强文化产品的开发和推广，开发具有企业特色和传统文化元素的文化产品，如红木家具、传统手工艺品等，扩大企业的文化影响力。

（4）积极参与公益活动和社会责任

老字号企业要积极参与公益活动和社会责任，通过公益活动和社会责任的履行，提高企业的社会形象和美誉度，增强消费者对企业的信任和认同。

4. 加强数字化转型和智能化升级

随着信息技术的发展和应用，数字化转型和智能化升级已经成为企业实现高质量发展的必要手段，江苏老字号企业通过加强数字化转型和智能化升级，可以提高生产效率和质量水平，提高企业的核心竞争力。

（1）推动信息化建设

老字号企业可以推动信息化建设，采用先进的信息化技术和系统，实现生产、管理和服务的数字化、网络化和智能化。

（2）加强数据管理和分析

老字号企业应加强数据管理和分析，建立完善的数据采集、存储、处理和分析系统，实现数据的价值化和应用化。

（3）开发智能化产品和服务

老字号企业可以开发智能化产品和服务，结合人工智能、物联网、云计算等新兴技术，打造具有高附加值和竞争力的智能化产品和服务。

（4）建立数字化供应链管理系统

老字号企业可以建立数字化供应链管理系统，实现生产、供应、销售和服务的数字化、智能化和高效化，提高供应链的响应速度和灵活性。

5. 加强国际化发展和合作

随着经济全球化和贸易自由化的不断推进，国际化发展和合作已经成为企业实现高质量发展的必要途径，江苏老字号企业可以通过加强国际化发展和合作，拓展市场和资源，提高企业的国际竞争力。

（1）拓展国际市场

老字号企业可以拓展国际市场，通过参加国际展览、建立海外分支机构等方式，打开国际市场，增加出口业务和海外销售。

（2）加强国际合作

老字号企业可以加强国际合作，与国外企业进行战略合作、联合研发等方式，实现资源共享、优势互补，提高企业的国际竞争力。

（3）提升品牌国际化水平

老字号企业可以提升品牌国际化水平，通过品牌推广、文化传播等方式，增强品牌知名度和美誉度，提高品牌在国际市场上的影响力。

（4）适应国际贸易规则和标准

老字号企业可以适应国际贸易规则和标准，加强产品和服务的质量和安全控制，提高产品和服务的国际竞争力。

6. 加强人才引进和培养

随着产业结构的变化和技术进步的加快，企业需要更多具有高素质、高技能和创新能力的人才，江苏老字号企业可以通过加强人才引进和培养，提高企业的人才素质和创新能力，增强企业的核心竞争力。

（1）建立人才引进机制

老字号企业可以建立人才引进机制，通过引进国内外高层次人才、专业技术人才等方式，增加企业的人才储备和创新力。

（2）加强人才培养和开发

老字号企业可以加强人才培养和开发，通过内部培训、外部交流等方式，提高员工的职业素养和创新能力。

（3）建立激励机制

老字号企业应建立激励机制，通过薪酬激励、股权激励等方式，激发员工的积极性和创新动力。

（4）营造良好的工作环境

老字号企业要营造良好的工作环境，通过提供舒适的工作条件、人性化的管理方式等方式，增强员工的归属感和认同感。

7. 加强创新创业支持

随着经济结构的调整和产业技术的升级，创新创业成为推动企业发展的关键要素，江苏老字号企业可以通过加强创新创业支持，提高企业的技术水平和创新能力，实现产业升级和转型升级。

（1）加强创新创业教育

老字号企业可以加强创新创业教育，通过开展创新创业培训、组织创新创业比赛等方式，提高员工的创新能力和创业意识。

（2）优化创新创业环境

老字号企业可以优化创新创业环境，通过建立创新创业孵化器、提供创业资金等方式，为员工提供良好的创新创业平台和支持。

（3）鼓励技术创新

老字号企业应鼓励技术创新，通过设立技术创新奖励、组织技术创新项目等方式，激发员工的技术创新热情。

（4）加强知识产权保护

老字号企业要加强知识产权保护，通过申请专利、商标等方式，保护企业的知识产权，提高企业的技术壁垒和核心竞争力。

总之，江苏老字号企业要实现产业升级和转型升级，必须全面提升企业的管理水平、技术水平、市场营销水平、品牌文化水平。只有在全面提升各个方面的能力和水平的基础上，江苏老字号企业才能在市场竞争中立于不败之地，成为具有世界竞争力的现代企业。

二、江苏老字号产业升级的政策和措施

随着市场的变化和消费需求的升级，如何让这些老字号品牌实现产业升级，成为当前推进高质量发展的一个重要课题，为了促进江苏老字号产业发展，政府制订了相关政策并采取了一系列的措施。

1. 政策方面

（1）支持老字号品牌的文化保护政策

为了保护江苏老字号品牌的文化和历史价值，江苏省人民政府制订了一系列的文化保护政策。江苏省人民代表大会常务委员会发布了《江苏省非物质文化遗产保护条例》，明确规定了江苏非物质文化遗产的保护范围和保护措施。江苏省人民政府还设立了老字号文化遗产保护专项基金，用于对老字号品牌进行文化保护和传承。这些政策的出台，为江苏老字号品牌的文化保护提供了有力的支持。

（2）支持老字号品牌的产业转型升级政策

为了推动江苏老字号品牌的产业升级，江苏省人民政府出台了一系列的支持政策。首先，政府支持老字号品牌进行产业转型升级。比如，政府对老字号品牌进行技术改造、设备更新等方面提供财政补贴和贷款支持。此外，政府还设立了老字号品牌创新创业基金，用于对老字号品牌进行技术创新和产品研发。这些政策的出台，为江苏老字号品牌的产业升级提供了有力的支持。

（3）支持老字号品牌的市场开拓政策

为了拓展江苏老字号品牌的市场，江苏省人民政府出台了一系列的市场开拓政策。比如，政府支持老字号品牌参加各类展会和展销会，促进老字号品牌的市场推广和宣传。此外，政府还鼓励老字号品牌开拓国际市场，支持老字号品牌参加海外展会和展销会，推动江苏老字号品牌的国际化进程。这些政策的出台，为江苏老字号品牌的市场开拓提供了有力的支持。

（4）支持老字号品牌的品牌建设政策

为了提升江苏老字号品牌的品牌价值和竞争力，江苏省人民政府出台了一系列的品牌建设政策。比如，政府对老字号品牌进行品牌注册和知识产权保护方面提供财政补贴和服务支持。此外，政府还设立了老字号品牌培育基金，用于对老字号品牌进行品牌建设和推广。这些政策的出台，为江苏老字号品牌的品牌建设提供了有力的支持。

2. 措施方面

（1）引导老字号品牌走向互联网

随着互联网技术的发展，电商已经成为许多企业拓展市场的重要途径。为了帮助江苏老字号品牌走向互联网，江苏省人民政府出台了一系列的电商扶持政策。比如，政府鼓励老字号品牌在电商平台上开设自己的网店，提供电商培训和技术支持，帮助老字号品牌更好地利用互联网资源开展业务。此外，政府还支持老字号品牌参加各类电商活动，扩大电商渠道和销售额。

（2）鼓励老字号品牌与科研机构合作

科技创新是实现产业升级的重要途径。为了加强江苏老字号品牌的科技创新能力，江苏省人民政府鼓励老字号品牌与科研机构合作。比如，政府支持老字号品牌与高校、科研院所等科研机构开展合作研发，提供科技创新的财政支持和技术服务。此外，政府还支持老字号品牌参加各类科技创新竞赛和评选活动，提高老字号品牌的科技创新能力和竞争力。

（3）加强老字号品牌的人才培养和引进

人才是推动企业发展的重要驱动力。为了加强江苏老字号品牌的人才培养和引进，江苏省人民政府出台了一系列人才政策。比如，政府鼓励老字号企业与高校、科研机构开展人才培养合作，提供财政补贴和技术支持。此外，政府还支持老字号企业通过引进高端人才和海外人才等方式，提高企业的人才素质和管理水平，推动企业的创新发展。

（4）加强老字号品牌的文化传承和创新

江苏老字号品牌具有深厚的文化底蕴，要想实现产业升级，就必须注重文化传承和创新。为此，江苏省人民政府出台了一系列的文化扶持政策。比如，政府支持老字号品牌开展文化创意产品研发和生产，鼓励老字号品牌融入现代元素，提高产品的艺术价值和文化内涵。此外，政府还支持老字号品牌开展文化交流和文化传承活动，推动江苏老字号品牌的文化内涵和影响力。

（5）提供财政支持和税收优惠政策

政府提供财政支持和税收优惠政策，是推动江苏老字号品牌产业升级的重要手段之一。为了提高老字号品牌的竞争力和市场影响力，江苏省人民政府出台了一系列的财政扶持和税收优惠政策。比如，政府对老字号品牌进行品牌注册和知识产权保护方面提供财政补贴和服务支持；对老字号企业的技术改造、产品创新和市场开拓等方面提供财政补贴和贷款支持；对老字号品牌的税收给予一定程度的优惠，降低企业的经营成本，提高企业的盈利能力。

综上所述，江苏老字号产业升级的政策和措施较为全面，政府通过财政扶持、税收优惠、品牌建设、科技创新、文化传承和人才培养等方面支持老字号品牌的发展，推动老字号品牌向规模化、现代化、品牌化和国际化方向发展，提升江苏老字号品牌的竞争力和市场影响力，实现产业升级和经济发展的双赢局面。

三、江苏老字号产业升级的主要成果和经验

江苏老字号产业升级的政策和措施在推动江苏老字号产业升级的过程中取得了一系列的成果和经验。

1. 品牌建设成效显著

江苏老字号产业升级的一个重要方面是品牌建设，经过多年的努力，江苏老字号品牌已经取得了一定的成效。据相关统计数据显示，截至2021年年底，江苏老字号品牌建设数量已经达到2 600多个，覆盖了食品、茶叶、服装、家具、金银珠宝等多个领域。江苏老字号品牌的市场份额逐年提升，已经成为江苏的重要支柱产业之一。

江苏老字号品牌的品牌价值也逐渐提升。根据江苏省商务厅发布的数据，2020年，

江苏老字号品牌价值总额已经达到 1 100 亿元，较 2016 年增长了 50%。其中，一些知名老字号品牌如南京同仁堂、扬州的绿杨春茶叶、苏州的乾生元食品等品牌价值都超过了 10 亿元。

江苏老字号品牌的品牌影响力也不断扩大。江苏老字号品牌在国内外各类展会、活动中展示了品牌形象，品牌知名度不断提升。同时，江苏省人民政府还通过多种方式推广江苏老字号品牌，如江苏老字号品牌名录网站、江苏老字号品牌微信公众号、江苏老字号品牌大赛等，进一步提高了品牌的知名度和美誉度。

2. 产品质量和创新水平大幅提升

江苏老字号产业升级的另一个重要方面是产品质量和创新能力的提升。在政府的支持下，江苏老字号企业加大了产品研发和技术改造力度，加强了与高校、科研机构的合作，不断推出新产品，提升了产品的质量和竞争力。

一方面，江苏老字号品牌在传统产品的基础上，不断推陈出新，创新产品种类和品质，例如扬州陶瓷老字号企业通过不断创新，推出了瓷器、瓷雕、陶瓷艺术品等新产品，提升了产品的文化内涵和附加值；南京金银饰品老字号企业通过技术改造和创新设计，推出了全新系列的金银饰品，使得产品更加精美和时尚。

另一方面，江苏老字号企业也在不断加强产品质量控制，提升产品质量和安全标准。例如，苏州老字号糕点企业采芝斋在生产过程中，严格控制原材料的质量和生产流程，保证产品质量和安全。另外，江苏省人民政府还组织了多次质量评比活动，鼓励江苏老字号企业提升产品质量。

3. 品牌合作联盟建设加速

为了推进江苏老字号产业升级，江苏省人民政府积极促进江苏老字号品牌之间的合作，加快了品牌合作联盟的建设。江苏老字号品牌联盟通过组织企业联合推广，加强品牌间的协作，提高整个江苏老字号产业的竞争力和市场份额。

目前，江苏老字号品牌联盟已经成为江苏老字号产业升级的重要平台之一。联盟成员之间的合作模式主要包括资源共享、市场拓展、研发合作等。如江苏老字号品牌联盟推出了"品牌周"活动，吸引了大量的消费者和媒体的关注，提高了江苏老字号品牌的知名度和美誉度。

同时，江苏老字号品牌联盟还在品牌建设、市场推广、文化传承等方面积极开展合作。如南京农业大学、江南大学、扬州大学分别与老字号品牌成立校企联盟，积极寻求创新转型，擦亮老字号新招牌，通过活动联办、品牌联动、人才交流等形式，推动老字号品牌深化合作，不断转型升级，实现组团发展迈上新台阶。

4. 文化传承和保护成效显著

江苏老字号产业升级的另一个重要方面是文化传承和保护，江苏老字号产业升级的过程中，江苏省人民政府积极推动江苏老字号企业进行文化传承和保护，加强对江苏老字号企业文化的保护和传承。

江苏省人民政府出台了一系列政策和措施，加强对江苏老字号企业文化遗产的保护和传承，例如推出了"传承江苏老字号"工程，鼓励企业加强对传统技艺和文化的研究和传承。此外，江苏省人民政府还出台了"老字号非遗传承人培训计划"，通过培训传承人，提升江苏老字号非遗文化传承的能力和水平。

在文化传承和保护方面，江苏老字号企业也作出了积极努力。例如，南京老字号餐饮企业"刘长兴"餐饮通过开展传统餐饮技艺的培训和推广，加强对传统文化的传承和弘扬。宜兴老字号"祥丰泰"在生产紫砂产品的同时，也在保护和传承紫砂的传统技艺和文化。

在江苏老字号企业文化传承和保护方面，最大的成果是江苏老字号文化产业的崛起。江苏老字号文化产业涵盖了传统制造业、旅游业、文化创意产业等多个领域。如位于苏州前门关大街东段的苏州稻香村的茶和糖果店，是苏式糕点业中的地道老品牌，如今，稻香村食品商店仍在生产这些传统的著名食品。

5. 国际化合作成效显著

江苏老字号产业升级的最后一个重要方面是国际化合作。随着我国经济的快速发展和对外开放的不断推进，江苏老字号企业开始将目光投向国际市场，加强与国际市场的合作和交流。

江苏省人民政府出台了一系列政策和措施，支持江苏老字号企业加强与国际市场的合作。例如，鼓励江苏老字号企业参加国际展览、展销会等，加强与海外客户的沟通和合作。此外，江苏省人民政府还出台了一系列出口退税、金融支持等政策，支持江苏老字号企业开展国际化业务。

江苏老字号企业在国际化合作方面取得了显著成效。例如，组织全省老字号企业参加第五届中国国际进口博览会人文交流活动，面向全球展示江苏老字号品牌形象和创新产品体系，助推江苏老字号企业创新绿色发展、扩大交流合作、开拓国际市场。

第三节　江苏老字号转型升级的
主要挑战与对策

江苏老字号助推了江苏经济发展，但也面临着产品与服务不足、市场竞争加剧、人才流失严重等严峻挑战。如何抓住机遇进行升级改造，以更好地满足市场需求，来保持老字号的竞争力并获得更多市场份额，是江苏老字号需要思考的问题。

一、江苏老字号转型升级的主要挑战和问题

1. 传承问题

江苏老字号企业在发展中离不开家族式经营和传统的人情关系网。但是，这种模式也带来了许多问题，如继承人难以合理分配财产，管理权和经营权难以平衡，企业文化和经营理念难以传承等。因此，老字号企业需要找到一种新的组织形式，以确保企业的传承和发展。

2. 品牌定位问题

江苏老字号的品牌定位和市场定位已经不再适应现代市场的需求。在过去，江苏老字号企业的产品和服务主要面向老年人和传统消费者，但现在市场已经变得更加多样化和年轻化，老字号企业需要重新定义自己的品牌定位，以适应现代市场的需求。

3. 产品创新问题

江苏老字号企业的产品往往以传统手工艺品和美食为主，但这些产品已经不能满足现代消费者的需求。现代消费者更加注重产品的品质、安全和营养价值，老字号企业需要通过技术创新和研发来提高产品的品质和竞争力。

4. 管理水平问题

江苏老字号企业的管理水平普遍较低，缺乏现代化的管理理念和技术手段。这种情况在一定程度上制约了企业的发展和创新。因此，老字号企业需要提高自己的管理水平，引进先进的管理理念和技术手段，以提高企业的竞争力和适应市场的变化。

5. 人才问题

江苏老字号企业的人才队伍普遍年龄偏高，缺乏新鲜血液和创新思维。与此同时，

年轻人对传统手工艺品和美食的兴趣也逐渐降低，导致人才的流失和招聘难度的增加。老字号企业需要积极引进新鲜血液，培养年轻人的兴趣和创新思维，以提高企业的竞争力和发展潜力。

6. 市场竞争问题

江苏老字号企业面临着来自国内外竞争对手的激烈竞争。国内外许多企业已经开始涉足相关的传统手工艺品和美食领域，并且通过创新和营销手段来打破传统老字号企业的市场垄断。老字号企业需要通过创新和提高品质来应对竞争对手的挑战，同时加强品牌宣传和营销推广，提高自身的市场竞争力。

7. 资金和融资问题

江苏老字号企业大多是家族式经营，资金来源主要依靠自身积累和银行贷款。但是，随着市场竞争的加剧和企业发展的需要，老字号企业需要更多的资金来支持自己的发展。因此，老字号企业需要通过多元化的融资方式来获取资金，如股权融资、债券融资、信托融资等，以满足企业发展的需要。

二、江苏老字号转型升级的对策和解决方案

1. 传承问题的解决方案

第一，注重人才培养和管理。江苏老字号企业通过引进新的人才和管理模式，建立起更加科学的组织结构和管理体系，增强企业的管理层次和人才储备。此外，江苏老字号企业还可以建立起专门的传承机构和培训机构，为企业的传承和发展提供支持和保障。

第二，注重组织形式创新，确保企业传承和发展。江苏老字号企业可以通过引入专业化的管理人才和设立专业化的管理机构，建立科学的组织架构和管理体系，平衡继承人的权利和义务，以确保企业的长期发展和传承。

第三，注重品牌传承和创新。江苏老字号企业在保持品牌传统文化内涵和风格的基础上，结合现代市场需求和消费者喜好，进行品牌升级和创新，增强品牌的市场竞争力和品牌价值。

第四，注重资源整合和资本运作。江苏老字号企业通过与其他企业合作、整合资源，扩大企业规模和市场份额。同时，积极寻求新的融资渠道和资本支持，为企业的转型升级提供资金保障。

2. 品牌定位问题的解决方案

第一，做好文化传承与现代市场需求的平衡。江苏老字号企业历史悠久，有着深厚的文化底蕴和传统，在现代市场竞争中，只有保持与时俱进、紧跟市场需求，才能立于

不败之地。在进行品牌定位时，要平衡文化传承和现代市场需求之间的矛盾，保持品牌传统的同时，也要注重创新，满足现代消费者的需求。

第二，做好产品定位与品牌形象的统一。江苏老字号企业在进行品牌定位时，需要将产品定位与品牌形象统一起来。产品定位应符合消费者需求和市场趋势，同时也要符合品牌形象的定位，建立起统一的品牌形象，增强品牌的辨识度和市场竞争力。

第三，区分好同质化竞争。在当前市场环境下，许多品牌间同质化现象较为明显，江苏老字号企业需要找到差异化的产品卖点和品牌形象，让消费者从众多品牌中区分出自己的品牌。这需要企业对自身产品和品牌的深度挖掘，建立起独特的品牌形象和品牌文化。

第四，做好与现代媒体的整合。随着信息时代的到来，江苏老字号企业需要与现代媒体整合，通过新媒体、社交媒体等渠道进行品牌宣传和营销，提高品牌知名度和市场份额。在整合过程中，需要考虑传统媒体和新媒体之间的平衡，结合现代消费者的媒体使用习惯，进行科学的媒体整合。

3. 产品创新问题的解决方案

第一，进行产品技术创新。随着现代科技的发展，企业需要不断更新和升级自己的技术，才能够生产出更加符合市场需求和消费者喜好的产品。例如，传统的手工制作方式往往效率低下、成本较高，江苏老字号企业需要引进现代化的机器设备，提高生产效率和产品品质。

第二，进行产品结构创新。传统老字号企业往往生产单一的产品或者是某一类产品，这会使得产品在市场上难以突出。因此，江苏老字号企业需要根据市场需求和消费者喜好，进行产品结构创新，推出更多种类、更有特色的产品。例如，生产阿胶的企业除了传统的阿胶之外，还推出了阿胶口服液、阿胶膏等多种类型的产品，满足了不同消费者的需求。

第三，进行产品品牌创新。传统老字号企业通常都有着深厚的文化底蕴和品牌积淀，但是在现代市场竞争中，仅仅靠传统的品牌形象和口碑已经无法立足。因此，江苏老字号企业需要注重品牌创新，通过创新品牌形象、品牌文化提升老字号产品的市场竞争力。

4. 管理水平问题的解决方案

第一，江苏老字号企业应加强内部改革，推行现代化的企业管理体系，实现企业管理的科学化、规范化和信息化。

第二，江苏老字号企业应培养专业化的管理人才，通过人才引进、培训、晋升等方式，不断提高管理人员的素质和能力。

第三，江苏老字号企业应加强与外部资源的合作和交流，引进新的管理理念和技术，与高校、科研机构等合作开展研究和培训。

第四，江苏老字号企业应加强市场和消费者洞察，不断了解市场变化和消费者需求，调整经营策略和产品结构，提高企业的市场竞争力和盈利能力。

第五，江苏老字号企业应打造开放的企业文化和创新机制，营造良好的企业氛围，鼓励员工参与创新和管理改进，提高企业的创新能力和竞争力。

5. 人才问题的解决方案

第一，加强对人才的引进和培养。江苏老字号企业应该积极地招聘高素质、有创新精神、敢于担当的人才，重视人才培养和培训，建立健全的人才管理制度，为员工提供更多的职业发展机会和成长空间。企业还应该与高校和研究机构合作，建立人才培养和交流机制，吸引更多的高端人才加入企业中来。

第二，提高人才的待遇和福利水平。由于传统老字号企业多以家族经营为主，对员工的薪资、福利和待遇并不是很重视，而这一点在现代企业中已经成为吸引和留住人才的关键。因此，江苏老字号企业需要加大对员工薪资、福利和待遇的投入，吸引和留住优秀的人才。

第三，建立完善的人才管理机制。江苏老字号企业应建立完善的人才管理机制，包括人才梯队建设、职业规划、薪酬福利等方面的管理。可以通过建立完善的人才评价体系、制订合理的薪酬福利政策、加强员工的职业规划等方式来建立完善的人才管理机制。

第四，改变传统的管理模式，转变为现代化的管理模式。现代化的管理模式可以提高企业的管理效率和员工的工作积极性，增强员工的归属感和忠诚度，从而提高企业的竞争力和市场地位。在现代化的管理模式下，江苏老字号企业应该实行人性化管理，注重员工的职业发展和个人成长，让员工感受到企业的关怀和支持。

6. 市场竞争问题的解决方案

第一，江苏老字号企业应加强市场调研和分析，了解市场需求和消费者行为，及时调整自己的产品和服务，以满足市场的需求。同时，江苏老字号企业还可以通过市场营销和品牌推广等手段提高自己的品牌影响力和市场竞争力。

第二，江苏老字号企业应加强技术创新和业务转型，不断更新和升级自己的技术和业务模式，以满足市场的需求和要求。企业可以利用新技术和新业态，打造出具有核心竞争力的产品和服务，提高市场占有率和盈利水平。

第三，江苏老字号企业应加强人才管理和组织创新，引进和培养具有创新意识和实践能力的人才，建立灵活的组织机制和管理体系，以适应市场的变化和发展。

第四，江苏老字号企业应加强国内外合作和创新联盟，与同行业的企业建立战略合作关系，共同开拓市场和创新，提高自身的竞争力和市场影响力。

7. 资金和融资问题的解决方案

第一，提高自身的融资能力。江苏老字号企业应积极开拓多元化融资渠道，包括银行贷款、股权融资、债券融资、政府补贴等。江苏老字号企业可以充分利用国家政策和金融工具，积极参与各类创新创业基金、产业基金等，寻找更多的资金支持。

第二，借助互联网金融等新型融资平台，通过股权众筹、消费金融、供应链金融等方式，获得更加便捷和灵活的融资渠道。通过这些平台，江苏老字号企业可以直接向广大投资者和消费者进行融资，提高融资效率和成功率。

第三，与银行、证券、保险等金融机构合作，构建融资服务生态系统。通过与金融机构的合作，江苏老字号企业可以获得更多的融资渠道和金融产品，提高融资效率和成功率。

第四，创新财务管理方式，优化财务结构，提高资金使用效率。江苏老字号企业可以加强内部管理，降低成本，提高盈利能力，从而提高自身的还款能力和信用度，增强融资能力和市场竞争力。

8. 案例分析

（1）王致和鸭血粉丝

王致和鸭血粉丝是南京老字号之一，始建于1868年，已有150多年的历史。但是，由于市场竞争的加剧和消费者需求的变化，王致和鸭血粉丝在前几年的销售额一直处于不景气状态。为了应对市场的变化，王致和鸭血粉丝进行了品牌升级和创新。首先，企业重新定义了自己的品牌定位，从传统的街头小吃转变为高端餐饮品牌。其次，企业加强了产品创新，推出了多款口味和包装不同的鸭血粉丝产品，以满足消费者的不同需求。此外，企业还加强了线上销售和营销，建立了自己的电商平台和社交媒体账号，与消费者进行交流和互动，增加了品牌的曝光度和影响力。通过这些努力，王致和鸭血粉丝成功实现了品牌转型和升级，并取得了较好的经济效益和市场口碑。

（2）南京狮子桥老鸭粉丝

南京狮子桥老鸭粉丝企业成立于1903年，是南京市著名的老字号企业。由于市场竞争的加剧和消费者需求的变化，南京狮子桥老鸭粉丝在近几年的销售额也一直处于不温不火状态。为了应对市场的变化，南京狮子桥老鸭粉丝进行了品牌升级和创新。首先，企业进行了产品创新，推出了多款口味和包装不同的鸭粉丝产品，以满足消费者的不同需求。其次，企业加强了品牌营销和推广，积极开展线上和线下的宣传活动，扩大了品牌的知名度和影响力。此外，企业还加强了与高校和科研机构的合作，引进了先进的生产设备和技术，提高了产品的质量和竞争力。

（3）苏州天平老糖业

苏州天平老糖业创建于1919年，是苏州市著名的老字号企业。由于市场竞争的加剧和消费者需求的变化，苏州天平老糖业在近几年的销售额也一直处于下滑状态。为了应对市场的变化，苏州天平老糖业进行了品牌升级和创新。首先，企业进行了产品创新，推出了多款口味和包装不同的糖果和糕点产品，以满足消费者的不同需求。其次，企业加强了品牌营销和推广，积极开展线上和线下的宣传活动，扩大了品牌的知名度和影响力。此外，企业还加强了与高校和科研机构的合作，引进了先进的生产设备和技术，提高了产品的质量和竞争力。同时，企业还注重品牌文化的传承和创新，提高了员工的素质和服务水平，增强了品牌的内在魅力和竞争力。

三、江苏老字号转型升级的主要成果和经验

江苏省人民政府提出了"振兴老字号、培育新经济"的战略，鼓励老字号企业创新发展，实现转型升级。经过多年努力，江苏老字号企业在转型升级方面取得了显著成效。

1. 江苏老字号企业转型升级的主要成果

（1）品牌价值提升

江苏老字号企业在转型升级过程中注重品牌建设，通过加强品牌定位、提高产品质量和服务水平等方式提升品牌价值。比如，南京市的老字号企业金陵酒家在保持传统特色的同时，创新推出了具有现代气息的餐饮产品，不断提高品牌知名度和美誉度，使品牌价值得到提升。

（2）产品创新升级

江苏老字号企业在转型升级过程中注重产品创新升级，通过引进新技术、新工艺、新材料等方式改进产品质量和功能，满足市场需求。比如，扬州市的老字号企业大麒麟阁在保持传统制作工艺的基础上，采用现代技术改进产品配方，研制出了口感更佳、营养更丰富的新品种糕点，赢得了市场和消费者的好评。

（3）产业链整合优化

江苏老字号企业在转型升级过程中注重产业链整合优化，通过优化生产流程、提高生产效率、降低成本等方式实现产业链优化升级。比如，南通市的老字号品牌"赵永升"是南通桃李村绿色食品有限公司的主打产品，公司引进了先进的生产设备，配备了先进的质量检测仪器，不断沉淀升级工艺，在优化生产流程的同时，通过整合上、下游产业链，降低了原材料采购成本和销售成本，公司迅速发展壮大，提高了经济效益和市场竞争力。

（4）市场拓展拓宽

江苏老字号企业在转型升级过程中注重市场拓展拓宽，通过扩大销售渠道、开拓新市场、拓宽海外市场等方式拓宽市场空间。比如，常州市的老字号企业企鸟食品在拓展市场的过程中，积极参加各类展会和交易会，开发线上线下销售渠道，逐步扩大市场份额，实现了市场拓展拓宽。

（5）全面提升管理水平

江苏老字号企业在转型升级过程中注重全面提升管理水平，通过引进先进管理模式、强化人才培训、完善内部管理制度等方式提高企业的管理水平和竞争力。比如，苏州市的老字号企业陆稿荐酱肉在全面推行现代化管理的过程中，建立了完善的质量管理

体系、人力资源管理体系和市场营销体系，提高了企业的综合竞争力。

2. 江苏老字号企业转型升级的经验

（1）坚持创新驱动

江苏老字号企业在转型升级过程中，坚持创新驱动，不断引进新技术、新工艺、新材料，推出具有市场竞争力的新产品和新服务，不断提升品牌价值和市场影响力。同时，更加重视知识产权保护，加强专利申请和保护，推动企业技术创新和知识产权运营。

（2）加强人才培养

江苏老字号企业在转型升级过程中，不断加强人才培养，注重引进高端人才和培养本土人才，建立健全的人才激励机制，激发员工的工作热情和创新能力。同时，更加重视员工职业发展和培训，提高员工的专业素养和综合能力。

（3）优化产业布局

江苏老字号企业在转型升级过程中，不断优化产业布局，整合上下游产业链资源，优化生产流程和企业运营模式，提高生产效率和产品质量，降低成本和经营风险。同时，更加重视企业的社会责任和环境保护，推动可持续发展。

（4）拓展市场空间

江苏老字号企业在转型升级过程中，不断拓展市场空间，加强品牌推广和营销，开拓新市场和海外市场，扩大销售渠道和市场份额，实现市场拓展和市场份额的双重提升。同时，更加重视消费者需求，加强市场调研和客户反馈，不断改进产品和服务，满足市场需求。

（5）提高管理水平

江苏老字号企业在转型升级过程中，不断提高管理水平，引进现代化管理理念和管理工具，建立健全的内部管理制度和流程，加强员工教育和培训，提高企业的管理水平和竞争力。

（6）注重品牌建设

江苏老字号企业在转型升级过程中，注重品牌建设，加强品牌定位和品牌传播，提高品牌知名度和美誉度，塑造品牌形象和品牌文化，提高品牌的市场竞争力和商业价值。

（7）加强合作与创新

江苏老字号企业在转型升级过程中，不断加强合作与创新，与相关产业链企业和科研机构建立紧密的合作关系，共同推进技术创新和产品研发，共享资源和信息，形成合力，提高整个产业链的竞争力和创新能力。

3. 江苏老字号转型升级的经验启示

（1）加强传统与现代相结合

江苏老字号企业在转型升级过程中，需要充分发挥传统文化和技艺的优势，同时引进现代化的管理理念和技术手段，实现传统与现代相结合，传统与现代相结合可以让老字号在传承历史文化的同时，拥有更多的创新和发展机遇。

老字号在传承自己的传统文化时，可以利用现代科技手段，比如数字化、网络化等，更好地记录和传承传统文化，同时也可以通过举办文化活动、建立博物馆等方式向社会传递传统文化；可以借助现代科技手段，比如物联网、云计算等技术，提高生产和管理效率，同时也可以拓展市场，提升产品竞争力；可以结合现代科技手段，创新自己的产品和服务，满足现代消费者的需求。比如，可以通过研发新产品、改良传统产品等方式，提升产品质量和口感，吸引更多年轻消费者；可以结合现代市场营销手段，加强品牌建设，提升品牌知名度和美誉度。比如，可以通过线上营销、社交媒体等方式，推广品牌形象，增加品牌曝光度。加强传统与现代相结合是江苏老字号转型升级的重要经验之一，通过创新和发展，老字号在传承中创新，在传统中发展，取得了更好的发展成果。

（2）实施创新驱动发展

江苏老字号企业在转型升级过程中，需要加强科技创新和技术研发，以创新驱动发展，实现产品和服务的升级换代，提高企业的市场竞争力和商业价值。

老字号可以通过引进新技术、自主研发新技术等方式，提高生产效率和产品质量，例如，可以应用人工智能、大数据、物联网等技术，改善生产过程，提高产品的智能化、数字化水平；通过创新产品和服务，满足不同消费者的需求，例如，可以推出新产品、改良传统产品等方式，提升产品质量和口感，吸引更多年轻消费者；通过改善管理方式、优化管理流程等方式，提高企业管理效率和效果，例如，可以应用现代管理理念，引入新的管理工具和方法，提高管理效能和水平；通过引进高层次人才、培养人才等方式，提高企业的创新能力和竞争力，例如，可以建立企业内部创新孵化平台、设立专项研究团队等，吸引优秀人才加入企业。实施创新驱动发展是江苏老字号转型升级的重要经验之一，通过技术创新、产品创新、管理创新和人才创新等多方面的努力，老字号可以在市场竞争中保持竞争优势和活力。

（3）政府扶持和服务

江苏老字号企业在转型升级过程中，需要充分利用政府扶持政策和服务资源，获取政府的资金、税收、融资等优惠政策，以及政府的政策支持、信息咨询、市场开拓等服务支持，促进企业的发展和壮大。

政府可以为老字号提供财政资金、低息贷款等资金支持，帮助老字号扩大生产、改进工艺、开拓市场等；通过组织专家、推广新技术、提供技术咨询等方式，为老字号提供技术支持，帮助老字号提高产品质量和生产效率；通过组织展览会、推广活动、开展宣传等方式，为老字号提供市场支持，帮助老字号开拓国内外市场，提高知名度和美誉度；通过为老字号提供管理咨询、组织培训、推广管理制度等支持，帮助老字号提高管理水平和竞争力；可以制订相关政策和法规，为老字号提供合理的政策保障，鼓励老字号加强创新、提高品质、扩大规模等。政府通过提供资金、技术、市场、管理和政策等多方面的支持，帮助老字号实现转型升级和可持续发展。同时，政府也可以加强与老字号的沟通和合作，了解老字号的需求和问题，提供个性化的服务和支持，促进老字号的转型升级和发展。

（4）资本市场的参与

资本市场的参与可以为老字号提供融资渠道，帮助老字号扩大规模、加速发展。江苏老字号企业在转型升级过程中，利用股权融资、债券融资、并购重组等方式获取资金支持，扩大企业规模和产业链，提升企业的商业价值和市场竞争力。

老字号可以通过股权融资获得大量资金，帮助企业扩大规模、升级装备、开发新产品等，同时，股权融资还可以提高老字号的知名度和形象，吸引更多消费者和合作伙伴。可以利用债券进行融资，债券持有人可以获得债券利息，并在债券到期时获得本金回报，债权融资相比股权融资风险较小，但也可以为老字号提供大量资金支持。可以通过收购、兼并、重组等方式，实现业务整合，提高企业的规模和实力，老字号可以通过并购重组，快速扩大规模、提高市场份额、加强竞争力。资本市场的参与可以为江苏老字号提供重要的融资渠道，帮助老字号实现转型升级和可持续发展。同时，老字号也需要注意资本市场的风险，合理规划融资计划，防范风险，提高企业的经营和管理水平。

（5）社会责任和品牌形象

随着社会经济的快速发展和消费者需求的变化，企业的社会责任和品牌形象越来越受到重视。江苏老字号企业在转型升级过程中，需要注重社会责任和品牌形象，积极履行企业社会责任，提高企业的社会形象和声誉，以树立企业良好的品牌形象和企业义化，赢得消费者的信赖和支持。

首先，老字号要积极履行社会责任，以真诚的态度关注社会问题，参与公益活动，传递正能量，增强自身的社会形象。比如，一些老字号可以通过捐赠物资、资助教育、扶贫济困等方式，回馈社会、造福人民，提高企业的社会影响力。其次，老字号还要注重品牌形象的建设，提高品牌的知名度和美誉度。可以通过加强产品质量、提高服务水平、拓展销售渠道等方式，提高消费者对老字号的认知和好感度，增强品牌的竞争力和市场占有率。最后，老字号要在不断增强社会责任和品牌形象的过程中，坚持可持续发展理念，注重生态环境保护，促进经济、社会和环境的协调发展。通过在生产和经营过程中减少能源消耗、减少废弃物排放等方式，降低企业对环境的影响，实现可持续发展。通过履行社会责任、提高品牌形象，老字号可以增强自身的社会影响力和市场竞争力，实现可持续发展。

（6）人才梯队建设

在现代经济中，人才已经成为企业发展的核心资源之一，江苏老字号企业在转型升级过程中，需要加强人才梯队建设，注重人才的培养和流动，培养高素质的技术人才、管理人才和市场人才，构建完善的人才发展体系和职业发展通道，激发人才的创新和潜能。

首先，老字号企业要注重人才引进，吸纳各类人才，引进高层次、高技能的专业人才和管理人才。通过招聘、人才市场等多种渠道，引进新鲜血液，提高企业的竞争力和创新能力。其次，老字号企业要注重人才培养，建立人才培养机制，制订合理的培训计划和培养体系，提供广阔的晋升和发展空间，吸引和留住人才。通过提高员工的职业技能、培养团队合作精神、提高员工的自我管理能力，增强企业的创新能力和核心竞争力。最后，老字号企业要注重人才管理，加强人才梯队建设，注重人才管理和使用，为员工提供优厚的待遇和良好的工作环境，增强员工的归属感和荣誉感。通过科学的薪酬激励、完善的绩效考核、优质的福利待遇等方式，提高员工的工作积极性和创造力，实现企业与员工的双赢。只有不断做好人才梯队建设，注重人才引进、培养和管理，提高企业的创新能力和核心竞争力，实现转型升级。

作为江苏传统产业的重要代表，江苏老字号企业在转型升级过程中经历了许多困难和挑战，但通过不断努力和创新，取得了许多成功的经验和成果。这些经验和成果不仅为江苏老字号企业的可持续发展提供了有力的支撑，也为其他传统产业的企业提供了宝贵的参考和借鉴，为我国经济的转型升级和可持续发展作出了积极的贡献。

第五章
江苏老字号品牌建设与
市场营销

老字号企业在转型升级过程中，品牌建设与市场营销是至关重要的环节，品牌建设和市场营销的成功实践，既有助于江苏老字号企业的转型升级和可持续发展，也为其他传统产业的企业提供了参考和借鉴，可推动我国传统产业的创新发展和国际化进程。

第一节　品牌建设的理论基础和实践意义

一、品牌建设的概念和内涵

1. 老字号品牌建设的概念

（1）品牌建设

品牌建设是指企业通过不断提高产品和服务的品质，树立企业形象和品牌价值，从而获得市场认可和竞争优势的过程。

（2）老字号品牌建设

老字号品牌建设是传统企业通过打造和传承品牌文化，提高品牌价值和市场影响力的过程，是传统企业实现品牌转型和升级的重要手段。

2. 老字号品牌建设的内涵

老字号品牌建设的内涵包括传承文化，树立品牌形象；提高产品品质，创新产品品牌；创新营销模式，提升品牌影响力；注重品牌管理，保护品牌权益；践行社会责任，强化品牌价值等几个方面。

（1）传承文化，树立品牌形象

传统企业作为文化传承者，需要通过对企业历史和文化的挖掘和传承，打造具有特色和内涵的品牌形象，从而树立品牌的历史底蕴和文化认同感。例如，徐州新沂窑湾绿豆烧酒既传承了传统工艺，又秉承了国内外的最新科技成果，融合了苏酒与川酒的精华，采用当地小麦、大麦、白豌豆高温制曲，以地产小粒糯高粱为酿酒原料，利用老窖泥地、混蒸混烧、低温发酵、缓气蒸馏、分段接酒、分级贮存、瓦罐煎药，达到了酒体丰满协调、绵柔细腻、色味俱佳的良好效果。

（2）提高产品品质，创新产品品牌

老字号企业需要注重产品品质的提高和创新，打造具有差异化和竞争力的产品品牌，从而赢得消费者的认可和信任。例如，南京小苏州食品有限公司通过不断提高产品品质和创新口味，打造了具有较高知名度和美誉度的品牌。

（3）创新营销模式，提升品牌影响力

老字号企业需要注重营销模式的创新和提升，采取多种营销手段和渠道，扩大品牌影响力和市场份额。例如，2022年11月，为了将国妆非遗文化进行数字化呈现，让更多年轻人了解国妆非遗技艺，助力中华老字号品牌焕发新活力，江苏谢馥春国妆股份有限公司出品的谢馥春和丰子恺联名数字藏品《馥春的宇宙》以线上方式面向全球发售。

此次上线的《馥春的宇宙》数字藏品，选取鸭蛋粉、桂花头油、古典香包、玉容水肌天丝面膜等产品为原型，借助 3D 和区块链场景应用技术进行艺术 IP 推介，为全球"Z 世代"带来了全新的消费体验。

（4）注重品牌管理，保护品牌权益

老字号企业需要注重品牌管理和保护，建立完善的品牌管理制度和控制措施，防范品牌侵权和恶意竞争，保障品牌形象和价值。江苏省商务厅等 8 部门联合出台《关于促进老字号创新发展的若干政策措施》，共计 5 个方面 16 条举措，进一步促进老字号创新发展，加强老字号知识产权保护。《关于促进老字号创新发展的若干政策措施》明确表示，在加大老字号保护力度方面，加强老字号知识产权保护，逐步建立老字号保护工作对接机制，及时将"中华老字号""江苏老字号"纳入江苏企业名称禁限用字词库系统管理。

（5）践行社会责任，强化品牌价值

老字号企业需要践行社会责任，积极参与公益事业和社会活动，提高企业的社会声誉和品牌价值，从而实现品牌的可持续发展。例如，江苏老字号企业雷允上药业集团有限公司通过开展公益活动和社会捐赠，弘扬中华传统文化和道德伦理，树立了企业的社会形象和品牌价值。

老字号品牌建设的重要性在于，传统企业需要通过打造和传承品牌文化，提高品牌价值和市场影响力，实现品牌转型和升级，适应市场竞争的需求。老字号品牌建设不仅是传统企业保持生命力和发展的必由之路，更是保护和传承中华优秀传统文化的重要手段。

二、品牌建设的理论基础和实践意义

品牌建设是现代企业竞争力的重要来源之一，是企业发展战略中不可或缺的一部分。品牌建设涉及企业的战略定位、市场营销、产品创新、企业文化等多个方面，具有较为复杂的理论基础和实践意义。

1. 品牌建设的理论基础

（1）市场导向理论

市场导向理论认为企业应该根据市场需求和消费者喜好来开展产品研发、市场营销等活动，以满足消费者的需求和期望。品牌建设需要深入了解市场需求和消费者心理，以便更好地定位品牌形象和市场策略，从而提高品牌的市场竞争力。

（2）资源基础理论

资源基础理论认为企业的核心竞争力来自其拥有的资源和能力。品牌建设需要依托企业的资源和能力来实现品牌的差异化和竞争优势。企业需要挖掘和发掘自身的资源和能力，从而构建具有核心竞争力的品牌形象和市场地位。

（3）品牌资产管理理论

品牌资产管理理论认为品牌是企业的重要资产之一，需要进行有效的管理和保护。品牌建设需要实现品牌资产的增值和保值，提高品牌的长期收益和企业价值。企业需要注重品牌资产的管理和保护，防止品牌价值的流失和削弱。

（4）服务营销理论

服务营销理论认为企业的竞争优势来自其提供的服务质量和水平。品牌建设需要注重服务品质和水平的提升，以满足消费者的期望和需求。企业需要通过提供高质量的服务来提高品牌形象和市场竞争力。

2. 品牌建设的实践意义

品牌建设对企业发展的实践意义非常重要，主要表现在提高产品附加值、增强市场竞争力、提高企业的经济效益、建立企业文化、提高社会责任感等多个方面。

（1）提高产品附加值

品牌建设可以为企业的产品提供品牌附加值，从而实现产品的差异化和高附加值。通过品牌建设，企业可以打造独特的品牌形象和市场地位，提高消费者的购买欲望和忠诚度，从而实现产品的高利润和市场份额的提升。具有品牌价值的产品往往被认为是高品质、高信任、高认同的，这些品质会提高消费者对产品的满意度和忠诚度，促使他们更愿意购买该品牌的产品，甚至可以为产品的价格提供一定的溢价空间。此外，品牌建设还可以增加产品的知名度和影响力，使其在市场上更具竞争力。一个成功的品牌通常意味着它在消费者心目中具有更高的认可度和忠诚度，从而可以更轻松地占领市场份额，提高销售额和市场占有率。总之，通过品牌建设来提高产品附加值可以提高产品的市场竞争力和品牌知名度，增加销售额和市场份额，提高产品的溢价空间，这对企业的长期发展具有重要的战略意义。

（2）增强市场竞争力

品牌建设可以提高企业在市场上的竞争力，增强企业的市场地位和影响力。通过品牌建设，企业可以树立强大的品牌形象和市场品牌地位，吸引更多消费者关注和认可，可以更好地在市场上与其他竞争对手区分开来，赢得消费者的青睐，从而增强企业的市场竞争力。具有竞争力的品牌通常能够为消费者提供独特、高品质的产品和服务，并与其他品牌形成明显的差异化，使得消费者更倾向于选择该品牌的产品和服务。这些品牌还能够提高消费者对产品的认可度和忠诚度，从而增加销售量和市场份额。品牌建设还可以为企业带来其他竞争优势，例如，更好的定价能力、更高的产品溢价能力、更高的市场影响力等等。所有这些优势都可以帮助企业更好地应对市场竞争的挑战，并在激烈的市场竞争中获得更多的市场份额和利润。总体来看，品牌建设是企业在市场竞争中赢得优势的重要手段之一，具有增强企业市场竞争力的重要意义。通过持续的品牌建设活动，企业可以打造出更加具有竞争力的品牌，提高市场份额和利润，实现长期稳健的发展。

（3）提高企业的经济效益

品牌建设可以为企业带来更高的经济效益，实现长期的品牌价值和企业价值。通过品牌建设，企业可以提高品牌的知名度和美誉度，提升市场份额和利润水平，从而实现企业的持续发展和增长。首先，具有品牌价值的产品和服务通常可以为企业带来更高的销售额和市场份额，从而增加企业的收入。这是因为品牌建设可以提高产品的认可度和忠诚度，使得消费者更愿意购买该品牌的产品和服务。其次，品牌建设还可以为企业带来更高的利润。具有品牌价值的产品和服务往往具有更高的品质和溢价能力，这意味着企业可以通过提高产品的售价和利润率来获得更高的利润。最后，品牌建设还可以带来其他的经济效益，如降低市场营销成本、增强企业的定价能力、提高企业的市场影响力等等。所有这些效益都可以为企业带来更多的经济利益，提高企业的盈利能力和市场竞争力，从而实现企业长期稳健的发展。

（4）建立企业文化

品牌建设可以为企业树立企业文化和价值观，增强企业的凝聚力和认同感。首先，通过品牌建设，企业可以形成独特的企业文化和品牌文化，塑造出与品牌形象相符的企业文化，形成企业独特的价值观和经营理念，从而激发员工的工作热情和归属感，提高企业的绩效和创新能力。其次，具有品牌价值的企业往往有自己独特的企业文化，这种企业文化可以与消费者建立情感共鸣，从而增加品牌的认可度和忠诚度。企业文化也可以帮助企业吸引和留住人才，提高员工的归属感和忠诚度，从而增强企业的竞争力和稳定性。最后，品牌建设活动可以通过品牌形象的塑造和传播来传递企业的价值观和经营理念，形成企业的独特文化。这些活动包括品牌标识的设计、品牌广告的宣传、品牌口碑的传播等等。通过这些活动，企业可以建立起与品牌形象相符的企业文化，增加品牌的认可度和忠诚度。总之，品牌建设是企业建立企业文化的重要手段之一，通过品牌形象的塑造和传播，可以传递企业的价值观和经营理念，增强企业的竞争力和稳定性。

（5）提高社会责任感

品牌建设可以让企业更加注重社会责任，增强企业的社会形象和公信力。通过品牌建设，企业可以向社会传递自己的社会责任承诺，企业可以关注环境保护、公益事业等社会问题，积极承担社会责任，从而赢得社会各界的认可和支持。具有品牌价值的企业往往有更高的社会责任感，这是因为这些企业意识到自己不仅仅是一个营利组织，更是一个对社会有着义务和责任的企业。品牌建设活动可以通过品牌形象的塑造和传播来传递企业的社会责任承诺，例如品牌广告的宣传、公益活动的开展等等，通过这些活动，可以提高企业的社会责任感和社会形象，提高企业的整体竞争力。

3. 品牌建设的实践策略

品牌建设需要制订有效的实践策略和措施，以实现品牌的差异化和竞争优势。品牌建设实践策略主要有产品差异化、品牌形象塑造、市场营销策略制订实施、品牌保护和管理、品牌扩展和升级等内容。

（1）产品差异化

产品差异化是品牌建设中的一种实践策略，其目的是通过在产品的设计、功能、服务等方面的创新和差异化，使企业的产品与竞争对手的产品产生差异化，实现产品品牌形象的提升，从而赢得更多的市场份额和竞争优势。产品差异化的实践策略主要有产品创新、客户体验、品牌营销、价格策略等多个方面。产品创新需要不断推出新产品或服务，并在设计、功能、性能等方面进行创新，以满足不同消费者的需求和期望，从而使产品与竞争对手的产品产生差异化。客户体验需要关注客户的使用体验，提供更好的服务和支持，如增加售后服务、延长质保期、提供多样化的购买渠道等等，从而提升客户对品牌的忠诚度和品牌形象。品牌营销需要在品牌营销中突出产品的特点和优势，如通过广告、促销等方式强调产品的差异化优势，从而吸引更多的消费者。价格策略需要通过价格的灵活性来体现产品差异化，如针对不同的消费群体设定不同的价格、推出高端产品来提高产品的价值等。

（2）品牌形象塑造

品牌形象塑造涉及企业如何在消费者心目中塑造一个鲜明、清晰的品牌形象，企业需要注重品牌形象的塑造和维护，从而实现品牌知名度和美誉度的提升。通过品牌命名、标志设计、广告宣传等手段，企业可以树立独特的品牌形象和市场地位，赢得消费者的信任和认可。品牌形象塑造的实践策略主要有以下几个方面：一是传播品牌核心价值观，品牌的核心价值观是品牌形象塑造的重要组成部分，通过传播品牌的核心价值观，消费者可以更好地理解品牌的特点和价值，从而对品牌产生好感；二是建立品牌个性，品牌个性是品牌形象塑造的关键要素之一，通过在品牌形象中注入特定的个性元素，如形象、语言、色彩等，可以让消费者更好地认识和记忆品牌；三是保持一致性，品牌形象的一致性是品牌形象塑造的关键，品牌形象要在各种媒介上保持一致，包括广告、宣传、产品包装等，这可以让消费者更好地记住品牌；四是建立品牌声誉，品牌声誉是品牌形象塑造的重要组成部分，建立品牌声誉需要品牌持续提供高质量的产品或服务，并与消费者建立信任和忠诚的关系；五是通过明星代言加强品牌认知度，明星代言是一种常用的品牌形象塑造策略，适当的明星代言可以增加品牌的知名度和美誉度，但是需要注意选择合适的明星代言人，以免造成不良影响。

（3）市场营销策略制订和实施

品牌建设是一个综合性的过程，包括品牌定位、品牌设计、品牌传播等多个方面。其中，市场营销策略是品牌建设的重要组成部分，其制订和实施对于品牌的发展至关重要。企业需要注重市场营销策略的制订和实施，从而实现品牌的宣传和推广。通过广告宣传、促销活动、公关活动等手段，企业可以增强品牌知名度和市场份额，提高企业的竞争力和影响力。市场营销策略制订的关键在于对目标市场的深入了解，企业需要研究目标市场的需求、行为、心理等方面的特点，进而制订出能够满足市场需求的产品和服务，同时通过差异化的市场营销手段来吸引目标客户。市场营销策略实施需要考虑多个因素，包括渠道选择、推广活动、定价策略等，企业需要根据自身的情况和目标市场的特点来选择最合适的渠道进行产品销售和宣传，同时制订符合市场需求和竞争环境的定价策略，以便更好地与竞争对手区分开来。

（4）品牌保护和管理

企业需要注重品牌保护和管理，从而保护品牌形象和品牌价值。通过知识产权保护、品牌授权等手段，企业可以保护自身品牌的合法权益，维护品牌形象和品牌价值，提高企业的市场竞争力。品牌保护的首要任务是保护品牌的知识产权，包括商标、专利、版权等，企业需要及时注册自己的商标，以便在商业活动中获得合法的保护。此外，企业还需要监控市场，发现和制止侵权行为，保护自己的知识产权不受损害。品牌管理是品牌保护的延伸，它包括品牌形象的管理、品牌传播的管理和品牌文化的管理。企业需要通过持续的市场调研和客户反馈，不断调整和优化品牌形象，确保品牌与时俱进。同时，企业需要制订明确的品牌传播策略，选择合适的媒介进行品牌宣传，提高品牌知名度和美誉度。另外，品牌文化的塑造也非常重要，它能够帮助企业建立起具有鲜明特色的品牌形象，提高品牌的品质和价值。

（5）品牌扩展和升级

企业需要注重品牌扩展和升级，从而实现品牌的长期价值和持续发展。通过品牌扩展和升级，企业可以拓展市场份额和业务领域，提高企业的盈利能力和市场竞争力。品牌扩展是指将现有品牌的产品或服务线扩大到新的市场或领域，以满足不同的消费者需求。如一个卖鞋的品牌可以扩展到销售服装或配件，以便吸引更多的消费者，这种扩展可以通过增加产品线、改变营销战略或扩大销售渠道等方式实现。品牌升级是指通过提高品牌的形象、声誉、质量或价值，使品牌在消费者心目中的地位得到提高。如一个普通的品牌可以通过提供更高质量的产品或服务、改进客户体验、引入新技术或设计等方式来实现品牌升级。通过品牌扩展和升级，企业可以扩大市场份额、提高品牌价值和知名度、增加销售收入等。但是，这种策略也需要注意平衡品牌形象的一致性和产品或服务的质量保证，避免品牌过度扩张或升级导致消费者产生混淆或造成品牌价值下降。在实践中，品牌扩展和升级需要谨慎考虑各种因素，包括市场趋势、消费者需求、品牌形象和定位等，以确保策略的有效性和成功实施。同时，企业也需要关注竞争对手的动态和市场变化，随时调整策略以保持市场竞争优势。

三、品牌建设对江苏老字号高质量发展的影响和作用

品牌建设对于企业的发展起到了至关重要的作用。一个品牌可以不仅仅是企业的一个标志，更是一个企业的文化和价值观的集中体现。由于市场环境和消费者需求的变化，江苏老字号在面对激烈的市场竞争时，需要注重品牌建设来实现高质量发展。

1. 品牌建设可以增强江苏老字号的竞争力

品牌是企业在市场上的核心竞争力之一，对于江苏老字号来说，一个强大的品牌可以帮助企业建立自己的声誉，提高消费者对企业的认知度和信任度。通过品牌建设，江

苏老字号可以树立自己的品牌形象，与其他品牌竞争者形成区隔化，增强自身在市场竞争中的优势，提高自身的市场占有率。其作用主要体现在以下几个方面：一是增加品牌认知度，品牌建设可以帮助江苏老字号提高品牌的知名度和认知度，使更多的消费者了解和信任该品牌，从而增加品牌的影响力和市场份额；二是有助于建立品牌形象，品牌建设可以帮助江苏老字号树立积极正面的品牌形象，包括品牌的口碑、品牌的信誉和品牌的形象等方面，这些都能够让消费者对品牌产生好感，从而提高忠诚度和重复购买率；三是有助于带来差异化优势，品牌建设可以帮助江苏老字号塑造独特的品牌形象和品牌文化，使其在同类竞争中脱颖而出，从而赢得更多的消费者认可和青睐；四是有助于提升品牌溢价能力，品牌建设可以帮助江苏老字号提升品牌的溢价能力，从而在同类产品中获得更高的售价，增加企业的利润空间和市场竞争力。

2. 品牌建设可以提升江苏老字号的品牌价值

江苏老字号企业的产品或服务拥有自己独特的特点，通过品牌建设，可以将这些特点转化为品牌的独特性，可以根据消费者的需求和口味来改进产品，进一步提高产品质量和服务水平，进而提升品牌价值。其作用主要体现在以下几个方面：一是有助于增加品牌资产，品牌建设可以增加江苏老字号的品牌资产，包括品牌的知名度、声誉、信任度、忠诚度等，这些都是企业在市场上的重要资产，可以为企业带来更多的商业价值；二是有助于带来品牌认可度，品牌建设可以提高江苏老字号在消费者心目中的认可度，让消费者更容易选择该品牌的产品或服务，从而为企业带来更多的商业价值；三是有助于塑造品牌形象，品牌建设可以帮助江苏老字号塑造积极正面的品牌形象，让消费者对该品牌产生好感和信任，从而为企业带来更多的品牌价值；四是有助于提高市场竞争力和收益水平，品牌价值还可以帮助企业获得更多的市场资源和商业机会，进一步提升企业的核心竞争力和市场地位。

3. 品牌建设可以增强江苏老字号的社会影响力

品牌的社会影响力将吸引更多的人关注江苏老字号企业的历史和文化，进而提高江苏老字号的社会认可度。品牌建设可以帮助江苏老字号企业在社会责任方面承担更多的义务，进一步增强企业的社会形象。其作用主要体现在以下几个方面：一是有助于塑造企业形象，品牌建设可以帮助江苏老字号塑造积极正面的企业形象，包括企业的文化、价值观、社会责任等方面，从而在社会上获得更多的认可和赞誉；二是有助于提高社会认可度，品牌建设可以提高江苏老字号在社会上的认可度，让企业成为社会信任的对象，从而为企业赢得更多的社会支持和帮助；三是有助于带来社会效益，品牌建设可以带来江苏老字号的社会效益，包括为消费者提供优质的产品和服务、为员工提供良好的工作环境和福利待遇、为社会作出贡献等方面，从而为企业赢得更多的社会赞誉和信任；四是有助于增加社会知名度，品牌建设可以增加江苏老字号在社会上的知名度，让企业成为行业的领袖和代表，为行业和社会作出更多的贡献。

4. 品牌建设可以推动江苏老字号的转型升级

随着市场环境和消费者需求的变化，江苏老字号企业需要不断调整和改进自己的产品和服务，以适应市场的变化。在品牌建设过程中，江苏老字号企业可以通过不断地调整和改进自己的产品和服务，逐渐实现转型升级，提高自身的竞争力和市场占有率。其主要作用：一是提高企业竞争力，品牌建设可以提高江苏老字号企业的品牌竞争力，增加企业在市场上的话语权和影响力，从而推动企业在市场上的转型升级；二是强化企业战略定位，品牌建设可以帮助江苏老字号企业确定和强化自身的战略定位，包括产品定位、品牌定位、市场定位等方面，从而为企业的转型升级提供更加清晰的方向和目标；三是推动企业创新发展，品牌建设可以促进江苏老字号企业的创新发展，包括产品创新、服务创新、营销创新等方面，从而为企业的转型升级提供更多的动力和支持；四是提升企业形象与信誉，品牌建设可以提升江苏老字号企业的形象与信誉，让企业在消费者心目中获得更高的声誉和信任度，从而为企业的转型升级提供更加良好的市场环境和机会。品牌建设对于江苏老字号企业的转型升级具有非常重要的推动作用，因此，要为企业提供更加清晰的方向和目标，为企业的创新发展提供更多的动力和支持，推动企业在市场上实现更加长远的发展和成功。

5. 品牌建设可以帮助江苏老字号实现品牌扩张

品牌建设不仅可以增强江苏老字号企业的竞争力和品牌价值，还可以帮助企业实现品牌扩张。江苏老字号企业可以通过品牌建设，逐渐将自己的品牌扩展到其他领域和市场，实现品牌的多元化和全球化。其主要作用：一是有助于增加品牌认知度，品牌建设可以增加江苏老字号企业品牌的认知度和知名度，使更多的消费者了解和认可企业的品牌，从而为企业的品牌扩张提供更多的机会和基础；二是有助于扩大品牌影响力，品牌建设可以扩大江苏老字号企业品牌的影响力和市场覆盖面，帮助企业进入新的市场和领域，为品牌的扩张提供更多的机遇和平台；三是有助于建立品牌信任度，品牌建设可以建立江苏老字号企业品牌的信任度和忠诚度，让消费者对企业的品牌产生更高的信任感和忠诚度，从而为品牌的扩张提供更加良好的市场环境和机会；四是有助于加强品牌内涵，品牌建设可以加强江苏老字号企业品牌的内涵和含义，包括企业的文化、价值观、品质等方面，从而为品牌的扩张提供更加坚实的基础和保障。因此，品牌建设对于江苏老字号企业的品牌扩张具有非常重要的作用，可以为企业打开新的市场和领域，提供更多的机遇和平台，从而实现企业的长期发展和成功。

6. 品牌建设可以提升江苏老字号的员工士气

品牌建设不仅可以提高江苏老字号企业在消费者心中的形象和影响力，还可以提高企业在员工心中的形象和影响力，让员工感到自豪和归属感，吸引更多优秀的人才加入企业，激发员工的工作热情和积极性，提高员工的工作效率和工作质量。其作用主要表现在以下几个方面：一是有助于彰显企业价值观，品牌建设可以将江苏老字号企业的价值观、使命和愿景等价值理念传递给员工，让员工感受到企业的文化内涵，从而增强员工的企业认同感和归属感；二是有助于增强员工自豪感，品牌建设可以增强江苏老字号企业的品牌知名度和影响力，让员工在工作中更有成就感和自豪感，从而提升员工的士气和工作积极性；三是有助于提高企业形象，品牌建设可以提高江苏老字号企业的品牌形象和声誉，让员工为所属企业感到自豪，从而增强员工对企业的信任感和忠诚度；四是有助于提供更好的发展平台，品牌建设可以带来更多的市场机会和发展空间，让江苏老字号企业有更多的发展前景和机会，从而为员工提供更好的职业发展平台和前景。因此，品牌建设可以提升江苏老字号企业的员工士气和归属感，让员工更加积极地投入企业的发展中去，实现企业与员工的共同成长。

综上所述，品牌建设对于江苏老字号企业的高质量发展起到了至关重要的作用。品牌建设可以增强企业的竞争力，提升企业的品牌价值，增强企业的社会影响力，推动企业的转型升级，帮助企业实现品牌扩张，提升员工士气等多个方面都有积极的影响。因此，江苏老字号企业需要高度重视品牌建设，加强品牌建设的投入和管理，不断完善自身的品牌形象和品牌体系，提高自身的品牌竞争力和市场占有率。

第二节　江苏老字号品牌建设的
主要内容和特点

一、江苏老字号品牌建设的主要内容和步骤

1. 江苏老字号品牌建设的主要内容

江苏老字号品牌建设是一个系统性的工程，需要从多个方面进行综合推进，主要内容包括以下几个方面。

（1）品牌定位

品牌定位是品牌建设的第一步，它是建立品牌意识形态的核心，江苏老字号企业需要根据自身的企业文化、品牌历史、市场定位和消费者需求等因素，确定自身的品牌定位。品牌定位应该具有独特性、准确性、鲜明性和可信度，要能够凸显江苏老字号企业的核心竞争力和品牌价值，进而吸引消费者的关注和信任。

（2）品牌策略

品牌策略是品牌建设的第二步，它是实现品牌目标和品牌定位的关键，江苏老字号企业需要根据自身的品牌定位，确定品牌策略，包括品牌名称、品牌标志、品牌口号、品牌故事、品牌特色、品牌扩张等方面。品牌策略应该具有独特性、一致性和可识别性，要能够吸引消费者的注意和信任，提高品牌的知名度和美誉度。

（3）品牌形象

品牌形象是品牌建设的第三步，它是品牌定位和品牌策略的具体表现，江苏老字号企业需要通过品牌形象，展示自身的品牌形象和品牌价值，塑造消费者对企业的认知和信任。品牌形象包括品牌视觉形象、品牌声音形象、品牌体验形象等多个方面，要注意与品牌定位和品牌策略的一致性，同时还要注重品牌形象的可持续性和可更新性，使品牌形象能够与时俱进，满足消费者需求。

（4）品牌管理

品牌管理是品牌建设的最后一步，它是保持品牌活力和品牌价值的关键，江苏老字号企业需要建立完善的品牌管理体系，包括品牌宣传、品牌推广、品牌保护等多个方面。品牌管理要注重市场反馈和消费者反馈，及时调整品牌策略和品牌形象，同时还要注重品牌文化的传承和创新，不断加强品牌的内在力量和核心竞争力。

（5）品牌传承

江苏老字号品牌建设的首要任务是传承品牌文化，将品牌的历史和文化内涵传承下

去，在品牌文化传承方面，需要从品牌的创立、发展历程、企业文化、产品特点等方面进行深入挖掘和传承，形成具有江苏地域特色的品牌文化。

（6）品牌升级

江苏老字号品牌建设需要重视品牌形象的塑造和提升，提高品牌在市场中的影响力和知名度，品牌形象升级包括品牌标识设计、包装设计、产品形象设计等多个方面，需要在传承品牌历史和文化的基础上，注重现代化和个性化的设计，以符合现代市场的需求。

（7）品牌推广

江苏老字号品牌建设需要重视品牌营销推广，提高品牌在市场中的知名度和美誉度，品牌营销推广包括广告宣传、促销活动、网络营销、公关活动等多个方面，需要在传承品牌历史和文化的基础上，注重市场需求和消费者心理，设计出具有品牌特色和市场竞争力的营销策略和活动。

（8）品牌保护

江苏老字号品牌建设需要重视品牌管理和保护，建立完善的品牌管理和保护机制，防止品牌被滥用和侵权。品牌管理和保护包括品牌注册、品牌标准化管理、品牌授权管理等多个方面，需要加强法律意识，提高品牌的合法性和保护力度。

2. 江苏老字号品牌建设的步骤

（1）品牌定位阶段

第一，了解市场需求。江苏老字号企业可通过市场调研、竞争对手分析等方法了解消费者的需求和期望，以及市场上的竞争环境和趋势。

第二，明确品牌定位。江苏老字号企业要根据市场调研和分析的结果明确自身的品牌定位，包括品牌核心价值、品牌目标受众、品牌竞争优势等要素。

第三，制订品牌策略。江苏老字号企业可根据品牌定位制订品牌策略，包括品牌名称、品牌标志、品牌口号、品牌故事、品牌特色等要素。

（2）品牌形象塑造阶段

第一，设计品牌标志。江苏老字号企业可根据品牌定位和策略设计品牌标志，要注意设计的独特性、一致性和可识别性，同时还要注重符合消费者需求和市场趋势。

第二，构建品牌故事。江苏老字号企业通过品牌故事向消费者展示品牌历史、文化和价值，强化品牌形象和品牌认知度，同时也要注重故事的可传播性和吸引力。

第三，推出品牌形象。江苏老字号企业可根据品牌标志和品牌故事构建品牌形象，包括品牌视觉形象、品牌声音形象、品牌体验形象等要素，以增强品牌形象的可感知性和影响力。

（3）品牌管理阶段

第一，品牌宣传。江苏老字号企业可通过媒体宣传、公关活动、品牌合作等手段扩大品牌知名度和美誉度，提高品牌影响力和品牌认知度。

第二，品牌推广。江苏老字号企业可通过广告、促销等手段增强品牌竞争力和品牌销售额，同时也要注重推广的效果和成本效益。

第三，品牌保护。江苏老字号企业可通过法律手段、品牌标准化、品牌培训等手段保护品牌权益和品牌形象，避免品牌被恶意侵犯或失去品牌价值。

第四，品牌升级。随着市场环境和消费者需求的变化，江苏老字号企业的品牌也需要不断升级和优化，包括品牌产品、品牌服务、品牌形象等方面，以适应市场的变化和提高品牌的竞争力。

江苏老字号品牌建设是江苏经济发展的重要组成部分，是传承和弘扬江苏优秀文化传统的重要手段，也是推动江苏品牌经济发展的关键举措。江苏老字号品牌建设需要政府、企业和社会各方共同参与，加强品牌管理和营销推广，提高品牌知名度和美誉度，增强品牌影响力和核心竞争力，推动江苏经济发展和文化传承。

二、江苏老字号品牌建设的特点和亮点

江苏老字号品牌建设是江苏重点发展的经济项目之一，具有独特的特点和亮点。

1. 江苏老字号品牌建设的特点

（1）历史悠久

江苏老字号品牌建设的特点之一就是历史悠久。江苏是一个文化底蕴深厚、历史悠久的省份，自古就是经济、文化、交通、军事中心，拥有悠久的历史和灿烂的文化。许多江苏老字号品牌的创立时间都可以追溯到明、清时期甚至更早的时期。这些品牌的历史可以说是江苏经济文化的缩影，见证了江苏的历史变迁和经济发展，是江苏的文化遗产，也是江苏品牌建设的重要资源。

（2）技艺精湛

江苏老字号品牌建设的第二个特点是技艺精湛。江苏是我国传统工艺之乡，拥有丰富的传统手工艺和工业制造技术。江苏老字号品牌大多以手工制作或传统工艺为基础，以精湛的技艺和独特的风格赢得了广泛的市场认可。例如，苏州的苏绣、南京云锦、无锡的太湖银鱼、镇江的锅盖面等，都是江苏老字号品牌中的代表性品牌，不仅深受消费者喜爱，而且还得到了国内外专家的高度评价。

（3）品种繁多

江苏老字号品牌建设的第三个特点是品种繁多。江苏辖区广大，涵盖了很多地理区域和文化群体。不同的地区和文化背景孕育了不同的产业，因此江苏老字号品牌种类繁多。从传统的食品、饮料到纺织、工艺品、药材，涉及了江苏各个行业和领域，形成了江苏特有的产业格局和经济特色。

（4）融合创新

江苏老字号品牌建设的第四个特点是融合创新。在保持传统技艺和产品质量的同时，江苏老字号品牌也在不断探索和创新，不断满足消费者需求和市场变化。许多江苏老字号品牌在传承和创新之间取得了良好的平衡，通过融合现代科技和设计理念，提升

了品牌形象和竞争力。例如，南京金陵饭店，从传统的菜品和服务模式转型为现代化的高端餐饮企业，以独特的设计和服务理念，赢得了消费者的青睐。

2. 江苏老字号品牌建设的亮点

（1）文化传承

江苏老字号品牌建设的亮点之一是文化传承。江苏老字号品牌不仅是江苏历史文化的重要组成部分，也是江苏品牌建设的重要资源。在品牌建设过程中，注重传承和弘扬江苏传统文化，使品牌具有了更深厚的文化内涵和历史渊源。例如，无锡太湖银鱼品牌，传统的制作工艺代代相传，对太湖银鱼的制作方法和口感作出了创新和改进，同时又注重保持传统风味，将江南文化的精华融入品牌中，赢得了消费者的认可和好评。

（2）品质保证

江苏老字号品牌建设的第二个亮点是品质保证。江苏老字号品牌大多以手工制作或传统工艺为基础，注重产品品质和口感，保证了产品的品质和口感。江苏老字号品牌也注重原材料的选择和加工工艺的改进，提高了产品的品质和营养价值。例如，镇江香醋品牌，采用优质大米、小麦、豌豆和糯米为原材料，以手工发酵和传统工艺酿造，保证了醋的品质和口感，同时又通过现代科技手段进行控制和改进，提高了醋的营养价值和健康功效，深受消费者喜爱。

（3）品牌形象

江苏老字号品牌建设的第三个亮点是品牌形象。江苏老字号品牌注重传统文化的内涵和形象设计的创新，以独特的品牌形象和标志，吸引消费者的关注和认可。江苏老字号品牌在品牌形象的塑造中，融合了现代科技和设计理念，使品牌形象更加符合消费者的需求和市场趋势。例如，苏州的园林文化，蕴含着浓厚的文化内涵和历史积淀，是江苏品牌建设的重要资源。苏州市利用园林文化资源，推出了"苏州园林·中国魅力"品牌，以苏州园林的独特风格和品质，展示了苏州园林文化的魅力和魄力，赢得了消费者的青睐和好评。

（4）创新转型

江苏老字号品牌建设的第四个亮点是创新转型。江苏老字号品牌在传承和创新之间取得了良好的平衡，通过融合现代科技和设计理念，实现了品牌的转型升级。例如，常州梳篦厂的前身老卜恒顺店至今已逾300年历史。随着时代的变迁，工艺的复杂化、销量的下降、手艺人的老龄化导致常州梳篦厂陷入困境。在传承与发扬传统工艺的同时，常州梳篦厂创新开发更多元化的产品线，让满怀记忆与情怀的梳篦提升了实用性，更深地融入了人们的日常生活。

（5）社会责任

江苏老字号品牌建设的第五个亮点是社会责任。江苏老字号品牌注重企业的社会责任，积极参与公益事业，回报社会。例如，南京的三秦奇味，不仅保留了传统制作工艺，也注重企业的社会责任，所属企业和员工积极参与公益事业，捐赠善款、赈灾救援等，为社会作出了积极的贡献。

（6）品牌联合

江苏老字号品牌建设的第六个亮点是品牌联合。江苏老字号品牌之间不仅有竞争关系，也有合作关系。品牌联合可以实现资源共享、互利共赢，提升江苏老字号品牌的整体实力和竞争力。例如，2022年中秋节来临之际，南京众多知名老字号推出创新营销"组合拳"，南京鸡鸣汤包在传统的鲜肉汤包基础上，进行技术创新，与十三香龙虾联合，推出了十三香龙虾烧卖；冠生园糕点与鸭血粉丝汤"混搭"，做袋装速食的鸭血粉丝汤，在各个商超、门店、线上平台销售，不断满足消费者的需求。

（7）国际化战略

江苏老字号品牌建设的第七个亮点是国际化战略。江苏老字号品牌建设注重拓展海外市场，实现品牌国际化。通过品牌国际化，可以提升品牌的知名度和影响力，拓展销售渠道，增加品牌利润。例如，苏州千年古街山塘街，以传统的文化艺术为核心，打造了集旅游、购物、娱乐、文化于一体的山塘胜迹商业文化街区，吸引了众多海内外游客前来参观和购物；同时，山塘街还为来自世界上众多国家的游客开展文化体验活动，提升品牌知名度和影响力。

（8）品牌保护

江苏老字号品牌建设的第八个亮点是品牌保护。江苏老字号品牌建设注重品牌的合法性、合规性和品牌价值的保护。品牌保护可以避免品牌被模仿、盗用或者损害品牌价值，保证品牌的长期发展。例如，扬州的谢馥春，作为一家有着百年历史的老字号，注重品牌保护，拥有多项品牌专利和商标，保证了品牌的合法性和合规性。

总之，江苏老字号品牌建设具有传承创新、文化融合、科技应用、社会责任、品牌联合、国际化战略和品牌保护等亮点。在这些亮点的支持下，江苏老字号品牌建设不断发展壮大，成了江苏乃至全国老字号品牌建设的重要示范。

三、江苏老字号品牌建设的主要成果和经验

江苏老字号品牌建设经过多年的努力，已经取得了许多令人瞩目的成果和经验。下面，将从品牌建设成果和经验两方面进行详细阐述。

1. 品牌建设成果

（1）品牌数量大幅增加

江苏老字号品牌建设在不断推进中，品牌数量也得到了快速增长。据统计，截至2021年年底，江苏老字号品牌总数已达到340余家。其中，国家级非物质文化遗产项目与老字号品牌联合品牌达到60余个。

（2）品牌影响力不断扩大

江苏老字号品牌建设在建设过程中注重品牌文化传承和创新，许多老字号品牌已成为江苏乃至全国的文化符号和经济支柱。例如，扬州的瘦西湖、和园，苏州的拙政园、

苏州园林等，都成了江苏的文化名片和旅游热点。同时，江苏老字号品牌的影响力也在不断扩大，逐渐成了国内外广受认可的品牌。

（3）品牌创新能力显著提升

江苏老字号品牌建设注重品牌文化传承和创新，在传承中创新，在创新中传承，许多老字号品牌已经实现了转型升级和创新发展。例如，扬州的"金粉世家"，通过产品创新和品牌升级，逐渐从传统的金箔加工企业转型为涵盖文化艺术、餐饮、零售等多元业态的文化集团，实现了品牌的价值提升和转型升级。

（4）品牌创造效益显著

江苏老字号品牌建设通过品牌文化传承和创新，实现了品牌的转型升级和价值提升，同时也创造了显著的经济效益。据统计，江苏老字号企业平均年销售额已达到3亿元以上，其中，苏州市老字号企业平均年销售额达到4.5亿元以上。

（5）品牌国际化战略不断拓展

江苏老字号品牌建设注重拓展海外市场，通过品牌国际化，提升品牌的知名度和影响力，同时，也促进了江苏本土企业的国际化进程。例如，苏州稻香村早在2006年开始在海外积极开展市场调研；2009年前，已经完成了数十个国家的商标注册，为未来在海外的发展撑起了有力的知识产权"保护伞"；2013年，苏州稻香村正式成立海外事业部，借着"一带一路"迅速走红，成为一张闻名遐迩的中华美食名片。

（6）品牌保护力度不断加强

江苏老字号品牌建设注重品牌保护，在知识产权保护、商标注册、专利保护等方面不断加强力度，保护老字号品牌的合法权益。据统计，江苏老字号品牌已经拥有商标、专利等知识产权近6 000件，品牌保护力度得到了有效加强。

2. 品牌建设经验

（1）注重品牌文化传承

江苏老字号品牌建设注重品牌文化传承，重视老字号品牌的历史渊源、文化内涵和精神价值的传承和弘扬，使老字号品牌在传承中保持稳定性和延续性，实现品牌文化的永续发展。一是强化品牌传统文化元素的表达，这些品牌会通过宣传、包装设计、店面装修等方式，突出表达品牌传统文化元素，如传统手工艺、传统医学等，增强品牌的文化气息，提高品牌认知度和品牌美誉度。二是保持品牌传统技艺的传承，这些品牌会将传统技艺作为品牌的核心价值，注重技艺的传承和创新，以保证产品的品质和特色。三是推广品牌的社会价值观，这些品牌会强调品牌的社会责任，推广品牌的社会价值观，如文化保护、环保等，让消费者感受到品牌的文化品质和社会担当。通过以上方式，江苏老字号品牌将品牌文化传承与品牌建设相结合，让品牌更具有文化底蕴和品牌魅力，从而提高品牌的市场竞争力。

（2）坚持品牌创新

江苏老字号品牌建设注重品牌创新，坚持在传承中创新，在创新中传承，通过产品、服务、技术等多方面的创新，实现品牌的转型升级和价值提升。一是进行产品创新，这些品牌会不断研发新品，推出更具有特色和优势的产品，以满足消费者需求。同时，还会对产品进行改进和升级，提高产品的品质和性能。二是进行技术创新，这些品牌会不断引进和应用新技术，如互联网技术、智能化技术等，以提高品牌的生产效率和服务水平。三是进行品牌形象创新，这些品牌会通过品牌形象的更新和升级，如标志设计、包装设计、广告宣传等，提升品牌的形象和知名度。四是进行市场营销创新，这些品牌会不断尝试新的市场营销策略，如线上营销、社交媒体营销等，以吸引更多的消费者关注和认可。通过以上多种创新，江苏老字号品牌在坚持传承品牌文化的基础上，不断进行品牌创新，提高品牌的竞争力和市场地位，从而实现品牌的可持续发展。

（3）建立品牌联盟

江苏老字号品牌建设通过建立品牌联盟，实现了老字号品牌的合作与共赢，提升了品牌的整体实力和市场竞争力。如苏州市老字号品牌联盟、常州市老字号品牌联盟等。一是做好品牌联盟的组成，这些品牌会选择与自身品牌相互补充的品牌共同组成品牌联盟，以实现资源共享、优势互补，从而提升品牌的综合实力。二是明确品牌联盟的合作方式，这些品牌会制订合作协议，明确品牌联盟的合作方式和分工，如共同开展市场营销活动、共同研发新产品等。三是加大品牌联盟的推广宣传，这些品牌会通过联合推广和宣传，提高品牌联盟的知名度和美誉度，吸引更多消费者的关注和认可。四是做好品牌联盟的价值体现，这些品牌会通过品牌联盟的合作，提供更好的产品和服务，为消费者创造更大的价值，从而加强品牌的竞争力和市场地位。通过以上方式，江苏老字号品牌在建立品牌联盟的基础上，实现品牌资源的共享和优势的互补，提升品牌的竞争力和市场份额，从而实现品牌的可持续发展。

（4）注重品牌营销

江苏老字号品牌建设注重品牌营销，通过多种营销手段，宣传品牌文化，提升品牌知名度和影响力。一是借助传统媒体和新媒体进行广告宣传，江苏老字号品牌积极利用电视、报纸、杂志等传统媒体以及微信、微博等新媒体进行广告宣传，将品牌形象和产品特点展现给消费者。二是参加行业展览和活动，江苏老字号品牌积极参加各种行业展览和活动，通过展览展示自己的产品和技术，增加品牌知名度和美誉度。三是建立品牌形象和口碑，江苏老字号品牌注重产品品质和服务质量，通过提供优质的产品和服务赢得消费者的信任和好评，树立起良好的品牌形象和口碑。四是进行营销创新，江苏老字号品牌不断进行营销创新，探索适合自己的营销方式，比如采用明星代言、联合营销等方式来提升品牌知名度和美誉度。江苏老字号品牌建设的成功经验告诉我们，注重品牌营销是提升品牌知名度和美誉度的重要手段，只有通过不断的营销创新和提高产品品质和服务质量，才能赢得消费者的信任和忠诚度，实现品牌的长期发展。

（5）增强品牌保护意识

江苏老字号品牌建设注重品牌保护，通过知识产权保护、商标注册、专利保护等方式，加强品牌的保护力度，维护品牌的合法权益。一是及时做好商标注册，江苏老字号品牌积极申请注册自己的商标，并保持对商标的有效管理和维护，防止他人盗用和侵权。二是加强知识产权保护，江苏老字号通过申请品牌专利、版权、商业秘密等知识产权的保护，防范他人对自己的技术和产品进行侵权和盗用。三是提高员工的品牌保护意识，江苏老字号企业加强员工知识产权保护意识的培训，明确员工的保密责任和义务，防止因员工的疏忽导致知识产权的泄露和侵权。四是加强市场监管，江苏老字号企业通过加强市场监管，打击假冒伪劣产品和侵犯知识产权的行为，保障自身的合法权益和市场秩序。品牌保护意识的加强是品牌建设的重要方面，只有通过加强知识产权保护和市场监管，提高员工意识，才能保障自身的品牌声誉和经济利益，实现品牌的长期发展。

（6）政府加强引导和支持

江苏老字号品牌建设得到了政府的大力支持和引导，政府部门积极参与老字号品牌建设，推动老字号品牌建设向更高水平发展。一是制订相关政策，江苏老字号品牌建设得到了政府相关政策的支持，比如出台有关江苏老字号品牌保护和发展的政策，鼓励企业创新和发展。二是加强咨询服务，政府加强对企业品牌建设的咨询服务，提供相关指导和支持，帮助企业提升品牌价值和知名度。三是提供财政支持，政府通过提供资金支持、税收优惠等方式，为企业的品牌建设提供必要的财政保障。四是建立品牌评价体系，政府建立品牌评价体系，为企业提供权威的品牌评价服务，帮助企业了解自身品牌建设的现状和发展方向。政府在品牌建设中扮演着重要的角色，加强引导和支持，可以促进企业品牌的建设和发展，实现品牌的长期价值和竞争优势。

（7）增强品牌内生动力

江苏老字号品牌建设注重增强品牌内生动力，通过组建品牌文化研究团队、开展品牌文化教育等方式，增强内部员工的品牌意识和责任意识，实现品牌的持续发展。一是不断提升产品质量，江苏老字号品牌通过持续改进产品质量，提升品牌的核心竞争力和市场信誉度。二是加强服务意识，江苏老字号品牌加强服务意识，提供优质的售前、售中、售后服务，提高品牌的客户满意度和忠诚度。三是强化管理水平，江苏老字号品牌加强内部管理，提高生产效率和管理水平，保障品牌的稳定发展。四是推进创新发展，江苏老字号品牌通过持续创新，推出符合市场需求的新产品和新服务，提升品牌的市场竞争力。增强品牌内生动力是品牌建设的重要方面，只有通过不断提升产品质量、加强服务意识、强化管理水平和推进创新发展，才能提升品牌的核心竞争力，实现品牌的长期发展。

（8）引进先进管理经验

江苏老字号品牌建设注重引进先进管理经验，学习国内外老字号品牌的管理经验，借鉴现代企业管理模式，提高老字号品牌的管理水平，实现品牌的可持续发展。一是引进先进的管理技术和方法，江苏老字号品牌可以学习并引进国内外先进的管理技术和方法，包括生产管理、营销管理、品牌管理、质量管理等方面。这些技术和方法可以帮助江苏老字号品牌提高效率、降低成本、提升质量和品牌形象。二是建立科学的管理体系，江苏老字号品牌可以建立科学的管理体系，包括人力资源管理、财务管理、生产管理、营销管理等方面。这样可以确保各个方面都有相应的规划和管理，从而保证江苏老字号品牌的高效运营和发展。三是引进现代管理理念，传统企业需要认识到市场需求和消费者行为的变化，意识到品牌价值和品牌形象的重要性，并把这些因素融到企业的管理和运营中。四是建立科学的管理制度，制订科学合理的管理制度，明确岗位职责，实行绩效考核和激励机制，从而确保企业的运营和管理能够稳步有序地进行。

（9）实现品牌国际化

江苏老字号品牌建设注重实现品牌国际化，通过扩大出口、参展国际博览会等方式，提升品牌的国际知名度和影响力，推动品牌向国际化发展，实现品牌的全球化竞争。一是增强品牌竞争力，通过不断提高品牌质量、创新产品、改进服务等方式，提高品牌竞争力，为品牌国际化打下坚实基础。二是拓展国际市场，通过与海外经销商、代理商、合作伙伴等建立联系，开拓国际市场，扩大品牌的国际影响力。三是进行品牌推广，通过各种方式和渠道进行品牌推广，包括广告宣传、公关活动、参加展会等，提高品牌在国际市场的知名度和美誉度。四是适应本地化需求，根据不同国家和地区的文化、法规、市场需求等，适当调整品牌形象、产品包装、宣传方式等，以更好地适应当地消费者需求和市场环境。通过以上方式，江苏老字号品牌成功地实现了品牌国际化，逐渐走向了世界舞台，成为我国传统文化的一张名片，进一步推动了江苏老字号品牌的发展壮大。

江苏老字号品牌建设是一项系统工程，需要各方的共同参与和努力。江苏老字号品牌建设的成功经验表明，要注重品牌文化建设、品牌管理和品牌营销，同时加强品牌保护和维权，建立健全的品牌保护机制和知识产权保护体系，推动品牌和文化融合，实现品牌的价值和影响力提升。未来，江苏老字号品牌建设的发展趋势是向着品牌转型升级、多元化发展、国际化扩张、加强品牌创新和科技创新、加强品牌与文化融合、推动品牌和社会责任的深度融合等方向发展。相信在各方的共同努力下，江苏老字号品牌将会创造出更加辉煌的未来。

第三节 江苏老字号市场营销 策略的选择和对策

随着市场的竞争日益激烈,传统的老字号企业不得不适应市场变化和顾客需求的改变,重新审视自己的品牌和市场营销策略,以保持竞争力并增强品牌的价值和影响力。

一、江苏老字号市场营销策略的选择和实施

1. 江苏老字号市场营销策略的选择

市场营销策略的选择是江苏老字号企业成功的关键因素之一,市场定位、产品特点、品牌形象、定价策略和促销策略等都是江苏老字号企业选择的市场营销策略。

(1) 市场定位

市场定位是江苏老字号企业市场营销策略的重要环节,企业应该选择适合自己的市场定位,以满足目标市场的需求。一方面,在进行市场定位时,老字号企业需要进行市场调查和分析,以了解目标市场的需求和偏好,通过了解目标市场的需求,企业可以将其产品或服务进行细分,从而更好地满足目标市场的需求,企业可以通过制订差异化的产品定位、价格定位、服务定位等策略,与竞争对手进行区分,并获得市场份额。另一方面,在进行市场定位时,老字号企业还需要考虑自身的实力和资源,确定自己在市场上的优势和劣势。企业需要根据自身的实际情况,选择合适的市场定位策略,以便更好地满足目标市场的需求。市场定位可以帮助企业更好地了解目标市场,制订差异化的产品策略,提高企业在市场上的竞争力。

(2) 产品特点

产品特点是江苏老字号企业市场营销策略的重要环节,企业应该根据产品的特点,选择适合自己的市场营销策略。江苏老字号企业可以选择强调产品的传统特点、健康特点和环保等特点。对于老字号企业来说,其产品或服务往往具有深厚的文化底蕴、历史沉淀、传统工艺等独特特点,这些特点也是其产品或服务的核心竞争力。因此,突出产品特点的策略非常适合老字号企业,可以进一步提高其品牌知名度和市场占有率。在实施这一策略时,老字号企业需要通过市场调研和客户反馈等方式,了解目标客户的需求和喜好,然后针对这些需求,打造出符合市场需求的特色产品。企业可以通过提高产品质量、优化产品设计、加强产品研发等方式,不断提升产品的核心竞争力,从而满足消费者的需求。除此之外,老字号企业还可以通过营销手段,如品牌形象的打造、广告宣传等方式,向消费者传递企业产品的特色和优势,有效提高产品的市场认知度和美誉

度，提高品牌的竞争力。

（3）品牌形象

品牌形象是江苏老字号企业市场营销策略的重要环节。企业应该根据品牌形象，选择适合自己的市场营销策略。江苏老字号企业可以选择强调品牌的传统形象、现代形象和环保等形象。老字号企业的品牌形象通常具有深厚的历史文化底蕴和独特的传统工艺等特点，因此，在注重品牌形象的策略中，企业需要将这些特点充分体现在品牌形象中。通过对品牌形象的设计和打造，可以使企业品牌更具有文化底蕴和历史渊源，进而提高品牌知名度和美誉度。在实施这一策略时，老字号企业需要通过品牌建设、品牌推广等手段，打造出具有品牌特色的标志和标语，并注重在企业文化、产品质量、服务水平等方面的营销推广，以进一步提高品牌形象的美誉度。老字号企业还可以通过与公益事业的结合等方式，提高品牌形象的社会责任感，加强品牌与消费者的互动和情感沟通，建立良好的品牌口碑。总之，注重品牌形象是老字号企业市场营销策略中的一种重要选择，可以增强品牌的市场竞争力。

（4）定价策略

定价策略是江苏老字号企业市场营销策略的重要环节。企业应该根据产品成本、市场需求和竞争对手的价格等因素，制订相应的定价策略。老字号企业的产品价格一般会高于同类别产品的价格，这是由于其产品具有独特的文化和历史底蕴等因素造成的，因此，老字号企业在制订定价策略时需要考虑到上述因素，并注重树立高端品牌形象，从而使其产品价格更具竞争力。在实施这一策略时，老字号企业需要通过市场调研等方式了解目标消费者的需求和购买意愿，针对不同的市场需求，采取不同的定价策略。企业可以选择高价策略，将产品定位为高端消费群体，或者采取中高价策略，使产品价格更具市场竞争力。老字号企业还可以通过促销活动、打折优惠等方式，增加产品销量，提高市场份额。在制订促销活动时，企业需要考虑到不同的消费者需求，选择合适的促销方式，使消费者对产品价格产生较高的认可度和接受度。注重定价策略是老字号企业市场营销策略中的一种重要选择，可以提高产品的市场竞争力，增加销量和市场份额。

（5）促销策略

促销策略是江苏老字号企业成功的关键之一，企业需要选择适合自己的促销方式，以提高品牌知名度和销量。促销策略可以包括广告、促销活动、赠品、优惠券等方式。老字号企业在制订促销策略时需要考虑多个因素，如促销对象、促销方式、促销力度、促销周期等。其中，促销对象是指企业针对不同的消费者群体选择相应的促销方式，以提高促销效果。如老字号企业可以通过特殊优惠活动吸引年轻消费者，或者通过一些增值服务吸引高端消费者。在选择促销方式时，老字号企业需要结合自身实际情况和市场需求，选择适合的促销方式。例如，通过降价促销、折扣促销、礼品赠送等方式，吸引消费者购买产品，增加销售额和市场份额。老字号企业在制订促销策略时需要考虑促销力度和促销周期，促销力度是指企业投入促销活动的力度，包括促销费用、促销频率等，促销周期是指企业促销活动的时间长度，需要根据市场情况和产品特点来确定。制订促销策略是老字号企业市场营销中的一种重要选择，通过制订合理的促销策略，可以吸引消费者、增加销售额和市场份额，提升企业的竞争力。

2. 江苏老字号市场营销策略的实施

市场营销策略的实施是江苏老字号企业成功的关键之一。下面将从市场调研、产品开发、品牌推广和渠道建设等方面，探讨江苏老字号企业市场营销策略的实施。

（1）市场调研

做好市场调研是老字号企业在制订营销策略时的重要手段之一。市场调研可以帮助企业了解市场需求和消费者行为，为企业的市场营销提供有价值的信息和数据支持。老字号企业在进行市场调研时，可以采用多种方式和方法，包括问卷调查、个别访谈、焦点小组讨论、竞品分析等。其中，问卷调查是最常用的调研方法之一，可以通过问卷来获取消费者的意见和反馈。个别访谈和焦点小组讨论则可以深入了解消费者的心理需求和购买行为，为企业提供更为详细的市场情报。而竞品分析可以帮助企业了解竞争对手的营销策略和产品特点，为企业制订差异化的营销策略提供参考。

在实施市场调研时，老字号企业需要注意以下几点：一是要明确调研目的和范围，根据具体情况选择适合的调研方式和方法；二要选择样本人群，确保调研结果的代表性和可靠性；三要合理设计问卷和访谈问题，确保调研结果的准确性和实用性；四要对调研结果进行分析和归纳，为企业的市场营销提供有效的指导。

（2）产品开发

产品开发是江苏老字号企业市场营销策略实施的重要环节，企业应该根据市场需求和消费者的需求，不断开发新产品，以提高市场占有率和销量。同时，企业还应该根据市场调研的结果，对现有产品进行优化和改进。一要开展市场研究，老字号企业需要通过市场调研和分析，了解目标客户的需求和市场趋势，以便更好地进行产品开发。二要深入了解消费者需求，老字号企业可以通过市场调研、用户调研等方式，深入了解消费者的需求和偏好，从而开发出符合市场需求的产品，满足消费者的需求。三要提高生产效率，老字号企业可以优化生产工艺，提高生产效率，降低生产成本，从而在市场中以更具竞争力的价格提供高品质的产品。四要进行创新设计，老字号企业需要创新设计新产品，以满足目标客户的需求和市场的需求，同时不断改进现有产品，以提高产品的质量和市场竞争力。五要进行技术研发，老字号企业需要加强技术研发，提高产品的技术含量和科技含量，以满足市场的需求和提高产品竞争力。

（3）品牌推广

品牌推广是江苏老字号企业市场营销策略实施的重要环节，企业应该通过各种渠道，将品牌推广给更多的消费者。一是注重品牌定位，老字号企业需要根据产品特点、市场需求、目标客户等因素，明确自己的品牌定位，以便更好地推广品牌。二是注重品牌视觉形象，老字号企业需要打造独特的品牌视觉形象，包括品牌标识、包装设计、广告形象等，以增强品牌的辨识度和美誉度。三是加强媒介宣传，老字号企业需要通过各种媒体渠道，如电视、广播、报纸、杂志、网络等，进行老字号品牌宣传和推广，让更多的人知道老字号品牌。四是做好体验式营销，老字号企业可以通过体验式营销的方式，如展览、活动、促销等，让客户深入了解老字号品牌，增强客户的品牌忠诚度。五是做好社交媒体营销，老字号企业可以利用社交媒体平台，如微博、微信、抖音等，通过有趣、有用的内容，与客户进行互动，增强品牌与客户之间的互动和联系。总之，老字号企业在品牌推广方面需要综合运用多种手段，从品牌定位、视觉形象、媒介宣传、体验式营销到社交媒体营销等方面入手，以全方位、多角度的方式提升老字号品牌知名度和美誉度。

（4）渠道建设

渠道建设是江苏老字号企业市场营销策略实施的重要环节，企业应该通过建立自有渠道、与经销商合作、开拓电商渠道等方式，将产品推向市场，并提高销售额。渠道建设包括建立销售渠道、配送渠道、售后服务渠道等，旨在确保产品能够快速到达目标客户，提高销售效率和客户满意度。一要建立销售渠道，老字号企业需要通过多种方式建立销售渠道，如自营店、代理商、电商平台等，以便更好地覆盖目标市场和客户群体。二要优化配送渠道，老字号企业需要建立高效的配送渠道，以确保产品能够及时送达客户手中，提高客户满意度和忠诚度。三要加强售后服务，老字号企业需要建立完善的售后服务渠道，提供及时、专业的售后服务，以增强客户对老字号品牌的信任和忠诚度。四要进行数据分析和管理，老字号企业需要建立高效的数据分析和管理系统，及时了解市场变化、客户需求，以便更好地调整营销策略和渠道建设。五要做好合作伙伴关系管理，老字号企业需要与合作伙伴保持良好的合作关系，共同推进销售和渠道建设，以实现互利共赢。总之，老字号企业在渠道建设方面需要综合运用多种手段，以提高销售效率、客户满意度和忠诚度，实现可持续发展。

3. 江苏老字号市场营销策略的实例

下文以江苏老字号企业叶受和食品为例，阐述其市场营销策略的实施。

（1）市场定位

叶受和食品在市场上定位为"中国传统糕点文化的代表"，主要生产苏式月饼、糕点，同时还推出了片糕等5个大类几十种产品，是苏州观前商业街区的苏式特色产品的主要销售品牌，满足了不同消费者的需求。

（2）产品特点

叶受和食品的产品以传统特点为主，如小方糕、云片糕等，同时也推出了符合现代消费者口味的新产品。产品丰富多样，适合不同消费者的需求。

（3）品牌形象

叶受和食品的品牌形象强调传统文化和品质保证。品牌宣传语为"品质传承，口味传统"，强调产品的传统特点和品质保证。同时，品牌还推出了环保产品，如环保餐具、环保袋等，营造了环保形象。

（4）定价策略

叶受和食品的定价策略相对稳定，但会在不同节日或促销活动时进行一定的调整。例如，在中秋节期间，月饼的价格会相应提高，但同时也会推出优惠活动，吸引更多消费者。

（5）促销策略

叶受和食品的促销策略主要是针对不同节日或活动制订不同的促销活动，如中秋节、春节等。同时，叶受和食品还推出了会员制度，为消费者提供更多的优惠和福利，吸引消费者的忠诚度和回头率。

（6）渠道建设

叶受和食品通过自有门店、与经销商合作、电商渠道等方式进行渠道建设。在一、二线城市，叶受和食品开设了多家门店，同时还与知名电商平台合作，提高了产品的曝光率和销售额。

（7）品牌推广

叶受和食品通过各种渠道进行品牌推广。在电视、报纸、杂志等传统媒体上投放广告，增加品牌知名度和美誉度。同时，通过社交媒体等新媒体平台，开展线上营销，吸引年轻消费者。

在市场营销策略的选择和实施中，江苏老字号企业都应该注重产品创新、品牌建设、渠道建设等方面的工作，根据市场需求和竞争情况，及时调整和优化市场营销策略。同时，老字号企业还应该注重人才培养和提高管理水平，进一步提高企业的市场竞争力和可持续发展能力。

二、江苏老字号市场营销的成功案例和经验

1. 江苏老字号市场营销的成功案例

（1）锦春大酒店

锦春大酒店是江苏老字号餐饮品牌，主营淮扬菜系。锦春大酒店通过多年的发展和营销，建立了良好的品牌形象和市场口碑，成为江苏地区知名的老字号餐饮品牌。

锦春大酒店的市场营销策略主要包括以下几个方面：

第一，品牌定位：锦春大酒店以淮扬菜系为主打，以传统烹饪手法和高品质原材料为核心，致力于为消费者提供正宗美味的淮扬菜品。

第二，产品创新：锦春大酒店不断进行产品创新，推出新品和季节菜品，满足不同消费者的需求和口味。

第三，店面装修和服务质量：锦春大酒店注重店面装修和服务质量，打造舒适、优雅、温馨的就餐环境，提供优质的服务和用餐体验。

第四，渠道多元化：锦春大酒店通过线上线下多种渠道进行推广和销售，如门店、外卖平台、社交媒体等。

锦春大酒店的市场营销策略取得了良好的成效，提升了品牌知名度和市场占有率，吸引了众多消费者的关注和喜爱。

（2）南京包顺兴面馆

南京包顺兴面馆是江苏老字号食品企业，通过多年的发展和营销，南京包顺兴面馆成为南京市场的知名企业，具有广泛的市场影响力和消费者忠诚度。

南京包顺兴面馆的市场营销策略主要包括以下几个方面：

第一，品牌定位：南京包顺兴面馆以方便、快捷、美味为核心，以满足消费者需求为导向，建立了可信、可靠的品牌形象和口碑。

第二，产品创新：南京包顺兴面馆不断进行产品创新，推出不同口味和品类的面点，满足不同消费者的需求和口味。

第三，广告宣传：南京包顺兴面馆通过多种渠道进行广告宣传，包括电视广告、户外广告、社交媒体广告等，提升品牌知名度和市场占有率。

第四，产品质量和安全：南京包顺兴面馆注重产品质量和安全，采用高品质原材料和严格的生产标准，保障产品品质和消费者健康。

第五，社会责任：南京包顺兴面馆注重社会责任，积极参与公益活动和社会公益事业，提升品牌形象和社会认可度。

南京包顺兴面馆的市场营销策略取得了良好的成效，成为南京面点市场的领军企业之一，具有广泛的市场影响力和消费者忠诚度。

（3）南京同仁堂药业

南京同仁堂药业有限责任公司是南京市唯一一家以现代科技生产古方传统品种和综合新剂型，集科、工、贸为一体的中药大型企业。南京同仁堂通过多年的发展和营销，建立了良好的品牌形象和市场口碑，成为消费者信赖的中药品牌。

南京同仁堂的市场营销策略主要包括以下几个方面：

第一，品牌定位：南京同仁堂以传统中成药为主打产品，以高品质原材料和严格的生产标准为核心，致力于为消费者提供健康、安全的中药材产品。

第二，产品创新：南京同仁堂不断进行产品创新，推出新品和季节性中药材产品，满足不同消费者的需求和口味。

第三，渠道多元化：南京同仁堂通过线上线下多种渠道进行推广和销售，如门店、电商平台、社交媒体等。

第四，服务质量：南京同仁堂注重服务质量，提供专业的中药材咨询和服务，满足消费者的需求和健康需求。

第五，品牌文化：南京同仁堂注重品牌文化建设，弘扬中医文化和中药文化，提升品牌影响力和消费者认同感。

南京同仁堂的市场营销策略取得了良好的成效，提升了品牌知名度和市场占有率，成为我国中药材市场的领军企业之一，具有广泛的市场影响力和消费者忠诚度。

（4）常州麻糕店

常州麻糕店是江苏老字号糕点企业，是传承清咸丰年间大麻糕特色名点的百年老店，先后获得"大麻糕制作技艺"非物质文化遗产传承单位、"常州十大名点"等荣誉，是传承我国传统糕点制作技艺的代表之一。常州麻糕以其传统的糕点制作技艺和独特的口感，成为我国和海外消费者的心头好，具有广泛的市场影响力和知名度。

常州麻糕店的市场营销策略主要包括以下几个方面：

第一，品牌定位：常州麻糕店以传统的糕点制作技艺和独特的口感为核心，强调产品的品质和特色，建立差异化的品牌形象和市场口碑。

第二，传统渠道：常州麻糕店通过传统的销售渠道进行销售和推广，如门店、超市等，保持品牌传统的销售渠道，满足消费者的购买需求。

第三，品牌升级：常州麻糕店在保持传统糕点制作技艺和口感的基础上，注重产品和品牌升级，推出新品种、新包装、新口味等，吸引年轻消费者的购买。

第四，品牌合作：常州麻糕店通过品牌合作，如与餐饮品牌、酒店、旅游景区等进行合作，扩大品牌影响力和市场占有率。

第五，口碑营销：常州麻糕店注重口碑营销，通过社交媒体和口碑营销平台，引导消费者进行品牌口碑传播和互动。

常州麻糕店的市场营销策略取得了良好的成效，提升了品牌知名度和市场占有率，成为我国传统糕点市场的代表品牌之一，具有广泛的市场影响力和消费者忠诚度。

综合来看，江苏老字号市场营销的成功案例和经验可以为其他老字号企业提供借鉴和启示。在竞争日益激烈的市场环境下，老字号企业需要不断创新和调整市场营销策略，加强品牌建设和传播，提高市场竞争力和消费者忠诚度，以实现可持续发展。

2. 江苏老字号市场营销的经验总结

（1）注重品牌建设和品牌传播

品牌是企业的核心竞争力和价值体现，是企业在市场竞争中的重要资产。品牌建设是指通过塑造独特的品牌形象和价值观，来打造消费者信任的品牌，品牌传播则是将品牌形象和价值观传达给消费者，让他们对品牌有更深刻的认识和了解。在品牌建设方面，江苏老字号注重传承历史文化、提升产品品质、打造独特形象和传承企业文化等方面。它们强调传承和发扬自己的历史文化底蕴，将自己的品牌价值观与文化底蕴相融合，形成独特的品牌形象。同时，它们注重产品品质的提升，通过不断改进和创新，提升产品品质和用户体验，赢得消费者的信任和忠诚度。在品牌传播方面，江苏老字号注重传统媒体和新媒体的结合，通过多种渠道将品牌形象和价值观传达给消费者。它们会通过传统媒体如报纸、电视等渠道，以及新媒体如微信、微博等渠道，来向消费者展示自己的品牌形象和价值观，增强品牌的知名度和认可度。江苏老字号通过注重品牌建设和品牌传播，打造了消费者信任的品牌形象，提高了品牌的知名度和影响力，从而取得了市场上的成功。

（2）突出产品研发和品质保障

江苏老字号注重产品研发和品质保障是其成功的市场营销经验之一。产品研发是指不断创新和改进产品，以满足市场需求，提高用户体验和满意度，品质保障则是确保产品质量的稳定性和一致性，以赢得用户的信任和忠诚度。在产品研发方面，江苏老字号注重市场调研和用户反馈，以了解市场需求和用户需求，及时调整和改进产品；注重技术创新，积极引入先进技术和工艺，不断提升产品的品质和性能。同时，江苏老字号还会推出一些新产品或新品类，以满足市场的多样化需求，保持品牌的竞争优势。在品质保障方面，江苏老字号注重生产过程的质量控制和标准化管理，确保产品的一致性和稳定性，建立了完善的质量管理体系，实施从原料采购、生产制造到成品出厂的全过程质量控制。此外，江苏老字号还注重售后服务，及时回应用户反馈，解决用户问题，提升用户满意度和忠诚度。通过不断创新和改进产品，确保产品质量的稳定性和一致性，江苏老字号赢得了用户的信任和忠诚度，从而取得了市场上的成功。

（3）注重服务品质和客户关怀

江苏老字号在市场营销中非常注重服务品质和客户关怀。服务品质是指提供高品质的售前、售中和售后服务，以提升用户体验和满意度，客户关怀则是建立良好的客户关系，通过关注客户需求和反馈，建立客户忠诚度，促进品牌长期稳定发展。在服务品质方面，江苏老字号注重提供全方位的服务，包括产品咨询、配送、安装、维修等各个环节，它们通过培训和管理，确保服务人员专业素质和服务质量，及时解决用户问题和反馈。此外，它们注重售后服务，提供快速、周到、高效的售后服务，提高用户满意度和忠诚度。在客户关怀方面，江苏老字号注重与用户建立良好的互动和沟通，通过多种渠道获取用户反馈和需求，及时改进和调整服务和产品，关注用户需求和偏好，针对性地推出促销活动和优惠政策，提高用户忠诚度和品牌口碑。总的来说，江苏老字号通过提供高品质的服务，关注用户需求，建立了良好的客户关系，赢得了用户的信任和忠诚度，从而取得了市场上的成功。

（4）注重渠道拓展和市场多元化

江苏老字号成功的市场营销经验之一是注重渠道拓展和市场多元化。渠道拓展是指开拓新的销售渠道，以满足市场需求和扩大市场份额。市场多元化则是指不断拓展新的市场领域和产品类别，以降低市场风险和提高收益。在渠道拓展方面，江苏老字号注重与各类销售渠道合作，如线下门店、电商平台、批发市场等；注重与各类渠道商建立长期稳定的合作关系，共同发掘市场潜力和提高销售业绩；同时还会不断探索新的销售渠道，如社交电商、直播带货等，以满足新兴市场和年轻用户的需求。在市场多元化方面，江苏老字号注重推出新的产品类别和品牌系列，满足市场多样化需求，注重市场调研和用户反馈，及时了解市场趋势和用户需求，推出符合市场需求的新产品和品牌，还会进军新的市场领域，如医疗保健、家庭清洁等，以拓展新的市场份额。江苏老字号通过与各类销售渠道合作和不断推出新的产品类别和品牌，扩大了市场份额和市场多样性，降低了市场风险，提高了品牌的竞争力和市场地位。

(5) 注重营销方式创新和活动策划

江苏老字号注重营销方式创新和活动策划也是其成功的市场营销经验。营销方式创新是指采用新的营销手段和方式，以提升品牌曝光度和影响力。活动策划则是指策划有创意、有吸引力的促销活动，以吸引用户参与和提高品牌关注度。在营销方式创新方面，江苏老字号注重采用数字化营销手段，如社交媒体营销、搜索引擎营销、内容营销等；注重与年轻用户互动和沟通，通过短视频、直播等形式推广品牌和产品；也注重线下宣传和推广，如参加展会、举办品鉴会等，以提高品牌知名度和用户黏性。在活动策划方面，江苏老字号注重策划创意新颖、有吸引力的促销活动，如满减、折扣、赠品等；注重与用户互动和参与，如举办线上线下互动活动、征集用户反馈等，以提高用户参与度和品牌影响力；也注重与各类合作伙伴合作，如明星代言、联名合作等，以提高品牌曝光度和吸引力。江苏老字号通过采用新的营销手段和方式，以及策划有创意、有吸引力的促销活动，提高了品牌曝光度和影响力，吸引了更多的用户关注和参与，从而取得了市场上的成功。

(6) 注重员工培训和激励机制

员工是企业的重要资源和竞争力，是企业服务品质和品牌形象的重要体现。江苏老字号通过建立完善的培训和激励体系，增强员工的工作动力和归属感，提升员工服务水平和工作积极性，促进企业的服务品质和品牌形象的提升，进而提升企业的市场竞争力和品牌影响力。如在销售人员培训方面，江苏老字号会为销售人员提供产品知识、销售技巧、客户沟通技巧等方面的培训，以确保销售人员能够更好地了解产品和客户需求，提高销售效果。在客户服务人员培训方面，江苏老字号会为客服人员提供客户服务技巧、解决问题的方法和策略等方面的培训，以确保客服人员能够更好地为客户提供优质的服务。在薪酬激励方面，江苏老字号会根据员工的工作业绩和能力水平来确定合理的薪酬水平。在晋升激励方面，江苏老字号会根据员工的工作表现和能力水平来制订晋升计划，并给予员工相应的晋升机会。在奖惩激励方面，江苏老字号会根据员工的工作表现和业绩来制订奖励和惩罚措施，以激发员工的积极性和创造力。同时，江苏老字号注重为员工提供职业规划和晋升通道，让员工有明确的职业目标和发展方向，从而更好地激发员工的工作热情和创造力。通过注重员工培训和激励机制，江苏老字号不仅能够提高员工的专业能力和服务质量，同时也能够增强员工的工作动力和归属感，进而提升企业的市场竞争力和品牌影响力。

(7) 注重数据分析和市场研究

数据和市场研究是企业决策的重要依据和资源，是企业市场竞争力和经营风险控制的重要手段。江苏老字号通过数据分析来了解客户需求和市场趋势，从而更好地为客户提供服务和满足市场需求，数据分析可以帮助企业了解客户的喜好、购买行为、消费心理等方面的信息，有助于企业制订更有效的市场营销策略和产品方案。同时，江苏老字号注重市场研究，通过调查、问卷、访谈等方式了解市场环境和竞争状况，从而更好地制订市场营销策略和产品方案。市场研究可以帮助企业了解竞争对手的优劣势、市场潜力和趋势等方面的信息，有助于企业把握市场机遇和提高市场竞争力。注重数据驱动决策，即通过数据分析和市场研究来制订决策和制订市场营销策略，数据驱动决策可以使企业更加客观和科学地作出决策，降低决策风险，提高市场营销效果。通过注重数据分析和市场研究，江苏老字号可以更好地了解客户需求和市场趋势，制订更加有效的市场营销策略和产品方案，提高市场竞争力和品牌影响力。

三、江苏老字号市场营销面临的主要挑战和对策

1. 江苏老字号市场营销面临的主要挑战

（1）市场环境变化带来的挑战

市场环境是老字号企业市场营销的基础和前提，江苏老字号作为历史悠久、文化底蕴深厚的传统品牌，一直受到消费者的青睐。然而，随着市场环境的变化，江苏老字号面临的市场营销策略挑战也在不断增加。其中，市场环境变化带来的挑战是最主要的挑战之一。市场环境的变化包括消费者需求的变化、竞争格局的变化、科技创新的影响等方面。消费者需求的变化意味着江苏老字号需要不断更新自己的产品和服务以满足消费者的需求。随着新型消费者的涌现，江苏老字号需要更加注重年轻化、时尚化、个性化等方面的发展。同时，竞争格局的变化也是一个重要的挑战。随着市场的开放和竞争的加剧，江苏老字号需要不断提高自身的竞争力，包括品牌形象、产品质量、服务水平等方面。此外，科技创新也对江苏老字号的市场营销策略提出了新的挑战。随着新技术的出现，江苏老字号需要通过数字化转型和创新来提升自己的营销效果和用户体验，以适应市场的变化。

（2）品牌建设和传播的挑战

江苏老字号的品牌建设和传播是市场营销的重要组成部分，当前其面临的挑战主要体现在以下几个方面：一是历史沉淀与现代市场需求的平衡。江苏老字号具有深厚的历史文化底蕴，但是这种传统文化的延续与现代市场需求的匹配并不容易。因此，在品牌建设和传播中需要平衡历史沉淀与现代市场需求之间的关系，既要传承传统文化，又要适应现代消费者的需求。二是品牌知名度的提升。品牌知名度需要通过广告、宣传和推广等方式来提升品牌知名度。但是，在品牌建设和传播过程中，如何避免过度营销和炒作，同时又能够让消费者真正认识和了解品牌，是一个需要解决的难题。三是品牌形象的统一和升级。江苏老字号的品牌形象多种多样，缺乏一个统一的形象和标志；同时，随着市场的不断变化和消费者需求的提升，品牌形象需要不断升级和更新。如何在品牌形象的统一性和升级性之间找到平衡点，是品牌建设和传播的重要挑战。四是品牌口碑的维护和管理。老字号品牌的口碑对品牌建设和传播至关重要，在竞争激烈的市场环境中，品牌口碑很容易受到负面消息的影响，如何及时发现和应对这些问题，保持品牌口碑的良好形象，是品牌建设和传播的重要挑战。

（3）渠道拓展和管理的挑战

江苏老字号企业需要通过多种渠道进行市场营销，但渠道拓展和管理存在一系列挑战。一是传统渠道与新兴渠道的平衡。江苏老字号在传统渠道上积累了很多经验和资源，但是在新兴渠道上可能缺乏经验和能力。如何在传统渠道和新兴渠道上找到平衡点，同时发挥各种渠道的优势，是渠道拓展和管理的关键问题。二是渠道伙伴的选择和管理。江苏老字号的产品需要通过各种渠道进入市场，与不同的渠道伙伴合作是非常重要的。如何选择适合自己品牌的渠道伙伴，并建立良好的合作关系，是渠道拓展和管理的重要挑战。三是渠道管理的标准化和效率化。江苏老字号需要管理众多渠道，如何实现渠道管理的标准化和效率化，提高渠道管理的水平和效果，是渠道拓展和管理的重要目标。四是线上线下的整合与协同。江苏老字号需要在线上和线下建立协同的渠道网络，实现线上线下的整合。如何在线上和线下建立协同的渠道网络，实现消费者的无缝连接，是渠道拓展和管理的重要挑战。

（4）人才队伍建设的挑战

江苏老字号企业需要建立一支高素质的人才队伍，以提高企业的市场竞争力。但人才队伍建设也面临很多挑战。一是传承人才的培养。江苏老字号是一种传统文化的延续，需要传承人才来继承和发扬传统文化。如何培养和选拔具有传承精神和创新能力的人才，是人才队伍建设的重要挑战。二是专业人才的引进和培养。江苏老字号需要专业的市场营销人才来帮助品牌建设和传播。如何引进和培养具有市场营销专业能力的人才，是人才队伍建设的重要任务。三是团队建设和管理。江苏老字号的品牌建设和传播需要一个高效的团队来支持和实现。如何建设和管理一个高效的团队，发挥每个人的能力，协同工作，是人才队伍建设的重要挑战。四是人才流失和留存。江苏老字号需要留住优秀的人才，同时防止人才流失。如何提高人才的归属感和满意度，留住优秀的人才，是人才队伍建设的重要任务。同时，也需要及时识别和应对人才流失的问题，防止人才流失对品牌建设和传播的不利影响。

2. 江苏老字号市场营销应对挑战的对策

（1）应对老字号市场环境变化挑战的策略

老字号市场环境的变化会带来了一系列挑战，为了应对这些挑战，江苏老字号可以采取以下策略：一是进行品牌创新和升级，老字号可以通过创新产品和服务，以及提高产品质量、品牌形象等方面进行升级，以适应消费者的需求和市场的变化；二是适当多元化发展，老字号可以在传统产品和服务基础上，发展新的业务领域，实现多元化发展，以增强企业的竞争力和市场份额；三是与时俱进的营销策略，老字号可以采用与时俱进的营销策略，如数字化营销、社交媒体营销等方式，以提高品牌知名度和认知度，增加销售额和市场份额；四是建立良好的渠道和合作关系，老字号可以通过建立良好的渠道和合作关系，以提高产品的销售和分销效率，同时也可以借助其他企业的资源和优势，以提高企业的市场竞争力；五是实现品牌联合和合作，老字号可以与其他品牌进行联合和合作，以扩大销售渠道和市场份额，共同推动品牌的发展和壮大。

（2）应对老字号品牌建设和传播挑战的策略

如何应对老字号在品牌建设和传播方面面临许多挑战，从而在当今激烈的市场环境中保持品牌的竞争力和消费者对品牌的认知度、忠诚度等。可以采取一些策略应对老字号品牌建设和传播的挑战：一是完善品牌定位和形象。老字号需要根据市场需求和消费者的反馈，不断完善自己的品牌定位和形象；品牌的定位要与市场需求相符，同时要有独特的品牌形象，以提高品牌的识别度和差异化竞争力。二是强化品牌传播。老字号可以通过多种渠道来传播品牌，如电视广告、互联网营销、社交媒体营销等；此外，老字号也可以考虑与其他品牌合作联合营销，以扩大品牌影响力和知名度。三是提高品牌口碑。老字号需要通过优质的产品和服务来提高品牌口碑，在消费者眼中，品牌的口碑会影响其对品牌的信任度和忠诚度；老字号可以通过客户反馈和评价来了解产品的优缺点，并不断改进产品和服务，以提高品牌的口碑。四是加强品牌管理。老字号需要建立健全的品牌管理体系，包括品牌标准、品牌管理流程等；同时，老字号也需要注重保护品牌知识产权，以避免品牌形象被侵犯。五是建立品牌社群。老字号可以通过建立品牌社群来增强消费者对品牌的认知度和忠诚度，品牌社群可以提供给消费者一个互动交流的平台，增加消费者与品牌的情感纽带。

（3）应对老字号渠道拓展和管理挑战的策略

老字号可以采取多种策略来应对渠道拓展和管理带来的挑战，从而实现产品销售的稳定增长和品牌的持续发展。一是建立多元化的渠道网络。老字号可以考虑在线下实体店、电商平台、社交媒体等多个渠道上开展销售活动，从而扩大产品的曝光度和销售量。二是定期进行渠道管理。老字号可以定期对渠道进行评估和管理，根据销售数据和市场反馈来调整销售策略和推广方案，以保持渠道的良性运作。三是培育渠道伙伴。老字号可以通过培训和支持渠道伙伴的方式，促进合作关系的深入发展，进一步扩大销售渠道和提升产品的竞争力。四是运用数据分析。老字号可以通过数据分析工具对销售数据进行监测和分析，从中发掘潜在的销售机会和趋势，并相应地调整销售策略和营销方案。五是加强品牌建设。老字号可以通过加强品牌建设，提高产品的知名度和美誉度，进而吸引更多的渠道合作伙伴和消费者，从而扩大销售渠道和提升产品的市场份额。

（4）应对老字号人才队伍建设挑战的策略

一是制订人才招聘计划。老字号企业应该制订具体的人才招聘计划，招聘适合自己企业特点的人才。可以通过开展校园招聘、社会招聘、网络招聘等多种渠道招聘。二是加强内部人才培养。老字号企业应该注重内部人才培养，通过提供培训和晋升机会来留住员工；企业可以设立培训计划、晋升计划、奖励计划等激励员工。三是打造企业文化。老字号企业应该注重打造自己的企业文化，让员工对企业有认同感；企业可以通过制订价值观、使命感、愿景等来激励员工。四是合理分配薪酬福利。老字号企业应该合理分配薪酬福利，给予员工应有的待遇；同时，企业可以制订激励计划，给予表现优秀的员工更多的奖励。五是引进专业人才。老字号企业可以考虑引进专业人才，让他们为企业提供新思路、新理念和新技术；可以通过与高校、研究机构等合作，寻找合适的专业人才。六是加强与员工交流。老字号企业可以通过组织员工交流活动，让员工之间互相学习和交流经验；可以设立内部论坛、团队建设等活动。

江苏老字号在市场营销中面临的挑战，需要从品牌、人才、营销渠道等多个方面入手，不断加强市场营销能力和竞争力，实现老字号企业的可持续发展。

第六章
江苏老字号人才队伍建设与人力资源管理

　　人才队伍建设与人力资源管理对于传统老字号企业的发展具有重要意义。通过人力资源管理，企业可以有效地吸引、培养和留住人才，提升企业的核心竞争力，推动企业完成转型升级和企业的发展与创新，提升老字号的核心竞争力和品牌形象。

第一节　人力资源管理的基本原理和方法

一、人力资源管理的概念和内涵

人力资源管理（Human Resource Management，简称 HRM）是一种通过人力资源规划、招募、培训、激励、绩效管理、员工关系管理等一系列综合性手段，以达到企业整体目标的管理理念和实践。HRM 的核心目标是将人力资源作为企业最重要的资产，最大化地利用和开发这一资产，以增强企业的竞争力和实现企业的可持续发展。

1. 人力资源规划

人力资源规划是 HRM 的基础，是指企业通过对当前和未来的人力资源需求进行分析和预测，制订出合理的人力资源供给计划，以满足企业战略目标的需要。人力资源规划的实施过程中需要考虑到企业的组织结构、业务规模、市场竞争状况等因素，以确保人力资源供给与企业战略目标的匹配度。

2. 招聘与选用

招聘与选用是 HRM 中最基本的工作之一，是为了保证企业的人力资源供应和组织目标的实现而进行的。招聘与选用过程包括招聘广告的发布、简历筛选、面试、聘用决策等环节。企业应该在职位需求分析、候选人评估、面试技巧等方面不断改进，以提高招聘质量和效率。

3. 员工培训与发展

员工培训与发展是 HRM 的重要组成部分，是为了提高员工绩效和能力水平，从而提高企业绩效而进行的。员工培训包括新员工入职培训、技能培训、管理培训、职业发展计划等。企业应该根据员工的岗位特点和职业发展需求，制订合理的培训计划和课程设置，确保培训的效果。

4. 绩效管理

绩效管理是通过制订明确的目标和评估体系，评价员工的工作表现和能力水平，以实现企业战略目标的关键环节。绩效管理包括绩效目标的制订、绩效评估、绩效奖励、绩效反馈等环节。企业应该建立科学的评估体系和考核标准，确保绩效评估的公正性和客观性。

5. 员工关系管理

员工关系管理是 HRM 的另一个重要组成部分，是为了维护和改善企业内部员工之间的关系，以创造和谐的工作环境和高效的工作氛围而进行的。员工关系管理包括员工沟通、冲突解决、团队建设、员工福利、员工参与等方面。企业应该尽力为员工提供良好的工作环境和福利待遇，建立有效的沟通机制和反馈机制，以增强员工的归属感和忠诚度。

6. 员工激励

员工激励是为了提高员工的工作动力和满意度，从而提高员工绩效和企业绩效而进行的。员工激励包括薪酬激励、非薪酬激励、晋升机会、工作环境等方面。企业应该制订公正合理的薪酬体系和激励机制，以激发员工的工作热情和创造力。

7. 员工离职管理

员工离职管理是为了规范员工离职流程，维护企业形象和员工福利，以减少离职对企业造成的损失而进行的。员工离职管理包括离职程序的规定、员工福利的处理、知识转移等方面。企业应该建立健全的离职管理制度，确保员工离职的合法性和公正性。

总的来说，人力资源管理是企业管理中极为重要的一个环节，涵盖了企业人力资源的规划、招聘、培训、激励、绩效管理、员工关系管理、员工离职管理等各个方面，是为了最大化地利用和开发人力资源，以实现企业战略目标和可持续发展而进行的一系列综合性管理活动。

二、人力资源管理的基本原理和方法

人力资源管理是一种管理学科，涉及企业中的员工和员工的工作，旨在提高员工的工作效率和企业的绩效；人力资源管理是一种人性化的管理方式，通过合理的人力资源配置、培训、激励等措施，使员工能够充分发挥自己的潜力，从而提高企业的绩效。

1. 人力资源管理的基本原理

(1) 员工是企业的资本

员工的贡献和创造力是企业成功的关键。因此，企业应该把员工视为最重要的资产，重视他们的培训和发展，为他们提供适当的工作环境和机会，以实现员工的自我价值和企业的长期利益。

(2) 员工的潜力是可以被开发和提高的

每个员工都有自己的潜力和能力，企业应该采取相应的措施，发挥员工的潜力和能力，为企业创造更大的价值。

（3）员工参与是提高绩效的关键

员工参与管理和决策可以提高员工的工作满意度和工作动力，从而提高企业的绩效。

（4）员工的需求应该被满足

员工是企业的重要资源，他们的需求应该被充分关注和满足。满足员工的需求可以增强员工的工作动力和工作满意度，从而提高企业的绩效。

（5）员工的激励应该多样化

不同员工的需求和激励方式不同，企业应该根据员工的不同需求，采取不同的激励方式，使员工感到满意和受到鼓励，从而提高企业的绩效。

（6）员工的培训和发展应该被重视

企业应该提供适当的培训和发展机会，使员工不断提高自己的技能和能力，为企业的长期发展作出贡献。

2. 人力资源管理的方法

（1）招聘和选拔

招聘和选拔是人力资源管理的基本方法之一，它是企业获得适当的人才的重要手段。企业应该根据岗位需求，设计招聘计划，采用多种招聘方式，吸引合适的候选人。选拔过程应该是公平、公正的，采用多种选拔方法，如面试、笔试、实习等，以确保选出最适合岗位要求的候选人。

（2）培训和发展

培训和发展是人力资源管理的重要方法之一，它是企业提高员工技能和知识的途径。企业应该为员工提供适当的培训和发展机会，使员工不断提高自己的技能和能力，从而为企业的长期发展作出贡献。培训和发展可以通过内部培训、外部培训、在线培训等多种方式进行。

（3）绩效管理

绩效管理是人力资源管理的重要方法之一，它是评估员工绩效的过程。企业应该建立完善的绩效管理制度，对员工的绩效进行评估和反馈，以便员工了解自己的工作表现，并为企业的绩效管理提供基础数据。

（4）薪酬管理

薪酬管理是人力资源管理的重要方法之一，它是企业为员工提供薪酬和福利的过程。企业应该根据员工的工作表现和市场薪酬水平，设计合理的薪酬制度，以吸引和留住优秀的员工。

（5）员工参与管理

员工参与管理是人力资源管理的重要方法之一，它可以提高员工的工作满意度和工作动力，促进员工和企业的良性互动。企业应该建立员工参与管理的机制，如员工意见箱、员工代表大会等，为员工提供表达意见和建议的平台。

（6）员工关系管理

员工关系管理是人力资源管理的重要方法之一，是企业与员工之间的相互关系的管理。企业应该建立健康、和谐的员工关系，提供温馨的工作环境和机会，加强沟通和交流，维护员工权益，以保持员工的工作积极性和工作满意度。

（7）员工福利管理

员工福利管理是人力资源管理的重要方法之一，是企业为员工提供的各种福利措施，如健康保险、休假、福利金等。企业应该根据员工的需求和市场情况，设计合理的福利制度，以提高员工的工作满意度和保持员工的忠诚度。

（8）员工安全与健康管理

员工安全与健康管理是人力资源管理的重要方法之一，是企业为员工提供安全和健康保障的过程。企业应该建立健全的员工安全与健康管理制度，提供安全培训和健康保障，以保障员工的身体健康和生命安全。

以上是人力资源管理的基本原理和方法，每一种方法都有其独特的作用和价值，对企业的发展和员工的成长都有重要的意义。在实际应用中，人力资源管理方法的具体实施应该根据企业的实际情况和目标来确定，以实现最佳效果。

三、江苏老字号人力资源管理的特点和难点

随着社会经济的发展和市场竞争的加剧，江苏老字号的发展和管理面临着许多新的挑战和困难，其中，人力资源管理是江苏老字号发展中的一个重要方面。

1. 江苏老字号人力资源管理的特点

（1）传统的管理理念和方式

江苏老字号企业的管理理念和方式一般较为传统，主要是基于经验和个人技能的传承。这种管理方式虽然具有较高的效率和灵活性，但在人力资源管理方面存在许多缺陷，如管理体制不够完善、用人标准不够明确等。

（2）员工文化认同度高

江苏老字号企业具有较强的文化认同度，员工对企业的历史、文化和品牌有着深厚的情感和认同，对企业的发展和成长有着强烈的归属感和责任感。这种文化认同度是江苏老字号企业发展的重要支撑，也为人力资源管理提供了有利条件。

（3）员工稳定性高

江苏老字号企业的员工稳定性相对较高，员工在企业内部的工作年限较长，人员流动率较低。这种稳定性为企业的发展提供了基础保障，也为人力资源管理提供了一定的便利条件。

（4）员工职业道德和素质较高

江苏老字号企业的员工职业道德和素质普遍较高，大多数员工对企业的信任度和忠诚度都很高，具有良好的职业道德和团队协作精神。这种优秀的员工素质为企业的发展

提供了有力的保障，也为人力资源管理提供了更高的要求。

（5）人才资源丰富

江苏老字号企业所处的区域和行业具有丰富的人才资源，这为企业的发展提供了重要的支持和保障。企业可以通过充分利用当地和行业的人才资源，为企业的人力资源管理提供更多的选择和机会。

2. 江苏老字号人力资源管理的难点

（1）传统管理理念和方式的转变

江苏老字号企业在人力资源管理方面面临的一个主要难点是传统管理理念和方式的转变。由于企业的管理理念和方式较为传统，许多企业在人力资源管理方面存在较大的盲区和不足，如用人标准不够明确、招聘渠道单一、员工培训不够科学等。企业需要逐渐摒弃传统管理理念，引进现代化的人力资源管理理念和方法，以适应市场竞争的新形势。

（2）人才引进和留用的难度

江苏老字号企业在人才引进和留用方面面临着巨大的挑战。由于传统管理方式的局限性和人才市场的竞争性，企业在引进和留用高素质的人才方面存在一定的难度。此外，企业在薪酬、福利、职业发展等方面也需要有更加灵活和激励性的措施，以吸引和留住人才。

（3）管理体制和流程的完善

江苏老字号企业在人力资源管理方面存在管理体制和流程不够完善的问题。传统的管理方式往往存在管理岗位的模糊、责任不清等问题，人力资源管理的流程也较为烦琐和不规范。企业需要加强人力资源管理的规范化建设，建立完善的管理体制和流程，以提高人力资源管理的效率和质量。

（4）跨代人才管理的挑战

江苏老字号企业面临的另一个重要难点是跨代人才管理的挑战。由于老字号企业的发展历史较长，企业内部存在多个年龄层次的员工，不同年龄层次的员工在素质、思想和需求等方面存在差异，这给企业的人力资源管理带来了一定的挑战。企业需要逐渐构建跨代人才管理的体系，针对不同年龄层次的员工，制订相应的人力资源管理政策和措施，以满足不同群体的需求。

（5）人才培养和发展的问题

江苏老字号企业在人才培养和发展方面也面临着一定的问题。由于企业的管理方式较为传统，往往存在员工培训不够系统、职业晋升通道不够畅通等问题，员工的职业发展和晋升受到了一定的限制。此外，企业在传承和发扬传统文化方面也需要加强人才培养和发展。为了提高员工的综合素质和职业技能，企业需要加强员工培训和发展，搭建良好的职业发展平台，为员工的职业生涯规划提供支持和帮助。

（6）企业文化和员工价值观的协调

江苏老字号企业的文化传承和员工价值观的协调也是人力资源管理面临的难点。由于企业的发展历史较长，企业文化的传承和发扬对于企业的发展至关重要。但是，传统文化与现代价值观之间的协调和统一也面临一定的困难。企业需要加强对员工的文化宣传和教育，引导员工树立正确的价值观，形成积极向上的企业文化。

（7）绩效考核和激励机制的建立

江苏老字号企业在绩效考核和激励机制方面也面临一定的难点。传统的绩效考核和激励机制往往缺乏科学性和公正性，难以准确反映员工的表现和贡献。此外，企业在激励机制方面也需要更加灵活和多元化，以满足不同员工的需求。企业需要逐渐建立科学、公正、多元化的绩效考核和激励机制，提高员工的工作积极性和创造性。

（8）信息化管理的推进

江苏老字号企业在信息化管理方面也存在一定的难点。由于传统管理方式的限制，企业在信息化管理方面的投入和应用较为有限。信息化管理的推进需要企业进行技术升级和转型，提高管理水平和效率。此外，企业在信息化管理方面也需要加强员工培训和管理人员的能力提升，以提高信息化管理的质量和效果。

3. 江苏老字号人力资源管理的发展趋势

（1）引进现代化的人力资源管理理念和方法

为了适应市场竞争的新形势，江苏老字号企业需要逐渐摒弃传统管理理念，引进现代化的人力资源管理理念和方法。现代化的人力资源管理注重员工的全面发展和职业规划，注重绩效考核和激励机制的科学性和公正性，注重信息化管理和人才流动的多元化等方面，能够提高企业的竞争力和员工的幸福感。

（2）建立完善的人才培养和发展体系

江苏老字号企业需要加强员工的职业发展和晋升通道的畅通，搭建良好的职业发展平台，为员工的职业生涯规划提供支持和帮助。同时，企业也需要加强对传统文化的传承和发扬，提高员工的文化素质和综合素质。建立完善的人才培养和发展体系，能够提高员工的工作技能和职业素质，也能够增强企业的竞争力和品牌形象。

（3）加强员工维权和管理人员能力提升

江苏老字号企业需要加强员工维权意识和能力的培养，保障员工的合法权益和福利待遇，营造良好的工作环境和企业文化。同时，企业也需要加强管理人员的能力提升，提高管理水平和效率，确保人力资源管理工作的顺利进行。

（4）推进数字化转型和智能化人力资源管理

随着信息技术的快速发展，江苏老字号企业也需要逐渐推进数字化转型和智能化人力资源管理。数字化转型能够提高企业的信息化管理水平和效率，智能化人力资源管理能够提高绩效考核和激励机制的科学性和公正性，为员工的职业发展和企业的发展提供有力的支持和帮助。

（5）加强企业文化和员工价值观的协调

江苏老字号企业需要加强企业文化的传承和发扬，引导员工树立正确的价值观，形成积极向上的企业文化。同时，也需要加强员工对企业文化的理解和认同，提高员工对企业的归属感和忠诚度，为企业的长期发展奠定良好的基础。

江苏老字号企业在长期的经营发展中，积累了丰富的管理经验和文化传承，成了江苏地区的重要文化遗产和经济发展支柱。然而，在面对新时代的挑战和机遇时，江苏老字号企业也需要不断创新和进步，适应市场变化和人才需求的变化，加强人力资源管理和创新能力的提升，保持企业的活力和竞争力。

四、江苏老字号人力资源管理的主要内容和策略

为了保持企业的活力和竞争力，江苏老字号企业需要采取切实有效的措施和方法，加强对员工的管理和培养，提高企业的品牌形象和核心竞争力。

1. 江苏老字号人力资源管理的主要内容

（1）人才招聘和引进

江苏老字号企业的人才招聘和引进是保证企业人力资源优化配置的重要环节。企业需要通过多种渠道寻找优秀的人才，例如社会招聘、校园招聘、员工推荐、中介机构等，同时也需要定期参加人才招聘会和求职洽谈会，增加企业的知名度和吸引力。在招聘和引进人才的过程中，企业需要充分考虑员工的专业技能和工作经验，同时也需要重视员工的综合素质和品德修养。

（2）员工培训和发展

江苏老字号企业需要注重对员工的培训和发展，提高员工的工作技能和职业素质，为企业的发展提供有力的支撑。企业可以通过内部培训、外部培训、职业规划等方式，为员工提供多种培训和学习机会，增强员工的工作能力和综合素质。同时，企业还可以制订个性化的职业规划，为员工提供更多的发展空间和机会。

（3）绩效管理和激励机制

江苏老字号企业需要建立科学有效的绩效管理和激励机制，为员工提供合理的薪酬待遇和职业发展机会，增强员工的工作积极性和归属感。企业可以通过建立科学的绩效考核体系、制订激励政策和奖励机制等方式，激发员工的工作动力和创造力，提高员工的工作质量和效率。

（4）员工关系和福利管理

江苏老字号企业需要注重员工关系的管理，保持良好的企业文化和工作氛围，增强员工的凝聚力和忠诚度。同时，企业还需要注重员工福利的管理，为员工提供多样化、个性化的福利待遇，提高员工的生活质量和幸福感。企业可以通过制订灵活多样的员工福利计划、开展各种员工活动等方式，增强员工的归属感和满意度，提高员工的工作稳定性和忠诚度。

（5）企业文化和品牌建设

江苏老字号企业需要重视企业文化和品牌建设，塑造企业的核心竞争力和品牌形象，提高企业的市场竞争力和影响力。企业可以通过建立独特的企业文化、加强品牌宣传和营销等方式，提高企业的知名度和美誉度，增强员工的自豪感和归属感，从而更好地吸引和留住人才。

2. 江苏老字号人力资源管理的主要策略

（1）人才战略

江苏老字号企业需要制订科学有效的人才战略，明确企业的人才需求和发展方向，建立全员参与的人才培养和管理体系，培养和留住优秀人才。同时，企业还需要注重与高校、行业协会等机构的合作，加强人才的引进和交流，不断拓展人才资源的渠道和范围。

（2）绩效管理策略

江苏老字号企业需要建立科学有效的绩效管理策略，明确企业的绩效目标和标准，制订公平公正的绩效考核体系，激发员工的工作动力和创造力，提高企业的工作效率和质量。同时，企业还需要注重员工的职业发展和成长，为员工提供多样化的发展机会和平台，提高员工的工作满意度和忠诚度。

（3）员工福利策略

江苏老字号企业需要制订个性化、差异化的员工福利策略，满足员工的多元化需求，提高员工的生活质量和幸福感。企业可以通过制订弹性工作制度、提供优厚的薪酬待遇、开展健康保险和福利计划等方式，增强员工的归属感和满意度，提高员工的工作稳定性和忠诚度。

（4）企业文化策略

江苏老字号企业需要建立独特的企业文化，弘扬传统文化和品牌形象，打造企业的核心竞争力和市场影响力。企业可以通过开展各种文化活动、加强企业形象宣传和推广等方式，提高企业的知名度和美誉度，增强员工的自豪感和归属感，从而更好地吸引和留住人才。

（5）企业发展策略

江苏老字号企业需要制订科学合理的企业发展策略，明确企业的发展方向和目标，优化企业的组织结构和管理模式，提高企业的运营效率和经济效益。企业可以通过加强市场营销、推进品牌创新和升级、扩大产业链布局等方式，不断提升企业的核心竞争力和市场占有率，从而更好地为员工提供发展机会和平台。

（6）人力资源信息化策略

江苏老字号企业需要建立先进的人力资源信息化系统，实现企业的信息化、智能化和数字化转型，提高企业的运营效率和管理水平。企业可以通过引进先进的信息技术和管理工具、优化人力资源流程和数据管理、开展人才数据分析和预测等方式，不断提升企业的信息化水平和管理效能，为员工提供更加高效、便捷的服务和支持。

在人力资源管理方面，江苏老字号企业面临着多方面的挑战和机遇，需要不断优化管理模式、创新管理思路，提高员工的工作满意度和企业的核心竞争力。通过建立科学有效的人力资源管理体系和策略，江苏老字号企业可以更好地吸引和留住人才，提升企业的市场竞争力和影响力，实现可持续发展。

第二节　江苏老字号人才队伍建设的重要性和必要性

一、人才队伍建设对江苏老字号高质量发展的重要性和必要性

随着经济全球化的加剧和市场竞争的日趋激烈，老字号企业面临着前所未有的挑战，要想实现高质量的发展，人才队伍建设是非常重要和必要的。

1. 人才队伍建设的重要性

在当今竞争激烈的市场环境中，人才是企业最重要的核心资源。老字号企业的高质量发展离不开优秀的人才，只有拥有一支高素质的人才队伍，才能在市场竞争中立于不败之地，实现长期的稳定发展。其重要性主要体现在以下几个方面。

（1）传承与发扬传统文化

老字号是我国传统文化的代表之一，每一家老字号都拥有着丰富的文化底蕴。老字号人才队伍建设可以促进传统文化的传承与发扬，从而更好地继承和发扬中华民族的优秀传统文化。老字号人才队伍建设对于传承和发扬传统文化具有非常重要的意义，主要体现在以下几个方面：一是保护和传承传统文化。老字号企业是我国传统文化的重要承载者，拥有深厚的文化底蕴和历史积淀。通过人才队伍建设，可以向员工传授传统文化知识和技能，让员工深入了解企业的文化底蕴，保护和传承传统文化，从而实现文化传承的长久延续。二是发扬传统文化。老字号人才队伍建设不仅要传承传统文化，还要让传统文化得以发扬。通过培养和引进具有创新能力的人才，将传统文化与现代商业管理相结合，实现传统文化的创新和发扬，为企业的发展注入新的活力和动力。三是提高产品品质。老字号企业的产品具有独特的文化内涵和历史价值，但同时也面临着品质不稳定的问题。通过人才队伍建设，可以提高员工的专业技能和质量意识，从而提高产品的品质和竞争力，进而推动老字号企业的可持续发展。四是推动产业升级和转型。随着经济全球化和市场竞争的加剧，老字号企业也需要进行产业升级和转型，才能更好地适应市场需求和保持竞争力。人才队伍建设可以引进新的商业管理理念和技术，促进企业转型升级，实现老字号企业的可持续发展。

（2）提升产品品质与市场竞争力

老字号企业拥有着丰富的历史积淀和商业智慧，但是在现代商业竞争中，仅靠传统的经营方式已经不足以保持市场竞争力。老字号人才队伍建设可以帮助企业引进先进的商业管理理念和技术，提升产品品质和生产效率，从而增强企业在市场竞争中的优势。

一是提高产品研发能力。老字号企业的产品在市场上有独特的品牌和历史价值，但同时也面临着市场需求的变化和消费者品位的升级。通过人才队伍建设，企业可以引进具有研发能力和创新精神的人才，加强产品研发能力，提高产品的质量和竞争力，满足市场需求。二是提高生产工艺和技术水平。老字号企业的产品生产工艺和技术水平在历史上有着独特的传统和优势，但也面临着技术更新和提升的挑战。通过人才队伍建设，企业可以引进具有技术专长和经验的人才，提高生产工艺和技术水平，提高产品的质量和生产效率，从而提升市场竞争力。三是优化管理模式和流程。老字号企业在管理模式和流程上存在着历史沿革和传统习惯，但也面临着管理不规范和效率低下的问题。通过人才队伍建设，企业可以引进具有现代商业管理理念和经验的人才，优化管理模式和流程，提高工作效率和管理水平，从而提高产品品质和市场竞争力。四是建立品牌形象和提升文化内涵。老字号企业的产品具有独特的品牌形象和文化内涵，但也需要在市场上进行品牌宣传和推广。通过人才队伍建设，企业可以引进具有市场营销和品牌推广经验的人才，建立品牌形象和文化内涵，提高产品的市场竞争力和知名度。

（3）提高企业文化软实力

老字号企业在社会中扮演着重要的文化角色，不仅代表着我国优秀传统文化，还代表着我国商业文化的智慧和精神。在当前全球化和市场竞争加剧的环境下，老字号人才队伍建设对于提高企业文化软实力具有非常重要的意义，主要表现在以下几个方面：一是传承和弘扬优秀传统文化。老字号企业作为我国传统文化的重要代表之一，其文化内涵和价值观念对于传承和弘扬优秀传统文化具有非常重要的作用。通过人才队伍建设，企业可以培养和引进具有传统文化素养和专业知识的人才，推动传统文化的传承和弘扬，使企业文化具有更加深厚的历史和文化内涵，增强文化软实力。二是提高员工文化素养和职业素质。老字号企业的员工素质和职业素养对于企业的发展和文化软实力具有重要的影响；通过人才队伍建设，企业可以加强员工培训和教育，提高员工文化素养和职业素质，增强员工的文化自信心和归属感，促进员工的自我价值实现，从而提高企业的文化软实力。三是建设企业核心文化价值观。老字号企业的核心文化价值观对于企业的发展和文化软实力具有决定性的作用；通过人才队伍建设，企业可以引进和培养具有核心价值观引领能力的人才，构建和完善企业核心文化价值观，提高员工的文化认同度和凝聚力，增强企业的文化软实力。四是提升企业社会形象和社会责任意识。老字号企业是我国传统文化的重要代表之一，其社会形象和社会责任意识对于提高企业文化软实力具有重要的影响；通过人才队伍建设，企业可以引进和培养具有社会责任意识和公益精神的人才，积极参与社会公益事业，增强企业的社会形象和社会责任感，提高企业的文化软实力。

（4）推动老字号企业转型升级

随着经济的快速发展和市场环境的变化，老字号企业必须不断地进行转型升级，才能保持市场竞争力和持续发展。老字号人才队伍建设可以帮助企业引进新的商业理念和技术，促进企业转型升级，从而更好地适应市场需求和社会发展的要求。在此背景下，老字号人才队伍建设对于推动老字号企业转型升级具有非常重要的作用，主要表现在以下几个方面：一是推动企业品牌升级和市场拓展。通过引进和培养具有市场拓展和品牌管理能力的人才，企业可以有效地提升品牌价值和知名度，扩大市场份额和业务范围，推动企业实现升级和发展。二是促进企业产品创新和技术升级。通过引进和培养具有创新意识和技术能力的人才，企业可以实现产品和技术的升级和创新，提高产品品质和市场竞争力，推动企业实现转型升级和发展。三是优化企业管理体系和流程。通过引进和培养具有管理和组织能力的人才，企业可以优化内部管理体系和流程，提高管理效率和企业运营质量，推动企业实现转型升级和发展。四是推动企业文化转型和发展。通过引进和培养具有创新和开拓精神的人才，企业可以实现文化转型和发展，提高企业文化软实力和品牌形象，推动企业实现转型升级和发展。

2. 人才队伍建设的必要性

老字号代表了我国的历史、文化和文明，在经济、文化、社会等方面都具有重要意义。然而，随着时代的变迁，老字号的人才队伍建设也面临着挑战。因此，加强老字号人才队伍建设具有重要的必要性。

（1）促进老字号经济发展

加强老字号人才队伍建设，可以培养出一批有着深厚文化底蕴、对企业文化传承和发展有深刻理解的专业人才。这些人才能够为老字号企业提供专业的管理、营销和技术支持，推动企业的经济发展，提高企业的竞争力和影响力，保持企业的创新和发展活力。首先，老字号人才队伍是传承和弘扬老字号文化的重要力量。老字号不仅仅是一种商业形式，更是一种文化传承；通过传承和弘扬老字号文化，可以提高老字号在市场中的知名度和美誉度，促进老字号品牌的发展和壮大。其次，老字号人才队伍是老字号经济发展的重要支撑。老字号的经济发展需要具备一定商业经验和市场洞察力的人才，老字号人才队伍不仅具备丰富的商业经验，还具有对市场的深入洞察和理解；通过合理的市场营销策略和商业经营方式，可以促进老字号产品的销售和市场占有率的提高，从而促进老字号经济的发展。最后，老字号人才队伍是老字号创新发展的重要动力。随着社会的不断发展和市场的不断变化，老字号必须不断创新和发展才能适应市场的需求，老字号人才队伍具备丰富的商业经验和市场洞察力，可以为老字号创新提供更多的思路和支持；通过不断创新和发展，老字号可以在市场中保持竞争优势，实现长期的可持续发展。

（2）传承和弘扬中国传统文化

老字号是我国传统文化的重要组成部分，它承载着我国悠久的历史和文化传承。建设老字号人才队伍是传承和弘扬我国传统文化的必要手段，这些人才能够通过自己的专业技能和文化素养，更好地传承和弘扬中国传统文化，保持传统文化的活力和影响力。首先，老字号文化作为一种特殊的商业文化，其传承和保护的重要性不言而喻。老字号人才队伍具有丰富的传统文化知识和商业经验，可以为老字号文化的传承和保护提供专业的支持和帮助。通过将老字号文化传承给新一代人，可以让中国传统文化在现代社会中得以延续和发扬。其次，老字号人才队伍是弘扬我国传统文化的重要渠道。老字号人才队伍不仅具备丰富的传统文化知识，还可以通过商业活动和市场营销等方式，将老字号文化传播给更广泛的人群；通过弘扬老字号文化，可以让更多的人了解和认识我国传统文化，从而推动我国传统文化的传承和发展。最后，老字号人才队伍是中国传统文化保护和发展的重要支撑。中国传统文化的保护和发展需要具备一定的传统文化知识和商业经验的人才；老字号人才队伍具备丰富的传统文化知识和商业经验，可以为我国传统文化的保护和发展提供专业的支持和帮助。通过将老字号人才队伍的经验和知识应用到中国传统文化保护和发展中，可以推动我国传统文化的传承和发展。

（3）提高社会责任感和社会影响力

老字号企业作为我国传统文化的代表，除了追求商业利益，还需要具备更高的社会责任感和社会影响力。建设老字号人才队伍是提高老字号企业社会责任感和社会影响力的重要手段。首先，老字号人才队伍可以传承和发扬老字号企业的社会责任传统。老字号企业不仅是商业实体，更是社会责任的承担者；通过传承和发扬老字号企业的社会责任传统，老字号人才队伍可以在企业文化中强化社会责任的意识，为企业的社会责任发展提供重要支持和帮助；老字号人才队伍具有深厚的传统文化和商业经验，可以将传统文化和商业经验有机结合，打造出一种新型的企业社会责任体系。其次，老字号人才队伍可以提高老字号企业的社会影响力。老字号企业具有独特的文化底蕴和历史积淀，是我国传统文化的重要代表；通过建设老字号人才队伍，可以将老字号企业的传统文化和商业经验传递给新一代人，增强社会对老字号企业的认知和信任；同时，老字号人才队伍还可以通过社会公益活动和文化交流等方式，提高老字号企业的社会影响力，让老字号企业在社会中拥有更加积极的形象和声誉。最后，老字号人才队伍可以促进老字号企业的可持续发展。老字号企业在发展过程中需要承担更多的社会责任，同时也需要具备更高的可持续发展能力；通过建设老字号人才队伍，可以培养具备可持续发展意识和能力的人才，为老字号企业的可持续发展提供支持和保障；同时，老字号人才队伍还可以通过技术创新和文化创新等方式，提高老字号企业的竞争力和创新能力，从而促进老字号企业的可持续发展。

总之，老字号人才队伍建设具有重要的必要性。通过加强人才队伍建设，可以促进老字号企业的经济发展，传承和弘扬中国传统文化，提高企业的社会责任感和社会影响力，保护和传承历史文化遗产。这些措施不仅有利于老字号企业的长期发展，也有助于推动中国传统文化的传承和发展，促进经济和文化的双重繁荣。

二、人才队伍建设对江苏老字号转型升级和产业升级的支撑作用

企业的转型升级和产业升级，离不开高素质的人才队伍建设。人才是企业的核心资源，是推动企业发展和变革的关键驱动力。只有拥有高素质的人才队伍，江苏老字号企业才能在激烈的市场竞争中立于不败之地，实现转型升级和产业升级的目标。

1. 推动技术创新和研发

老字号企业在面对市场竞争和消费升级的挑战时，需要拥有领先的技术和创新能力。只有不断推动技术创新和研发，才能满足市场的需求，提高产品质量和竞争力。人才是技术创新和研发的重要支撑，江苏老字号企业需要建立适应市场需求的人才队伍，培养具有创新能力和专业技能的人才，推动技术创新和研发的持续发展。一方面，老字号企业需要建立科技人才引进机制，吸引更多高素质的科技人才加入企业；可以通过与高校、科研机构等建立紧密联系，拓宽企业的科技渠道和资源，引进优秀的科技人才和团队，提高企业的科技创新能力和市场竞争力。另一方面，老字号企业需要制订科技人才培养计划，培养适应市场需求和企业发展的高素质科技人才；可以通过建立企业内部的科技人才培养机制，建立科技人才岗位、实施科技人才激励政策等方式，激发员工的积极性和创新意识，培养具有市场竞争力的科技人才。

2. 提升管理水平和企业文化建设

老字号企业在转型升级和产业升级的过程中，需要提升管理水平和企业文化建设，构建具有创新和活力的企业文化和管理体系，为企业发展提供良好的组织环境和氛围。人才队伍建设是提升管理水平和企业文化建设的重要保障，老字号企业需要建立适应市场需求的人才队伍，提高员工的管理水平和专业素养，培养积极向上、具有创新和活力的企业文化和管理风格。一方面，老字号企业需要建立人才选拔和晋升制度，重视人才的能力和潜力，打破传统的文化藩篱，提高管理水平和专业素养；可以通过建立绩效考核和奖惩机制、制订培训计划等方式，激发员工的积极性和创新意识，提高员工的管理能力和专业素养，推动企业管理水平和文化建设的不断提升。另一方面，江苏老字号企业需要加强企业文化建设，构建具有创新和活力的企业文化。可以通过建立企业文化引领机制、开展员工文化教育和培训等方式，推动企业文化建设和管理体系的不断优化，提高员工的工作热情和创新能力，为企业发展提供良好的组织环境和氛围。

3. 拓展市场和创造品牌价值

老字号企业在转型升级和产业升级的过程中，需要拓展市场和创造品牌价值，提高产品和服务的质量和水平，提高品牌知名度和竞争力。人才队伍建设是拓展市场和创造品牌价值的重要保障，老字号企业需要建立适应市场需求的人才队伍，提高员工的市场营销能力和品牌意识，拓展市场和创造品牌价值。一方面，江苏老字号企业需要建立市场营销人才引进和培养机制，吸引和培养具有市场营销能力和品牌意识的人才。可以通过开展专业培训、与高校合作开展实习和交流、建立市场营销人才岗位等方式，提高员工的市场营销能力和品牌意识，拓展市场和创造品牌价值。另一方面，老字号企业需要注重产品创新和品牌建设，提高产品和服务的质量和水平，提高品牌知名度和竞争力。可以通过建立市场导向的产品研发机制、加强品牌策划和推广等方式，推动产品和品牌的不断创新和提升，提高企业的市场竞争力和品牌价值。

4. 推进企业国际化战略

随着全球化进程的加速，老字号企业需要积极推进企业国际化战略，拓展海外市场和资源，提高国际化水平和竞争力。人才队伍建设是推进企业国际化战略的重要保障，老字号企业需要建立适应国际市场需求的人才队伍，提高员工的国际化素养和跨文化交流能力，推进企业国际化战略。一方面，江苏老字号企业需要建立国际化人才引进和培养机制，吸引和培养具有国际化素养和跨文化交流能力的人才；可以通过建立海外招聘和交流平台、加强国际交流和合作、开展英语和跨文化交流培训等方式，提高员工的国际化素养和跨文化交流能力，推进企业国际化战略。另一方面，需要注重国际化营销和品牌建设，拓展海外市场和资源，提高国际化水平和竞争力；可以通过开展国际化市场营销策划、加强品牌建设和推广等方式，提高企业在国际市场的竞争力和品牌价值，推进企业国际化战略的实现。

综上所述，人才队伍建设对江苏老字号企业转型升级和产业升级具有重要的支撑作用，是实现企业可持续发展和跨越式发展的重要保障，老字号企业需要注重建立适应市场需求和国际化趋势的人才队伍，提高员工的专业素养和市场营销能力，拓展创新能力和创新意识，推动企业不断创新和提升，提高企业的市场竞争力和品牌价值，实现转型升级和产业升级的目标。

三、江苏老字号人才队伍建设的主要目标和要求

老字号企业的人才队伍建设是企业转型升级和产业升级的关键环节，对于提高企业的市场竞争力、推进企业的可持续发展具有重要作用。

1. 江苏老字号人才队伍建设的主要目标

（1）适应市场需求和国际化趋势

随着市场经济的发展和全球化的进程，江苏老字号企业面临着越来越激烈的市场竞争和更为复杂的市场环境，需要建立适应市场需求和国际化趋势的人才队伍，提高员工的专业素养和市场营销能力，增强企业的创新能力和国际化素养。

（2）推动企业不断创新和提升

江苏老字号企业需要注重人才培养和引进，建立科学合理的人才管理制度和激励机制，推动企业不断创新和提升，加强技术创新和产品创新，提高产品和服务的质量和水平，满足市场需求和消费者需求，增强企业的市场竞争力和品牌价值。

（3）提高员工职业素养和综合素质

江苏老字号企业需要注重员工职业素养和综合素质的提高，加强员工的职业培训和技能提升，提高员工的工作能力和业务水平，营造良好的工作环境和企业文化，增强员工的归属感和责任感，提高员工的满意度和忠诚度。

（4）实现企业可持续发展和跨越式发展

江苏老字号企业需要注重建立可持续发展和跨越式发展的人才队伍，提高企业的战略眼光和管理水平，推动企业的转型升级和产业升级，实现企业的可持续发展和跨越式发展，成为行业的领军者和示范企业。

2. 江苏老字号人才队伍建设的主要要求

（1）建立科学合理的人才管理制度

江苏老字号企业需要建立科学合理的人才管理制度，包括人才引进、人才培养、人才激励、人才评价、人才流动等方面。人才引进方面，可以采取多种方式，如校企合作、招聘会、人才中介、海外招聘等，从全国范围和国际市场引进高素质、专业化的人才；人才培养方面，可以采取内部培训、外部培训、海外交流等方式，提高员工的专业技能和综合素质；人才激励方面，可以采取薪酬激励、福利激励、职称晋升、股权激励等方式，激发员工的积极性和创造性；人才评价方面，可以建立全面客观的考核制度，对员工的工作表现、业绩贡献、职业素养等方面进行评价，建立公平公正的激励机制；人才流动方面，可以建立良好的内部职业发展通道和流动机制，让员工在不同岗位和不同领域中实现个人职业发展和跨领域发展。

（2）加强人才队伍的专业化和国际化

江苏老字号企业需要加强人才队伍的专业化和国际化，提高员工的专业素质和国际化素养，满足企业的市场需求和国际化趋势。专业化方面，可以加强员工的职业培训和技能提升，提高员工在产品研发、生产制造、市场营销等方面的专业能力；国际化方面，可以鼓励员工参加国际性的学术会议、展览会、商务考察等活动，提高员工的国际化视野和语言能力，为企业的国际化发展打下基础。

（3）建立企业文化和价值观

江苏老字号企业需要建立良好的企业文化和价值观，营造良好的工作环境和氛围，提高员工的工作积极性和创造力，增强员工的归属感和责任感。建立企业文化和价值观可以从以下方面入手：第一，明确企业的核心价值观和使命感，让员工深刻理解企业的价值追求和社会责任；第二，注重员工的职业道德和职业操守，建立诚信、责任、创新、协作等核心价值观，加强员工的道德教育和职业操守培养；第三，营造良好的工作环境和氛围，注重员工的身心健康和生活质量，提供良好的福利待遇和工作条件，让员工在舒适、健康的环境中工作和生活；第四，加强员工的沟通和协作，建立团队合作和共同成长的文化氛围，提高员工之间的互信和相互支持，让员工在团队中发挥个人优势，共同实现企业的发展目标。

（4）加强知识产权和技术创新保护

江苏老字号企业需要加强知识产权和技术创新保护，保护企业的核心技术和知识产权，促进企业的技术创新和产品升级，提高企业的核心竞争力。在知识产权保护方面，企业可以加强专利申请和维权，提高员工的知识产权保护意识，建立知识产权保护的标准和流程；在技术创新方面，企业可以加强科技研发投入，建立科研机构和实验室，鼓励员工参与科研活动和技术创新，提高企业的科技创新能力和产品质量水平。

（5）加强企业社会责任和可持续发展

江苏老字号企业需要加强企业社会责任和可持续发展，关注环境保护和社会责任，推进可持续发展战略，实现企业和社会的共同发展。在企业社会责任方面，企业可以加强环保投入和节能减排，促进循环经济和可持续发展；在可持续发展方面，企业可以加强产品的绿色化和创新化，注重产品质量和用户体验，提高企业的品牌价值和市场占有率。

总之，老字号企业要实现转型升级和产业升级，必须加强人才队伍建设，打造高素质、专业化、国际化的人才队伍，提高员工的工作素质和职业能力，为企业的发展提供有力的人才支撑。

第三节　江苏老字号人才培养与激励机制建设

老字号是经济文化的重要组成部分，对于维护地方传统文化和发展地方经济都有着重要的作用，而老字号人才培养与激励机制建设则是保障老字号企业可持续发展的重要条件。建立健全的人才培养机制可以为老字号企业输送高素质人才，保证其技艺和文化的传承；稳定的人才激励机制，可以吸引和留住优秀的人才。

一、人才培养的理论基础和实践策略

人才培养是一个复杂而广泛的概念，它涉及培养教育中的人们，以便他们能够成为更加有能力、有创造力和有责任感的人才，以满足社会和经济发展的需要。人才培养的理论基础包括认知发展理论、学习理论、人力资源发展理论和组织发展理论等，而人才培养的实践意义则在于提高经济和社会发展的效率和质量、提高组织的竞争力和生产力、促进个人发展和职业发展。

1. 人才培养的理论基础

（1）认知发展理论

认知发展理论是人才培养的重要理论基础之一。该理论认为，人类认知能力在发展中经历了一系列阶段，每个阶段有其独特的思考方式和行为特征，而人才培养的目的就是帮助人们在不同阶段发展其认知能力。例如，儿童在早期阶段主要通过感知来理解世界，而在成年后，人们的思维则变得更加抽象和逻辑化。因此，在人才培养中，教育者需要根据学生的年龄和认知水平，选择合适的教学策略和方法，以促进其认知能力的发展。

（2）学习理论

学习理论是人才培养的第二个重要理论基础。该理论关注人类学习的过程和机制，并认为学习是通过新的知识和技能的获取和积累来实现的。在人才培养中，学习理论可以帮助教育者了解学生的学习方式和策略，以制订更有效的教学计划和方法。例如，学习理论认为，人们通过模仿和观察他人来学习新的行为和技能。因此，在人才培养中，教育者可以鼓励学生进行协作学习和团队合作，以帮助他们更好地学习和发展。

（3）人力资源发展理论

人力资源发展理论是人才培养的第三个重要理论基础。该理论认为，人才是企业成功的关键因素之一，因此企业需要通过人力资源发展来培养和发掘人才。在人才培养中，人力资源发展理论可以帮助企业了解人才的需求和能力，以制订适当的培养计划和策略。例如，人力资源发展理论提倡员工的继续教育和培训，以提高他们的专业技能和知识水平，从而更好地适应不断变化的市场需求和技术变革。

（4）组织发展理论

组织发展理论是人才培养的第四个重要理论基础。该理论认为，组织是一个动态的系统，需要不断适应变化的环境和需求。在人才培养中，组织发展理论可以帮助组织设计合适的工作环境和组织结构，以促进员工的发展和组织的成功。例如，组织发展理论强调组织的开放性和灵活性，允许员工参与决策和创新，从而提高组织的效率和创造力。

2. 人才培养的实践策略

（1）制订科学的人才培养规划

制订科学的人才培养规划是有效实施人才培养的重要前提。企业应根据自身的发展需要和人才队伍的实际情况，制订长期和短期的人才培养规划，包括培养目标、培训内容、培训方式和培训效果评估等方面的内容。通过科学的规划，企业可以更好地了解员工的培训需求和能力，提高人才培养的针对性和效果。

（2）开展多样化的培训和发展活动

开展多样化的培训和发展活动是实施有效人才培养的重要策略之一。企业可以通过不同的培训和发展活动，包括课堂培训、在线学习、工作轮岗、外派培训、导师制度、自我学习等，满足员工的不同培训需求和学习风格。同时，企业应注重培训内容的针对性和实用性，确保培训的内容与员工的工作实际相符，并能够帮助员工提升工作能力和职业素养。

（3）建立有效的评估机制

建立有效的评估机制是衡量人才培养效果和调整培训策略的重要手段。企业可以通过定期的培训效果评估和员工能力评估，了解员工的学习进度和培训效果，并为员工提供反馈和支持。同时，企业应根据评估结果，及时调整培训策略和课程设计，确保人才培养的持续性和有效性。

（4）鼓励员工自我学习和发展

鼓励员工自我学习和发展是促进人才培养的重要策略之一。企业可以通过提供学习资源和支持，激发员工的学习兴趣和主动性，帮助员工在工作和生活中不断学习和提升自己的能力。同时，企业应注重员工的职业发展和成长，为员工提供广泛的职业发展机会和支持，鼓励员工积极探索和实践，实现自我价值和职业目标。

（5）实施全员参与的人才培养

实施全员参与的人才培养是促进企业发展和员工成长的重要手段。企业应鼓励全员参与人才培养，建立共同学习和分享的氛围，促进知识和经验的传递和分享，实现知识的共享和学习的集体效应。同时，企业应注重培养员工的团队合作能力和创新意识，提高员工的协作能力和创造力，帮助企业实现创新和发展的目标。

人才培养是企业发展的重要战略之一，是企业实现战略目标和持续发展的重要手段。因此，企业需要重视人才培养工作，注重员工职业发展和成长，不断提高员工的技能水平和知识水平，为企业的业务发展和创新提供有力的人才支持和保障。

二、江苏老字号人才培养的主要内容和方式

如何在新时代下传承和发扬老字号文化，同时培养新一代人才成了江苏老字号企业发展面临的重要问题。

1. 人才培养的主要内容

（1）文化传承与继承

江苏老字号企业的成功离不开其源远流长的历史和深厚的文化底蕴，因此，文化传承和继承是人才培养的重要内容。传承老字号的文化，需要企业注重历史文化的研究，加强企业文化的宣传，组织传统文化活动，培养员工的文化认同感和归属感，激发员工的创造力和创新能力。

（2）技能培养与提高

江苏老字号企业的特点是技艺精湛，制作工艺独特，因此技能培养和提高是人才培养的重要内容。企业需要制订专业的技能培训计划，注重传承和创新制作工艺，加强员工技能的提升和交流，推动企业技术水平的提高。

（3）品牌营销与拓展

江苏老字号企业的品牌价值和知名度高，因此品牌营销和拓展是人才培养的重要内容。企业需要注重品牌形象的宣传，开展市场调研和分析，制订品牌营销策略和方案，加强市场拓展和渠道建设，提高品牌的市场竞争力和影响力。

（4）团队建设与管理

江苏老字号企业的管理和团队建设是人才培养的重要内容。企业需要注重员工的职业发展和成长，建立完善的人才评估和培养机制，开展团队建设活动，提高员工的团队合作能力和领导力，加强企业的管理和创新能力。

2. 人才培养的主要方式

（1）学习型组织建设

江苏老字号企业要想实现可持续发展，需要建立学习型组织，注重知识管理和共享，提高员工的学习意识和学习能力。企业可以通过开设内部培训课程、组织知识分享会等方式，推动员工的专业知识和技能水平的提升，为企业创新和发展提供有力支持。

（2）培训和实践相结合

江苏老字号企业需要注重培训和实践相结合，通过内部和外部培训，提高员工的综合素质和能力。同时，企业可以将培训成果应用到实际工作中，让员工在实践中不断积累经验和知识，提高工作效率和质量。

（3）团队合作和沟通

江苏老字号企业需要注重团队合作和沟通，通过团队建设和培训，提高员工的合作能力和沟通技巧，促进员工之间的交流和合作，减少人力资源的浪费，提高企业的效益。

（4）创新创业和拓展

江苏老字号企业需要注重创新创业和拓展，通过加强技术创新和管理创新，提高企业的市场竞争力和发展潜力。同时，企业可以通过与外部机构合作、开展企业孵化器等方式，吸引更多的人才参与到企业的创新和创业中，推动企业的可持续发展。

江苏老字号企业的人才培养需要通过学习型组织建设、培训和实践相结合、团队合作和沟通、创新创业和拓展等方式，推动人才培养工作的深入开展。这不仅能够提高企业的竞争力和发展潜力，还能够促进江苏老字号文化的传承和发扬，为经济社会的发展作出更大的贡献。

三、激励机制建设的重要性、难点、途径

激励机制建设是企业管理中非常重要的一个方面，对于提高员工的积极性和工作效率、促进企业的发展和创新、增强企业的竞争力和吸引人才等方面都具有重要作用。以下从激励机制建设的重要性、难点及建设的途径等方面加以阐述。

1. 激励机制建设的重要性

（1）提高员工积极性和工作效率

激励机制的建设可以激发员工的积极性和创造力，使员工更加投入工作，提高工作效率和工作质量。通过适当的薪酬激励、福利待遇、晋升机会等，让员工感受到自己的价值和成就感，从而更加努力地工作。

（2）促进企业发展和创新

激励机制的建设可以推动企业的发展和创新。激励机制可以鼓励员工提出新的想法和建议，从而促进企业的创新和发展。此外，激励机制也可以激发员工的团队合作精神，促进企业的团队合作和知识分享，推动企业的创新和发展。

（3）增强企业的竞争力

激励机制的建设可以增强企业的竞争力。通过建立激励机制，可以吸引和留住人才，提高员工的工作效率和质量，从而提高企业的竞争力。此外，通过激励机制的建设，可以提高员工的忠诚度和归属感，增强企业的凝聚力，提高企业的竞争力。

2. 激励机制建设的难点

（1）激励机制的复杂性

激励机制的建设需要考虑多种因素，如薪酬、福利、晋升、培训等，同时还需要考虑不同员工的个性化需求和差异化的表现，因此激励机制的建设十分复杂。

（2）激励机制的有效性

一些激励措施虽然可能会提高员工的工作积极性，但却不能促进企业的长期发展。因此，企业需要考虑激励措施的长期效益，确保激励机制的有效性，从而确保企业的长期发展。

（3）激励机制的公平性

公平的激励机制可以提高员工的满意度和工作积极性，增强员工的归属感和凝聚力，从而提高企业的绩效。因此，企业需要建立公平的激励机制，避免不公平的待遇和不公平的竞争，确保员工的公平性和激励机制的可持续性。

（4）激励机制的文化匹配性

激励机制的建设需要考虑其文化匹配性，企业的文化是企业长期发展的基础，激励机制必须与企业的文化相匹配，才能够得到员工的认同和支持，从而提高激励机制的效果。

（5）激励机制的适应性

企业的发展和变化可能会导致员工的需求发生变化，因此激励机制需要随着企业的发展而不断调整和改进，以满足员工的需求。

3. 激励机制建设的途径

（1）建立绩效评价体系

建立科学的绩效评价体系，可以使员工的表现得到公平的评价和激励，同时可以提高企业的绩效和效益。通过考核员工的绩效，根据绩效对员工进行薪酬激励，也可以通过提供晋升机会等方式进行激励。

（2）提供良好的福利待遇

提供良好的福利待遇可以满足员工的基本需求，同时也可以提高员工的满意度和工作积极性。企业可以根据员工的需求和能力，提供灵活的福利待遇，例如弹性工作制度、健康保险、员工旅游等。

（3）提供学习和成长机会

提供学习和成长机会可以满足员工的个性化需求，同时也可以提高员工的工作技能和竞争力。企业可以通过内部培训、外部培训、职业规划等方式，提供学习和成长机会，同时也可以通过提供晋升机会等方式进行激励。

（4）建立激励文化

建立激励文化可以提高员工的工作积极性和创造力，促进企业的创新和发展。企业可以通过建立良好的企业文化、弘扬企业精神、营造良好的工作氛围等方式，建立激励文化，激励员工为企业的长期发展贡献力量。

（5）加强沟通和反馈

加强沟通和反馈可以提高员工的工作满意度和认同感，从而促进员工的工作积极性和创造力。企业可以通过定期的员工沟通会议、问卷调查、建立员工反馈机制等方式，加强与员工的沟通和反馈，从而建立良好的员工关系，促进激励机制的有效实施。

激励机制是企业管理中的重要环节，可以提高员工的工作积极性和创造力，从而促进企业的创新和发展。为了有效建设激励机制，企业需要制订科学合理的激励方案，加强沟通和反馈，提高员工参与度和归属感，营造良好的企业文化和员工关系，从而促进激励机制的有效实施，提高企业的绩效和竞争力。

四、江苏老字号激励机制建设的主要内容和策略

随着市场竞争的加剧，江苏许多老字号企业面临着发展瓶颈和市场困境，需要政府和社会各界的支持和激励。

1. 江苏老字号激励机制建设的主要内容

（1）政策支持

政策支持是江苏老字号激励机制建设的核心内容之一。政府应当制订出台一系列鼓励老字号企业发展的政策，包括减免税费、优惠贷款、专项补贴、招商引资、品牌推广等方面。政府还可以出台一些优惠政策，例如在招商引资方面，政府可以为老字号企业提供一些额外的招商引资补贴或者税收优惠，以此来吸引更多的投资者。

（2）技术支持

技术支持是江苏老字号激励机制建设的第二个重要内容。随着经济的快速发展，市场竞争越来越激烈，企业必须不断创新和改进，才能够在市场上保持竞争力。因此，政府应该加大对老字号企业的技术支持力度，为企业提供一系列技术咨询、技术培训、技术创新等方面的支持。

（3）人才引进

人才引进是江苏老字号激励机制建设的第三个重要内容。人才是企业发展的重要基础，应该加大对老字号企业人才引进的力度，通过各种方式，例如提供高薪、优厚的福利待遇、为员工提供培训等方式，吸引更多的人才加入老字号企业，从而提高企业的创新能力和竞争力。

（4）文化传承

文化传承是江苏老字号激励机制建设的第四个重要内容。老字号企业是中国传统文化的重要载体，应该加大对老字号企业的文化传承和发扬的力度，鼓励老字号企业加强对传统文化的研究和挖掘，将传统文化与现代商业相结合，为企业的品牌建设和文化传

承打下坚实的基础。

(5) 市场推广

市场推广是江苏老字号激励机制建设的最后一个重要内容。市场推广是企业获得市场竞争优势的重要手段，应该加大对老字号企业的市场推广力度，鼓励企业通过多种方式，例如网络营销、新闻媒体、展览会等渠道，将企业的品牌和产品推向更广阔的市场。

2. 江苏老字号激励机制建设的策略

(1) 制订政策支持计划

政策支持计划应当制订在短期、中期和长期的时间范围内，分别制订相应的政策措施，以满足老字号企业的不同需求。政策支持计划需要充分考虑到老字号企业的特点和发展阶段，结合实际情况，量身制订针对性强的政策，以提高政策实施效果。

(2) 构建服务体系

应加强对老字号企业的服务和支持，建立一套完善的服务体系，包括投融资服务、市场开拓服务、财务会计服务、人力资源管理服务等多个方面。通过构建服务体系，政府可以为老字号企业提供更加专业和全面的服务和支持，推动企业快速发展。

(3) 加强人才引进和培养

应该通过多种途径，例如设立人才计划、设立人才引进补贴等措施，吸引更多的人才加入老字号企业。还应该加强对老字号企业的培训和教育，提高员工的综合素质和技能水平，增强企业的创新能力和竞争力。

(4) 注重文化传承

应该鼓励老字号企业注重传统文化的传承和发扬，通过举办各类文化活动、参与文化交流等方式，弘扬企业所代表的传统文化。还应该引导老字号企业将传统文化与现代商业相结合，创新产品和服务，提升企业的文化含量和品牌价值。

(5) 推动科技创新

应该加强对老字号企业的科技创新支持，建立专门的科技创新基金，为企业提供科技研发和技术转移的资金支持。还应该鼓励老字号企业加强与高校和科研机构的合作，利用其技术优势和资源优势，促进企业的创新和发展。

(6) 加强品牌建设

应该加强对老字号企业的品牌建设支持，为企业提供品牌设计和推广的专业服务，引导企业建立独具特色的品牌形象，提升品牌知名度和美誉度。还应该加强对老字号品牌的保护，打击侵犯老字号品牌的不正当竞争行为，维护老字号品牌的声誉和价值。

(7) 加强企业合作与交流

应该鼓励老字号企业之间加强合作与交流，促进企业之间资源的共享和互补，提升企业的综合竞争力。还应该加强与其他省市和国外老字号企业之间的合作与交流，提升江苏老字号企业的国际影响力和竞争力。

江苏老字号激励机制建设对于促进江苏老字号企业的发展和传承具有重要意义，政府层面应该从政策支持、服务体系、人才引进和培养、文化传承、科技创新、品牌建设、企业合作与交流等多个方面入手，积极推动江苏老字号激励机制的建设，为老字号企业提供更加有力的支持和保障。

第七章
江苏老字号社会责任与可持续发展

老字号企业是中国传统文化的重要载体，拥有丰富的历史文化底蕴和深厚的品牌积淀。作为企业，老字号企业不仅要追求经济效益，更应该承担起社会责任，为社会作出贡献，实现可持续发展。

第一节　社会责任的概念和内涵

一、社会责任的概念和内涵

社会责任是指企业在经营过程中对社会、环境和利益相关者承担的义务和责任。随着社会的进步和发展，企业的社会责任意识也越来越强，成为企业发展的重要组成部分。社会责任的概念、内涵、种类和实践等方面探讨如下。

1. 社会责任的概念

社会责任是企业在经营过程中对社会、环境和利益相关者承担的义务和责任。企业不仅要追求经济效益，还要承担起社会责任，为社会作出贡献。社会责任是企业发展的必要条件，也是企业发展的重要组成部分。社会责任是企业行为的一种规范，是企业与社会之间的契约关系，同时也是企业形象和品牌的重要组成部分。

2. 社会责任的内涵

（1）经济责任

企业的经济责任是指企业必须遵守市场规则，尽可能地为社会创造经济价值。企业必须注重企业效益，提高产品和服务的质量，提高市场竞争力，创造更多的就业机会，为社会创造更多的财富。

（2）法律责任

企业的法律责任是指企业必须遵守法律法规，不得违法乱纪。企业应该建立健全的企业制度和管理机制，落实各项法律法规的要求，保障企业的合法权益。

（3）道德责任

企业的道德责任是指企业应该遵循社会道德规范，坚守诚信、正义、公正、公平的原则。企业应该积极参与社会公益事业，回馈社会，为社会作出贡献。

（4）环境责任

企业的环境责任是指企业应该注重环境保护，遵守环境法规，实现可持续发展。企业应该采取环保措施，减少污染和破坏，推动环境保护事业的发展。

（5）利益相关者责任

企业的利益相关者责任是指企业应该重视和尊重各种利益相关者的权益和利益，包括股东、员工、客户、供应商、社会公众等。企业应该保护股东的投资权益，提高员工的福利待遇，保护客户的权益和利益，建立健全的供应商管理机制，推动社会公众的参与和发展。

3. 社会责任的种类

（1）慈善和公益捐赠

企业可以通过慈善和公益捐赠等形式回馈社会，帮助社会中弱势群体，促进社会公益事业的发展。

（2）环境保护和可持续发展

企业应该注重环境保护和可持续发展，采取环保措施，减少污染和破坏，推动环境保护事业的发展，实现可持续发展。

（3）员工权益保障

企业应该保障员工的权益，提高员工的福利待遇，提供良好的工作环境和发展机会，促进员工的职业发展和个人成长。

（4）产品和服务质量保障

企业应该注重产品和服务质量，保障客户的权益和利益，提供优质的产品和服务，提高市场竞争力，树立良好的企业形象。

（5）供应商管理和合规经营

企业应该建立健全的供应商管理机制，推动供应商的合规经营，保障供应商的合法权益，提高供应链的稳定性和安全性。

4. 社会责任的实践

（1）建立完善的企业社会责任管理体系

企业应该建立完善的企业社会责任管理体系，确立社会责任的目标和指标体系，建立社会责任的组织架构和运作机制，推动社会责任的实践和落地。

（2）加强社会责任宣传和沟通

企业应该加强社会责任的宣传和沟通，向各利益相关者展示企业的社会责任实践和成果，积极回应社会关切，增强企业的社会责任形象和品牌价值。

（3）持续推动社会责任实践

企业应该持续推动社会责任实践，不断完善社会责任的内涵和体系，加强社会责任的监督和评估，推动社会责任的不断进步和发展。

（4）积极参与行业自律和社会治理

企业应该积极参与行业自律和社会治理，通过参与行业协会和组织活动，推动行业规范化和标准化，维护行业的良好秩序和声誉。

（5）推动社会公益事业发展

企业应该积极参与社会公益事业的发展，通过慈善和公益捐赠等形式回馈社会，帮助社会中弱势群体，推动社会公益事业的发展。

5. 社会责任的评价与监督

（1）社会责任报告

企业应该编制社会责任报告，全面展示企业的社会责任实践和成果，展示企业的社会责任形象和价值。

（2）社会责任评估

企业应该进行社会责任评估，对企业的社会责任实践和成果进行评估和监测，发现问题和不足，及时改进和提升。

（3）社会监督

社会应该积极参与企业社会责任的监督，通过舆论监督、政策监管和法律制约等方式，督促企业履行社会责任，维护公众利益和社会秩序。

（4）第三方审核

企业可以选择第三方审核机构进行社会责任审核，确保企业的社会责任实践和报告真实可信，提高企业的社会责任形象和信誉。

社会责任是企业的道德底线和企业永续发展的重要保障，企业应该积极履行社会责任，回馈社会，实现可持续发展。在社会责任的实践过程中，企业应该建立完善的社会责任管理体系，加强社会责任的宣传和沟通，持续推动社会责任实践，积极参与行业自律和社会治理，推动社会公益事业的发展，同时要接受社会的评价和监督，提高社会责任的落地和实效。

二、江苏老字号承担社会责任的重要性和必要性

江苏老字号企业具有深厚的历史和文化底蕴，是传承和弘扬传统文化的重要载体，也是江苏经济社会发展的重要组成部分。作为江苏的文化瑰宝和经济支柱，江苏老字号企业应该积极承担社会责任，回馈社会，实现可持续发展。

1. 提高经济竞争力和地位

江苏老字号企业作为江苏的经济支柱和文化瑰宝，承担社会责任，关注企业的长远发展和社会效益，可以提高江苏的经济竞争力和地位。一个具有责任感和远见卓识的企业，可以积极拓展国内和国际市场，开发出更具有竞争力和创新性的产品和服务，为江苏的社会经济发展作出更大的贡献。

2. 推动社会经济可持续发展

江苏老字号企业承担社会责任，积极关注环境保护和资源利用，采用节能减排和环保技术，降低污染物排放和能源消耗，可以推动江苏社会经济可持续发展。一个具有可持续发展意识和行动的企业，可以减少环境污染和资源浪费，为江苏的社会经济发展提供更为稳健的基础。

3. 推动文化产业发展

江苏老字号企业作为江苏传统文化的重要载体，积极承担社会责任，推动传统文化与现代文化的融合和创新，可以推动江苏文化产业的发展。江苏文化产业是江苏经济社会发展的重要支柱之一，江苏老字号企业作为文化产业的重要组成部分，可以通过传承和弘扬传统文化、创新发展和转型升级，提升产品和服务的品质和价值，推动文化产业的发展和繁荣。

4. 促进社会和谐稳定

江苏老字号企业作为江苏的文化瑰宝和经济支柱，承担社会责任，积极参与社会公益事业和慈善捐赠，可以促进社会和谐稳定。一个具有社会责任感和公益意识的企业，可以为社会各界提供更多的帮助和支持，帮助社会中的弱势群体，缓解社会矛盾和压力，推进社会和谐发展。

5. 提升企业形象和声誉

江苏老字号企业作为江苏的文化瑰宝和经济支柱，承担社会责任，回馈社会，可以提升企业的社会形象和声誉，增强企业在市场竞争中的优势和竞争力。一个有责任感的企业，不仅可以赢得消费者的信任和支持，也可以赢得员工和社会各界的尊重和认可。

6. 提高企业的核心竞争力

江苏老字号企业作为江苏的传统文化和经济支柱，承担社会责任，关注员工福利和人才培养，可以提高企业的核心竞争力。一个关注员工福利和人才培养的企业，可以吸引更多的优秀人才加入，提高企业的技术和管理水平，提高企业的生产效率和产品质量，从而增强企业在市场竞争中的优势和竞争力。

7. 满足消费者对品质和安全的需求

江苏老字号企业承担社会责任，注重产品质量和安全，可以满足消费者对品质和安全的需求。一个具有责任感和诚信意识的企业，可以保证产品的质量和安全，赢得消费者的信任和支持，提高产品的市场占有率和口碑。

综上所述，江苏老字号企业承担社会责任是提高江苏经济竞争力和地位、推动江苏社会经济可持续发展、推动文化产业发展、促进社会和谐稳定、提升企业形象和声誉、提高企业核心竞争力、满足消费者需求的必要条件和重要手段。江苏老字号企业应当充分认识社会责任的重要性和必要性，积极履行社会责任，推动江苏经济社会可持续发展和文化产业繁荣。

三、江苏老字号社会责任的主要内容和标准

作为江苏的文化瑰宝和经济支柱，江苏老字号企业不仅要追求经济利益，更应该承

担社会责任，注重文化价值和社会效益。

1. 江苏老字号社会责任的主要内容

（1）保障员工权益

江苏老字号企业应该保障员工权益，建立公平公正的用工制度，遵守国家法律法规和国际劳工标准，保障员工的劳动权益和福利待遇。企业应该加强员工教育和培训，提高员工的职业素质和技能水平，让员工享受到公平的晋升机会和职业发展空间。此外，企业还应该关注员工的身心健康，提供健康的工作环境和生活条件。

（2）保护环境和资源

江苏老字号企业应该保护环境和资源，遵守国家环保法律法规和标准，开展环保宣传教育，推广环保技术和产品，减少环境污染和资源浪费。企业应该采取节能减排措施，降低能源消耗和碳排放，提高资源利用率，推动可持续发展。

（3）履行社会责任

江苏老字号企业应该履行社会责任，推动社会和谐稳定和可持续发展。企业应该关注社会公益事业，如捐资助学、救助灾民、赈济贫困等，关注弱势群体和环保事业，促进社会公益事业的发展。此外，企业还应该遵守商业道德和行业规范，维护公正竞争和市场秩序，保护消费者权益和利益。

（4）提高产品质量和安全

江苏老字号企业应该提高产品质量和安全，保证产品符合国家标准和行业标准，不断优化产品设计和制造工艺，提高产品的质量和安全性。企业应该建立完善的产品质量检测体系，加强产品质量控制和管理，确保产品安全可靠。

（5）文化传承和创新

江苏老字号企业应该注重文化传承和创新，积极开展文化交流和传播活动，推广中华文化和江苏本土文化，促进文化产业的发展。企业应该保护和利用自身的历史文化资源，传承和弘扬传统文化，同时还应该推动技术创新和管理创新，提高企业竞争力和创新能力。

2. 江苏老字号社会责任的标准

（1）法律遵守和诚信经营

江苏老字号企业应该遵守国家法律法规和行业规范，建立诚信经营理念，维护公正竞争和市场秩序，不断提升企业社会信用度。

（2）环境保护和资源利用

江苏老字号企业应该保护环境和资源，降低能源消耗和碳排放，提高资源利用率，推动可持续发展。

（3）员工权益和福利保障

江苏老字号企业应该保障员工的劳动权益和福利待遇，建立公平公正的用工制度，提高员工的职业素质和技能水平，保障员工的身心健康。

（4）社会公益事业

江苏老字号企业应该关注社会公益事业，积极参与社会公益事业的捐资助学、救助灾民、赈济贫困等活动，促进社会和谐稳定和可持续发展。

（5）产品质量和安全保障

江苏老字号企业应该保证产品符合国家标准和行业标准，建立完善的产品质量检测体系，加强产品质量控制和管理，确保产品安全可靠。

（6）文化传承和创新

江苏老字号企业应该注重文化传承和创新，传承和弘扬传统文化，推动文化产业的发展，同时还应该推动技术创新和管理创新，提高企业竞争力和创新能力。

3. 江苏老字号社会责任的落实途径和措施

（1）建立社会责任管理体系

江苏老字号企业应该建立社会责任管理体系，确定社会责任的范围和目标，明确社会责任的主体和责任人，确立社会责任的执行程序和考核评价标准。

（2）制订社会责任报告

江苏老字号企业应该制订社会责任报告，对企业的社会责任履行情况进行公开透明的披露，让社会公众了解企业的社会责任履行情况。

（3）积极参与公益事业

江苏老字号企业应该积极参与公益事业，捐资助学、救助灾民、赈济贫困等活动，承担社会责任，回报社会。

（4）推动环境保护和资源利用

江苏老字号企业应该积极推动环境保护和资源利用，降低能源消耗和碳排放，提高资源利用率，推动可持续发展。

（5）建立员工权益保障体系

江苏老字号企业应该建立员工权益保障体系，保障员工的劳动权益和福利待遇，建立公平公正的用工制度，提高员工的职业素质和技能水平，保障员工的身心健康。

（6）加强产品质量控制和管理

江苏老字号企业应该加强产品质量控制和管理，建立完善的产品质量检测体系，确保产品符合国家标准和行业标准，确保产品安全可靠。

（7）推动文化传承和创新

江苏老字号企业应该积极推动文化传承和创新，传承和弘扬传统文化，推动文化产业的发展，同时还应该推动技术创新和管理创新，提高企业竞争力和创新能力。

江苏老字号企业要落实社会责任，需要从组织机构、人力资源管理、生产经营、品牌建设等方面着手，形成全员参与、全过程管理、全方位落实的社会责任管理体系，全力推动企业可持续发展。

4. 江苏老字号社会责任的评估和认证

江苏老字号企业的社会责任评估和认证是企业落实社会责任的重要手段，可以提高企业的社会责任意识和水平，树立企业的社会形象和信誉，提高企业的市场竞争力。江苏老字号的社会责任评估和认证标准主要包括几个方面：第一，企业对社会责任的认识和理解；第二，企业社会责任管理体系的建立和实施；第三，企业社会责任目标的制订和实现情况；第四，企业对员工权益和福利的保障情况；第五，企业对消费者权益和安全的保障情况；第六，企业对环境保护和资源利用的贡献情况；第七，企业对公益事业的支持和参与情况；第八，企业文化传承和创新的贡献情况。

江苏老字号企业可以根据上述的社会责任评估和认证标准，自我评估和改进，也可以选择符合政府标准的第三方机构进行评估和认证，获得政府颁发的社会责任认证证书，提高企业的社会责任水平和竞争力。江苏老字号企业应该积极落实社会责任，推动可持续发展，为全省的经济发展和社会进步作出更大的贡献。

第二节　江苏老字号的社会责任实践

老字号企业在社会责任实践中积极履行企业社会责任,有助于树立良好的企业形象,提升企业的品牌价值和市场竞争力,推动企业可持续发展,从而实现经济、社会、文化和环境的协同发展。

一、江苏老字号社会责任实践的主要内容和方式

江苏拥有许多老字号企业,这些企业具有深厚的历史和文化底蕴,为江苏的经济发展作出了巨大贡献,这些老字号企业也肩负着重要的社会责任,为当地经济、文化和社会发展作出了积极贡献。

1. 江苏老字号社会责任实践的主要内容

(1) 关注员工福利

江苏老字号企业注重员工福利,为员工提供良好的工作环境和福利待遇。它们为员工提供培训机会,提升员工技能和职业素养,促进员工个人发展。此外,它们还会提供健康检查、医疗保险和劳动保障等福利待遇,保障员工身心健康和权益。

(2) 支持教育事业

江苏老字号企业注重教育事业的发展,通过资助、捐赠等方式支持当地的教育事业。它们会向当地学校捐赠教育设备和资金,支持贫困学生的教育,提高当地教育水平。

(3) 促进文化传承

江苏老字号企业拥有悠久的历史和文化底蕴,注重文化传承,通过各种方式传承和弘扬传统文化。它们会参与当地文化活动,支持文化事业的发展,开展文化交流活动,推广江苏传统文化,让更多人了解和认识江苏文化。

(4) 关注环境保护

江苏老字号企业注重环境保护,积极开展环保活动,保护当地的生态环境。它们会加强污染治理,控制排放,推广节能减排技术,提高企业的环保水平,减少对环境的影响。

(5) 支持社会公益事业

江苏老字号企业注重社会公益事业,通过资助、捐赠等方式支持当地的社会公益事业。它们会向贫困地区捐赠物资和资金,支持慈善机构的发展,帮助弱势群体,助力社会公益事业的发展。2020年新冠肺炎疫情发生后,江苏省商务厅积极指导老字号企业做好疫情保供和公益捐赠等工作,到同年3月初,江苏老字号企业为疫情累计捐赠各类

物资超过 7 000 万元。

2. 江苏老字号社会责任实践的方式

（1）关注员工福利实践的方式

江苏老字号企业注重员工福利，为员工提供良好的工作环境和福利待遇。为此，它们采取了以下实践方式：第一，建立健全的劳动关系，制订合理的工资制度和福利政策，提高员工的工资待遇。第二，提供培训机会，加强员工的技能和职业素养，提高员工的绩效和工作效率。第三，加强劳动保障和医疗保障，为员工提供全面的健康保障，确保员工身心健康。

（2）支持教育事业实践的方式

江苏老字号企业注重教育事业的发展，通过资助、捐赠等方式支持当地的教育事业。为此，它们采取了以下实践方式：第一，资助当地的学校和教育机构，向学校捐赠教育设备和资金，提高当地教育水平。第二，设立奖学金和助学金，资助贫困学生接受教育，帮助他们顺利完成学业。第三，组织教育交流活动，邀请专家和学者到企业举办讲座和业务培训，提高员工的教育水平。

（3）促进文化传承实践的方式

江苏老字号企业注重文化传承，通过各种方式传承和弘扬传统文化。为此，它们采取了以下实践方式：第一，参与当地文化活动，支持文化事业的发展，为当地的文化建设做出贡献。第二，推广江苏传统文化，组织文化交流活动，向公众普及江苏文化，提高公众文化素质。第三，收集和保护江苏传统文化遗产，建立文化馆和博物馆，向公众展示江苏的历史和文化。

（4）关注环境保护实践的方式

江苏老字号企业注重环境保护，积极开展环保活动，保护当地的生态环境。为此，它们采取了以下实践方式：第一，加强污染治理，控制排放，推广节能减排技术，降低企业对环境的影响。第二，推广清洁能源，采用环保材料，降低环境污染。第三，参与环保公益活动，支持环保组织和项目，共同推动环保事业的发展。

（5）履行社会责任实践的方式

江苏老字号企业注重履行社会责任，积极回报社会，为社会作出贡献。为此，它们采取了以下实践方式：第一，参与公益活动，资助慈善事业，为贫困地区捐赠物资和资金，为社会作出贡献。第二，支持当地经济发展，为当地提供就业机会，促进当地经济的繁荣和发展。第三，维护消费者权益，提供优质的产品和服务，为消费者提供更好的消费体验。

江苏老字号企业通过各种方式履行社会责任，积极回报社会，成了社会发展的积极力量。

二、江苏老字号社会责任实践的主要成果和影响

江苏老字号企业的社会责任实践在促进企业发展、社会发展、环境保护等方面取得

了显著成果，产生了积极的影响。

1. 企业方面

（1）提高企业形象和品牌价值

江苏老字号企业积极履行社会责任，提高了企业形象和品牌价值。企业在公益慈善、环境保护、职工权益保护等方面作出的贡献和努力，得到了社会的认可和尊重，树立了企业的良好形象和信誉。同时，企业的社会责任实践也能够吸引更多的消费者和人才加入企业的发展中来，为企业带来更多的机会和利益。2020 年年初，江苏省盐业集团有限公司在新冠肺炎疫情发生后，全面启动食盐供应应急机制，食盐储备量达 6 万多吨，保证食盐的生产和经营，确保全省"淮盐"供应。

（2）提高企业竞争力和可持续发展能力

江苏老字号企业通过积极履行社会责任，提高了企业竞争力和可持续发展能力。企业在环境保护、人才培养、技术创新等方面的实践，不仅能够降低企业的运营成本和风险，提高企业的生产效率和质量水平，还能够吸引更多的人才和资源，为企业提供更加坚实的支撑和保障，推动企业的可持续发展。

（3）增加企业社会责任意识和文化建设

江苏老字号企业通过社会责任实践，增加了企业社会责任意识和文化建设。企业在公益慈善、环境保护、职工权益保护等方面的实践，不仅能够提高员工的社会责任意识和职业道德，增强员工的归属感和忠诚度，还能够激发员工的工作热情和创新能力，提升企业的文化软实力。南京卫岗乳业有限公司通过慈善基金会、江苏省定点收治医院等各种渠道累计捐赠价值逾 1 462 万元的物资用于疫情防治工作。江苏苏酒集团、恒顺醋业集团、今世缘等企业捐赠物资均超 1 000 万元。

2. 社会方面

（1）促进社会公共利益和社会和谐稳定

江苏老字号企业通过积极履行社会责任，促进了社会公共利益和社会和谐稳定。企业在公益慈善、扶贫济困、教育文化等方面的实践，能够为贫困地区和弱势群体提供帮助和支持，改善社会福利，推动社会公共利益的实现。同时，企业在职工权益保护、安全生产等方面的实践，也能够保障员工的合法权益，维护社会的安全和稳定。

（2）增加就业和创造经济价值

江苏老字号企业通过积极履行社会责任，增加了就业机会和创造了经济价值。企业在技术创新、产品质量提升等方面的实践，能够为社会提供更好的产品和服务，创造更多的就业机会和经济效益。同时，企业在产业链上的合作和互动，也能够促进整个产业的发展和升级，为社会经济的可持续发展作出贡献。

（3）促进社会参与和社会责任意识的提升

江苏老字号企业通过社会责任实践，促进了社会参与和社会责任意识的提升。企业在公益慈善、环境保护、文化传承等方面的实践，能够吸引更多的社会组织和个人参与，形成广泛的社会合力。同时，企业在职工教育、文化交流等方面的实践，也能够提高人们的社会责任意识和文化素养，促进社会的文明和进步。

3. 环境方面

（1）促进环境保护和生态文明建设

江苏老字号企业通过积极履行社会责任，促进了环境保护和生态文明建设。企业在节能减排、资源回收利用、环境治理等方面的实践，能够降低企业的环境污染和生态破坏，促进环境保护和生态平衡的实现。同时，企业在产品研发和生产过程中，也能够注重环保和可持续性，推动环保技术和绿色产业的发展。

（2）提高环境意识和生态文明素养

江苏老字号企业通过社会责任实践，提高了环境意识和生态文明素养。企业在环境保护、可持续发展等方面的实践，能够引导员工和社会公众注重环保和生态文明，增强人们的环保意识和文化素养。同时，企业在产品设计和生产过程中，也能够考虑环保和可持续性，为消费者提供更加环保和健康的产品，推动社会消费观念的转变。

4. 提升社会声誉和品牌价值

（1）增强企业的社会声誉和品牌价值

江苏老字号企业通过社会责任实践，增强了企业的社会声誉和品牌价值。企业在公益慈善、文化传承、环境保护等方面的实践，能够赢得社会公众的认可和好评，增强企业的社会形象和品牌形象。同时，企业在产品质量、服务质量等方面的实践，也能够提高企业的市场竞争力和品牌价值，增加企业的经济效益和社会影响力。

（2）塑造企业的社会责任形象和品牌形象

江苏老字号企业通过社会责任实践，塑造了企业的社会责任形象和品牌形象。企业在公益慈善、文化传承、环境保护等方面的实践，能够体现企业的社会责任和公民意识，提升企业的社会价值和社会地位。同时，企业在产品研发、服务创新等方面的实践，也能够强化企业的品牌形象和市场竞争力，提升企业的品牌价值和美誉度。

三、江苏老字号在社会责任实践中的主要挑战和对策

作为江苏的传统企业形态，老字号企业承载了悠久的历史文化，需要在社会责任实践方面发挥积极作用。然而，江苏老字号企业在社会责任实践中面临着一系列的挑战，需要进行深入的探讨和思考，提出相应的对策和建议。

1. 江苏老字号在社会责任实践中的主要挑战

（1）社会责任意识不足

江苏老字号企业在社会责任意识方面存在的不足之处：由于长期的传统经营模式，

企业在实践中往往更加注重经济效益，而对于社会责任的重要性和必要性认识不足。企业需要加强社会责任意识的宣传和培养，通过教育和培训等方式，提高企业员工和管理层对于社会责任的认识和意识，建立起长期的社会责任意识和价值观。

（2）社会责任实践存在不足

江苏老字号企业在社会责任实践中存在的不足之处：虽然企业在公益慈善、文化传承、环境保护和员工关怀等方面有一定的实践和成果，但相对于企业的规模和发展水平，仍然存在不足之处。企业需要深入了解社会责任的内涵和实践要求，加强社会责任实践的规范化和系统化，推进社会责任实践的全面覆盖和深度发展。

（3）社会责任与经济效益的平衡

江苏老字号企业在社会责任实践中需要平衡社会责任与经济效益之间的关系。企业需要在实践中实现社会责任和经济效益的双赢，但同时也需要避免社会责任实践的成本过高，影响企业的经济效益和发展。企业需要在实践中深入探索和研究，通过创新经营模式和管理方式，实现社会责任和经济效益的良性互动。

（4）社会责任与品牌形象的协调

江苏老字号企业在社会责任实践中需要协调社会责任和品牌形象之间的关系。企业需要通过社会责任实践来提升品牌形象和知名度，但同时也需要注意社会责任实践与品牌形象的协调性。如果社会责任实践不得当，可能会对企业品牌形象产生负面影响，甚至导致品牌形象受损。因此，企业需要在实践中重视社会责任和品牌形象的协调性，加强品牌形象的管理和提升，提高企业的社会形象和知名度。

（5）社会责任评价体系不完善

江苏老字号企业在社会责任评价体系方面存在不完善的问题。社会责任评价体系是企业实践社会责任的基础和保障，但目前企业社会责任评价体系还不完善，评价标准和指标缺乏统一性和规范性，评价结果的可信度和权威性有待提高。企业需要加强社会责任评价体系建设，制订统一的评价标准和指标，加强评价结果的公正性和权威性，提高社会责任评价的有效性和实效性。

2. 江苏老字号在社会责任实践的主要对策

（1）提高社会责任意识

为了提高江苏老字号企业的社会责任意识，企业需要采取一系列措施，如加强社会责任教育和宣传，推进社会责任文化建设，建立社会责任意识的长效机制等。企业可以通过组织社会责任论坛、发布社会责任报告、参加社会公益活动等方式，提高员工和管理层对于社会责任的认识和意识，推进企业社会责任的全面实践。

（2）加强社会责任实践

为了加强江苏老字号企业的社会责任实践，企业需要深入了解社会责任的内涵和实践要求，制订具体的社会责任实践方案，建立规范化和系统化的社会责任管理体系。企业可以通过加强公益慈善、文化传承、环境保护和员工关怀等方面的实践，推进企业社会责任的全面覆盖和深度发展。

（3）实现社会责任与经济效益的平衡

为了实现江苏老字号企业的社会责任和经济效益的平衡，企业需要采取一系列措施，如创新经营模式和管理方式，推进科技创新和品牌建设，提高企业核心竞争力和综合实力，实现经济效益和社会责任的良性互动和可持续发展。企业需要从战略和长远的角度，坚持可持续发展的理念，注重社会责任和经济效益的协调发展，创造更加优质和可持续的经济、社会和环境效益。

（4）建立完善的社会责任评价体系

为了建立完善的社会责任评价体系，江苏老字号企业需要采取一系列措施，如加强社会责任评价标准和指标的制订，推进社会责任评价结果的公开透明化，提高社会责任评价的可信度和权威性等。企业可以建立自主评价和第三方评价相结合的评价体系，加强与社会各界的沟通和互动，实现社会责任评价和反馈的双向交流和持续改进。

（5）加强企业间的合作和共赢

为了加强江苏老字号企业的社会责任实践，企业需要加强企业间的合作和共赢。企业可以建立联盟和合作机制，推进社会责任的合作共建和共享，共同推进社会责任实践的深度和广度。同时，企业需要加强与政府和社会各界的合作和互动，共同推进社会责任的全面实践和发展。

在当前社会经济发展的背景下，江苏老字号企业需要加强社会责任实践，注重经济、社会和环境的协调发展，推进企业可持续发展和社会共同繁荣。同时，江苏老字号企业还需要面对一系列的挑战，如经济效益和社会责任的平衡问题、社会责任与品牌形象的协调问题等，需要采取一系列的对策，加强社会责任实践和建设，实现企业的可持续发展和社会责任的实现。

第三节　可持续发展的理念与举措

可持续发展是全球性的发展战略，旨在实现人类的长期利益和环境、社会、经济等多方面的可持续性。

一、可持续发展的概念和内涵

1. 可持续发展的概念

可持续发展是指在满足当前需求的基础上，在不破坏自然生态系统的前提下，以满足未来世代的需求为目标的一种发展方式。可持续发展旨在实现人类的长期利益和环境、社会、经济3个方面的可持续性，即环境可持续性、社会可持续性和经济可持续性。

2. 可持续发展的内涵

（1）环境可持续性

环境可持续性是指自然生态系统在长期内可以自我修复和再生的能力。环境可持续性的实现需要保护自然生态系统的多样性、完整性和稳定性。为此，需要保护水、土、空气、生物多样性等自然资源，减少污染和废弃物的排放，减少对环境的破坏，保障自然生态系统的健康和可持续发展。

（2）社会可持续性

社会可持续性是指在经济和环境可持续性的基础上，实现人类的平等和公正，并保障人类的基本权利和需求。实现社会可持续性需要保障人类的基本权利和需求，包括饮食、医疗、教育、住房、就业、社会保障等。同时，还需要保障社会公正和平等，缩小贫富差距和地区差异，实现资源和机会的公平分配。

（3）经济可持续性

经济可持续性是指在保障环境和社会可持续性的前提下，实现经济的稳定和发展。实现经济可持续性需要采取可持续的经济模式和产业结构，促进经济发展和就业，同时减少对自然资源的消耗和污染排放，实现经济和环境的协调发展。

3. 可持续发展的实现

（1）政策层面

政府可以通过立法、规划和政策等手段来推动可持续发展。政府可以加强环境保护和资源管理，限制对环境的污染和破坏，提高环境标准和管理水平，推广可持续生产和消费模式，鼓励企业和公众积极参与可持续发展。

（2）经济层面

经济发展是可持续发展的基础。为了实现经济可持续性，需要采取可持续的经济模式和产业结构。具体包括：第一，促进绿色经济，发展低碳经济、循环经济和可再生能源等；第二，鼓励企业实施环境管理和承担社会责任，提高资源利用效率和减少污染排放；第三，建立可持续投资和融资机制，引导资本流向可持续发展领域；第四，推广绿色消费和生产模式，引导消费者和企业实现可持续生产和消费。

（3）社会层面

实现社会可持续性需要全社会共同参与和努力。具体包括：第一，加强教育和宣传，提高公众对可持续发展的认识和意识；第二，建立社会公正和平等的制度和机制，缩小贫富差距和地区差异，实现资源和机会的公平分配；第三，鼓励社会组织和公民参与可持续发展，推动社会参与和监督；第四，加强国际合作和交流，共同应对全球性环境和发展问题。

（4）科技层面

科技创新是推动可持续发展的关键。具体包括：第一，加强研究和开发，推动新技术的应用和推广；第二，提高技术水平和技能，促进可持续生产和消费；第三，加强信息技术和数据管理，推动数字化转型和可持续发展；第四，促进科技创新和转化，打造可持续创新生态系统。

要实现可持续发展，需要政府、企业、公众和科技界等各方共同努力，推动环境、社会和经济的协调发展，建立可持续的发展模式和制度。只有通过共同努力，才能实现可持续发展的目标，为人类的未来提供更好的保障。

二、江苏老字号可持续发展的实践和经验

江苏老字号不仅代表着江苏的历史和文化，更是江苏经济和社会发展的重要组成部分。为了实现可持续发展，江苏老字号积极探索创新，不断优化经营模式和产品结构，取得了显著的成效。

1. 弘扬文化传统，创新产品设计

江苏老字号秉承着悠久的历史和深厚的文化底蕴，这些老字号品牌的经营文化都有着鲜明的地方特色和文化特征。为了实现可持续发展，江苏老字号在继承和弘扬传统文化的基础上，不断创新产品设计和开发，不断满足市场和消费者的需求。比如，南京韩复兴始创于清同治年间，经过百余年的发展，韩复兴板鸭因精工制作而声名远扬，成了送礼佳品，因为用荷叶及五彩丝线包扎上贡，所以韩复兴板鸭又名"宫礼贡鸭"。多年来，韩复兴为适应市场需求，不断开发新品种，为清真食品行业的快速发展拓展了空间，并引领着清真食品行业向更高、更新的目标迈进。

2. 提升产品质量，优化生产工艺

江苏老字号注重产品质量和生产工艺的优化，不断提高产品品质和竞争力，坚持选用优质原料和传统的手工制作工艺，确保产品质量和口感的稳定性；同时也不断引入现代科技和先进设备，加快生产效率和提高生产质量。例如，扬州老字号"三和四美"酱菜在传承和发扬传统工艺的基础上，采用现代科技手段，提高了产品的生产效率和品质稳定性，使得产品在市场上有着很高的竞争力。

3. 拓展市场渠道，创新销售模式

江苏老字号积极拓展市场渠道，创新销售模式，不断扩大市场份额和影响力，充分利用电商平台、社交媒体和线下渠道，通过多种销售模式和方式，扩大品牌的知名度和销售额。例如，苏州老字号"义昌福"在传统的销售渠道之外，在电商平台上开设了自己的网店，通过网络直销的方式，让更多的消费者了解到这个品牌，进而购买和喜爱它的产品。同时，"义昌福"还不断推出新品，开发新产品，扩大产品线，丰富产品种类，为消费者提供更多更好的选择。

4. 注重社会责任，积极参与公益事业

江苏老字号注重社会责任，积极参与公益事业，发挥自身的社会影响力和品牌号召力，为社会作出积极贡献。例如，2021年7月，河南多地持续遭遇极端天气，郑州等城市发生特大水灾，苏州稻香村向荥阳慈善总会捐赠抗汛救灾物资，凝心聚力，共抗灾情。苏州稻香村紧急调动资源，筹措面包、鸡蛋糕、鸡蛋卷等价值230余万元的糕点食品，驰援一线灾区。稻香村集团积极参与社会公益事业，参与抗击新冠疫情、捐助邢台水灾、捐助山东地区贫困教师、向困难群众捐赠月饼等公益活动，体现了老字号的责任与担当。

江苏老字号不断创新、优化经营模式，积极拓展市场渠道，加强品牌营销和宣传，推广传统文化，扩大品牌影响力和社会影响力，实现了可持续发展。同时，江苏老字号也面临着新的挑战和机遇，需要进一步加强创新、提高品质、优化管理，不断推进可持续发展，为江苏的经济和社会发展作出更大的贡献。

三、可持续发展对江苏老字号高质量发展的影响和作用

随着全球对可持续发展的认识不断加深，越来越多的人开始意识到可持续发展对社会、经济和环境的重要性。对于江苏老字号企业来说，实现可持续发展不仅能够为企业带来更好的发展机遇，还能够为社会、经济和环境作出贡献。

1. 可持续发展对江苏老字号高质量发展的影响

（1）提高江苏老字号企业的市场竞争力

实现可持续发展可以提高江苏老字号企业的市场竞争力。可持续发展要求企业在产

品质量、生产工艺、环保等方面达到一定的标准，这样才能获得消费者的认可和信任。实现可持续发展可以让江苏老字号企业打造高质量、环保、有社会责任感的品牌形象，从而提高其市场竞争力。

（2）增强江苏老字号企业的品牌价值和文化底蕴

实现可持续发展可以增强江苏老字号企业的品牌价值和文化底蕴。江苏老字号企业是中国传统文化的代表，其历史和文化价值是其品牌价值的重要组成部分。通过实现可持续发展，江苏老字号企业可以弘扬传统文化，继承传统工艺，并在此基础上实现现代化的技术创新和生产方式的升级，从而提升企业的品牌价值和文化底蕴。

（3）为江苏老字号企业带来长期的发展机遇

实现可持续发展可以为江苏老字号企业带来长期的发展机遇。在可持续发展的框架下，江苏老字号企业可以通过优化生产方式、提高资源利用效率、实现环境保护等措施，实现可持续发展。这不仅可以为企业带来长期的发展机遇，也可以为社会、经济和环境作出贡献。

（4）促进江苏经济的可持续发展

实现江苏老字号企业的可持续发展还可以促进江苏经济的可持续发展。江苏老字号企业在当地经济中扮演着重要的角色，是经济增长的重要引擎。实现可持续发展可以提高江苏老字号企业的市场竞争力，增强其品牌价值和文化底蕴，进而推动江苏经济的可持续发展。

（5）带动社会的可持续发展

实现江苏老字号企业的可持续发展还可以带动社会的可持续发展。江苏老字号企业在当地的生产和经营活动中，需要依托当地的社会和生态环境。实现可持续发展可以促进社会和生态环境的协调发展，提高社会的整体质量和可持续性。

2. 可持续发展对江苏老字号高质量发展的促进作用

（1）提高产品质量和品牌形象

江苏老字号企业以手工制作、传统工艺为特点，其产品具有独特的文化和历史价值。实现可持续发展可以提高产品质量，进一步提升品牌形象。通过优化生产工艺，提高资源利用效率，江苏老字号企业可以打造高质量、环保、有社会责任感的品牌形象，从而提高其市场竞争力。

（2）提高企业的经济效益

实现可持续发展可以提高江苏老字号企业的经济效益。可持续发展是一种长期的战略性举措，通过优化生产方式和提高资源利用效率，可以降低成本，提高效率，从而提高企业的经济效益。此外，可持续发展还可以提高品牌价值和市场竞争力，从而促进企业的长期发展。

（3）促进传统文化的传承和创新

江苏老字号企业作为传统手工业代表，承载着丰富的文化和历史价值。实现可持续发展可以促进传统文化的传承和创新。通过挖掘传统文化的价值，江苏老字号企业可以实现产品的文化内涵和文化传承，同时也可以通过技术创新和工艺创新，实现传统工艺的现代化和智能化，从而促进传统文化的传承和创新。

（4）实现资源的可持续利用和环境保护

江苏老字号企业在生产和经营过程中需要大量的自然资源，同时也会对环境造成一定的影响。实现可持续发展可以实现资源的可持续利用和环境保护。通过优化生产方式，提高资源利用效率，江苏老字号企业可以实现资源的可持续利用，同时也可以通过环境保护和治理，实现环境的可持续发展，从而实现可持续发展目标的实现。

（5）促进社会责任的落实

实现可持续发展可以促进江苏老字号企业的社会责任的落实。江苏老字号企业作为传统手工业代表，具有深厚的社会责任感。通过实现可持续发展，江苏老字号企业可以进一步落实社会责任，推动社会和经济的可持续发展，提高整个社会的质量和可持续性。

四、江苏老字号实现可持续发展面临的挑战和具体措施

1. 江苏老字号实现可持续发展面临的挑战

（1）传统工艺的保护和传承

江苏老字号企业作为传统手工业代表，承载着传统工艺和文化，传承和保护传统工艺是企业实现可持续发展的基础。然而，传统工艺的保护和传承面临着许多困难和挑战。首先，受到现代化生产技术和生产方式的冲击，许多传统工艺逐渐消失。其次，由于传统工艺需要长时间的手工操作和高技能的工人，劳动力成本较高，生产效率低下，难以与现代化生产方式竞争。因此，江苏老字号企业需要在保护和传承传统工艺的同时，不断进行技术创新和工艺改进，提高生产效率和产品竞争力。

（2）人才培养和管理

江苏老字号企业的发展离不开高素质、高技能的人才支持，人才培养和管理是企业实现可持续发展的重要环节。然而，江苏老字号企业在人才培养和管理方面存在许多困难和挑战。首先，传统手工业的技艺和知识需要长期学习和实践，人才培养成本较高。其次，人才流动性较大，缺乏稳定的人才队伍。因此，江苏老字号企业需要加强人才培养和管理，建立完善的人才管理制度，吸引和留住高素质、高技能的人才。

（3）市场竞争和品牌建设

江苏老字号企业在市场竞争和品牌建设方面面临着许多困难和挑战。首先，市场竞争激烈，江苏老字号企业需要提高产品品质和竞争力，不断进行技术创新和产品升级。其次，品牌建设需要长期投入和耐心积累，需要企业有足够的资金和资源支持。因此，江苏老字号企业需要注重市场调研和产品设计，不断改进产品，提高品牌知名度和美誉度。

（4）环境保护和治理

江苏老字号企业实现可持续发展需要注重环境保护和治理，但环境保护和治理面临着许多困难和挑战。首先，环境治理需要耗费大量的资金和人力，企业难以承担高昂的环境治理成本。其次，环境污染和治理涉及政府政策和法律法规，企业需要遵守各项规定和标准，但有时政策和标准不够明确或者难以执行。因此，江苏老字号企业需要加强环境保护和治理意识，采取切实可行的环保措施，提高环境治理效率和质量。

（5）社会责任和公益事业

江苏老字号企业实现可持续发展需要承担社会责任和公益事业，但这也面临着许多困难和挑战。首先，企业需要承担的社会责任和公益事业多种多样，涉及教育、文化、环境、健康等多个方面，需要企业有足够的资源和精力支持。其次，企业在开展公益事业的同时，也需要考虑到自身经营和利益的问题，需要找到平衡点。江苏老字号企业需要积极应对这些挑战，注重社会责任和公益事业，树立企业社会责任意识，采取具体行动，积极回馈社会。

总之，可持续发展对江苏老字号企业的高质量发展具有重要的影响和作用，江苏老字号企业需要注重保护传统工艺和文化，加强人才培养和管理，提高产品品质和竞争力，注重环境保护和治理，承担社会责任和公益事业，推动企业可持续发展。随着时间的推移，江苏老字号企业将在可持续发展的道路上不断前进，取得更加辉煌的成就。

2. 江苏老字号实现可持续发展的具体措施

（1）优化生产方式，提高资源利用效率

江苏老字号企业可以通过优化生产方式，提高资源利用效率，实现可持续发展。例如，通过引入现代化的生产设备和技术，改善生产工艺，降低能源和资源消耗，减少废弃物的产生，从而提高资源利用效率，降低生产成本，提高企业的经济效益。

（2）实现环境保护和治理

江苏老字号企业需要在生产和经营过程中，实现环境保护和治理是实现可持续发展的重要举措。可以通过以下措施实现环境保护和治理：第一，加强环境监测和管理，建立完善的环境保护制度；第二，推广清洁生产和循环经济，减少污染物排放和废弃物产生；第三，加强废弃物管理，实现废弃物的有效处置和回收利用；第四，加强对污染物的处理和减排技术研发和应用，减少环境污染物排放。

（3）推进产品创新和工艺创新

江苏老字号企业可以通过产品创新和工艺创新，实现可持续发展。例如，通过技术创新和工艺创新，实现传统工艺的现代化和智能化，提高产品的品质和竞争力，从而促进企业的长期发展。此外，通过产品创新，可以体现产品的文化内涵和实现文化传承，从而促进传统文化的传承和创新。

（4）实现社会责任的落实

江苏老字号企业可以通过实现社会责任的落实，推动可持续发展。例如，加强员工的培训和教育，提高员工的素质和技能水平，建立和完善企业的劳动保护制度，保障员工的健康和安全；加强与社区的交流和合作，推动社区的发展和进步，提高社区居民的生活质量和幸福感；加强慈善和公益事业的支持和参与，为社会发展作出贡献。

（5）加强品牌建设和市场推广

江苏老字号企业可以通过加强品牌建设和市场推广，实现可持续发展。例如，加强品牌定位和品牌形象塑造，提高品牌价值和市场竞争力；加强市场调研和产品设计，满足消费者的需求和期望，提高产品的市场占有率和销售额。

第八章
江苏老字号国际化发展与创新驱动

在当前经济形势下，老字号企业需要通过国际化发展和创新驱动来提升自身的竞争力和发展水平。在国际化方面，老字号企业需要积极开拓国际市场，树立品牌形象和信誉度。在创新驱动方面，老字号企业需要注重科技创新和管理创新，不断提高自身的技术和管理水平，实现转型升级和可持续发展。

第一节　国际化发展的重要意义

江苏是我国老字号企业的重要发源地和集聚区，拥有众多历史悠久、文化底蕴深厚的老字号品牌。随着我国经济的快速发展和全球化的深入推进，江苏老字号企业需要积极面向国际市场发展，开拓更广阔的发展空间和机遇。

一、国际化发展对江苏老字号高质量发展的重要性和必要性

随着我国经济的快速发展和全球化的深入推进，国际市场已成为江苏老字号企业实现高质量发展的重要战略选择和发展方向。国际化发展对江苏老字号企业具有的重要性和必要性有以下几点。

1. 拓展市场空间和增加销售收入

江苏老字号企业在国内市场拥有较高的知名度和品牌认知度，但是市场竞争也非常激烈。通过国际化发展，企业可以拓展海外市场，增加销售收入，降低市场风险和压力。同时，海外市场的需求和消费习惯也有所不同，企业可以通过了解和适应当地市场需求，不断改进产品和服务，提高竞争力和市场份额。

2. 强化品牌形象和提升品牌价值

江苏老字号企业的品牌历史悠久、文化底蕴深厚，通过国际化发展，可以让更多的国际消费者了解和认识我国传统文化和优秀品牌。通过提高产品和服务质量、树立品牌形象和信誉度，江苏老字号企业可以在海外市场打造出高品质的"中国制造"品牌形象，提升品牌价值和竞争力。

3. 开拓新的业务领域和增加利润空间

江苏老字号企业通过国际化发展，可以拓展新的业务领域和增加利润空间。比如，通过跨境电商和线上销售渠道，江苏老字号企业可以打开全球市场，开展多元化的业务和创新服务，拓展新的收入来源和业务领域。同时，通过国际化合作和投资，江苏老字号企业也可以在国际市场上寻找更多的投资和合作机会，拓展产业链和供应链，增加企业的利润空间和降低风险。

4. 增强企业的竞争力和创新能力

江苏老字号企业通过国际化发展，可以接触到更多的国际先进技术、管理经验和市

场策略，提高企业的竞争力和创新能力。在国际市场上，企业需要不断创新和改进产品和服务，适应不同国家和地区的需求和市场环境。通过不断学习和汲取国际先进经验，江苏老字号企业可以提高自身的创新能力和核心竞争力，实现可持续发展和高质量发展。

二、国际化发展对江苏老字号高质量发展带来的挑战

1. 市场风险和竞争压力

随着全球化和国际化的发展，老字号企业面临着越来越激烈的市场竞争和风险。这是因为老字号企业需要面对来自世界各地的竞争对手，它们可能拥有更先进的技术、更高效的生产和销售渠道、更具吸引力的品牌形象等等，这些都将对老字号企业产生挑战。此外，老字号企业还需要应对市场风险，例如经济波动、政策不稳定性、自然灾害等不可预测的因素。这些因素可能会影响到老字号企业的销售和利润，因此老字号企业需要具备应对风险的能力和策略。

2. 文化差异和语言障碍

文化差异是老字号企业在国际化过程中不可避免的挑战。不同的国家和地区有着不同的文化背景、价值观和消费习惯，这些因素都会影响到企业在当地市场的表现。老字号企业需要深入了解当地文化，调整自身的经营策略和产品定位，以满足当地消费者的需求和喜好。语言障碍也是老字号企业在国际化过程中需要克服的问题。不同的国家和地区使用不同的语言，如果企业不能有效地与当地消费者进行沟通，就难以在当地市场立足。因此，老字号企业需要投入大量的人力、物力和财力来翻译产品说明书、广告宣传等文案并将其进行本地化处理，以便更好地与当地消费者进行交流。

3. 技术壁垒和知识产权问题

技术壁垒是老字号企业在国际化过程中需要面对的一个挑战。在国际市场上，一些新兴企业拥有先进的技术和设备，可以更快地开发出更具竞争力的产品。老字号企业需要不断创新，提高自己的技术和生产水平，以便在国际市场上获得竞争优势。知识产权问题也是老字号企业在国际化过程中需要注意的一个问题。在国际市场上，一些企业可能会盗用老字号企业的商标、专利或其他知识产权，从而获得不当的竞争优势。老字号企业需要采取措施来保护自己的知识产权，包括申请专利、注册商标、加强知识产权保护等。

4. 资金和人才引进问题

资金引进是老字号企业国际化发展的首要问题。要实现国际化发展，需要大量的资金来支持企业的扩张和发展。老字号企业通常拥有自身的品牌和市场基础，但由于市场

竞争的加剧和新技术的涌现，需要不断进行产品升级和创新，以提升产品竞争力。这需要大量资金的支持，而老字号企业往往缺乏获得这些资金的途径和手段。人才引进也是老字号企业国际化发展的难题之一。随着经济全球化的发展，企业之间的竞争愈发激烈，老字号企业需要具备国际化视野和创新能力，才能在全球市场中立于不败之地。而这种能力需要有扎实的专业知识和实践经验的人才支持。然而，老字号企业往往面临着人才流失和人才储备不足的问题，这使得企业的国际化发展受到了严重的制约。

三、江苏老字号国际化发展的实施策略

1. 建立国际化战略

江苏老字号企业需要制订清晰的国际化战略，明确企业的国际化目标和发展方向，包括进入哪些国家和地区、选择何种发展模式、如何管理和组织等。同时，企业还需要制订详细的实施计划和措施，确保国际化战略的顺利实施。

2. 建立国际化人才团队

江苏老字号企业需要建立一支具备国际化视野和跨文化交流能力的人才团队，包括拥有国际市场经验和语言沟通能力的销售人员、懂得国际化战略制订和风险管理的管理人员、具备国际化背景和专业知识的研发人员等。

3. 提高产品和服务的质量和创新水平

江苏老字号企业需要不断提高产品和服务的质量和创新水平，适应不同国家和地区的需求和市场环境，增强品牌的竞争力和市场占有率。企业可以通过研发新产品、改进现有产品、提高产品品质和服务质量等手段来实现这一目标。

4. 积极开拓国际市场

江苏老字号企业需要积极开拓国际市场，通过多种方式拓展海外业务，包括直接出口、建立海外代理、合资或收购海外企业等。企业需要对海外市场进行深入研究，了解市场环境、竞争对手、文化差异等，制订针对性的市场营销策略和销售方案。

5. 加强品牌建设和知识产权保护

江苏老字号企业需要加强品牌建设和知识产权保护，提高品牌知名度和美誉度，增强品牌在海外市场的竞争力。同时，企业需要重视知识产权保护，通过专利、商标等手段保护企业的核心技术和品牌形象。

6. 合理配置资金和资源

江苏老字号企业需要合理配置资金和资源，平衡国内和海外业务的发展，保证国际

化战略的顺利实施。企业需要根据不同的国际市场特点和业务需求，灵活调整投资和资源配置，实现最优化的经济效益。

7. 加强组织和管理体系建设

江苏老字号企业需要加强组织和管理体系建设，适应国际化发展所带来的组织和管理变革，建立适应国际化发展的组织和管理体系，提高企业管理水平和竞争力。

国际化发展是江苏老字号企业高质量发展的必经之路。企业需要充分认识到国际化发展的重要性和必要性，加强国际化战略的制订和实施，注重产品创新和技术引进，加强组织和管理体系建设，提高品牌知名度和美誉度，拓展海外市场，实现可持续发展。同时，政府和相关部门也需要加强支持，为企业的国际化发展提供更多的政策和资源支持，促进江苏老字号企业高质量发展。

四、江苏老字号国际化发展的主要内容

1. 品牌建设

品牌是企业在国际市场上的重要资产，江苏老字号企业在国际化发展过程中需要注重品牌建设。企业需要通过品牌定位、品牌文化、品牌形象等方面的建设，打造独具特色、具有竞争力的品牌，提高品牌知名度和美誉度。江苏老字号企业可以通过参加国际展会、举办文化活动、赞助体育赛事等方式，扩大品牌影响力，提高国际知名度。

2. 技术创新

技术创新是江苏老字号企业国际化发展的重要支撑，企业需要不断加强技术研发和创新，提高产品质量和技术含量，满足国际市场的需求。江苏老字号企业可以通过引进国外技术和专业人才、与国外企业进行技术合作、建立国际化的研发中心等方式，提高企业的技术水平和创新能力。

3. 组织与管理体系建设

组织与管理体系建设是江苏老字号企业国际化发展的重要保障，企业需要建立和完善国际化的组织和管理体系，提高企业的管理效率和效益。企业可以通过建立国际化的管理团队、建立国际化的人力资源管理体系、加强信息化建设等方式，提高企业的组织与管理水平。

4. 营销策略和市场拓展

营销策略和市场拓展是江苏老字号企业国际化发展的重要内容，企业需要制订适合国际市场的营销策略和市场拓展计划，积极拓展海外市场。江苏老字号企业可以通过建立国际化的营销网络、加强海外代理商和分销商的管理、加强产品的定价和促销策略等

方式，提高市场份额和盈利能力。

5. 文化交流和合作

文化交流和合作是江苏老字号企业国际化发展的重要方式，企业需要通过与国外企业和机构的合作，加强文化交流，了解国际市场的需求和趋势，提高企业的竞争力和创新能力。江苏老字号企业可以通过与国外企业进行合资、并购等方式，拓展海外市场，同时实现技术、品牌和管理等方面的合作和交流。

6. 社会责任和环保

在国际化发展过程中，江苏老字号企业还需要注重社会责任和环保问题。企业需要积极履行社会责任，关注员工福利、环境保护等方面，提高企业的社会形象和声誉。江苏老字号企业可以通过建立社会责任和环保管理体系、加强环境保护和绿色生产等方式，提高企业的社会责任感和环保意识，同时满足国际市场对环保产品和企业的要求。

第二节　创新驱动的理念与策略

创新是指通过新的思想、方法、技术、产品等，创造性地满足人们的需求和解决问题的过程。作为推动经济发展和社会进步的重要力量，创新已成为当今世界各国竞争的核心。

一、创新驱动的概念、内涵、实践

1. 创新驱动的概念

创新驱动是一种以创新为主要手段，推动经济增长、社会进步和国家发展的战略思想和行动方向。创新驱动的核心是创新，旨在通过不断创新，提高经济、科技、文化等方面的竞争力，实现可持续发展。创新驱动战略是我国从国际经验和实践出发，结合自身国情制订的一种以创新为核心的经济发展战略。

2. 创新驱动的内涵

（1）科技创新

科技创新是创新驱动的核心内容。科技创新包括基础研究、应用研究和技术创新等多个层次，是提高经济、文化、社会等方面的竞争力和创造新的发展机会的重要手段。科技创新可以通过引进、吸收、自主研发等多种方式实现，同时需要政府、企业、高校等多方力量的共同合作和支持。

（2）制度创新

制度创新是创新驱动的重要组成部分。制度创新是指不断完善和创造新的政策、法规、机制等制度安排，以推动经济社会发展。制度创新可以提高市场的透明度和公正性，激发市场主体的活力，增强企业的竞争力和创新能力。

（3）人才创新

人才是创新驱动的重要资源和核心动力。人才创新包括人才培养、引进和管理等多个方面。建立人才培养、流动和激励等机制，对于提高人才素质和创新能力，提高企业的竞争力和发展速度，具有重要的作用。

（4）文化创新

文化创新是创新驱动的重要内容之一。文化创新包括文化创意、文化产业等多个方面，可以提高文化软实力，促进文化传播和交流，增强国家的文化影响力。同时，文化创新也可以促进经济发展，开拓新的经济增长点，提高产业附加值。

（5）全要素创新

全要素创新是创新驱动的总体目标。全要素创新是指在科技创新、制度创新、人才创新、文化创新等多个方面实现创新，从而提高整个社会的创新能力和竞争力。全要素创新需要政府、企业、高校等多方合力，构建科技、经济、社会等各个方面的创新生态环境。

3. 创新驱动的实践

（1）政府引导

政府在创新驱动中具有重要作用。政府需要制订和实施相关政策和措施，引导和支持企业、高校、科研机构等各方力量，加强科技创新、制度创新、人才创新、文化创新等方面的合作，推动全要素创新。政府还需要加强知识产权保护、科技成果转化等方面的工作，促进科技成果向经济和社会转化。

（2）企业创新

企业是创新驱动的主要主体。企业需要增强创新意识，不断加大科技研发投入，提高研发能力和创新能力，掌握核心技术和关键产品，提高市场竞争力。同时，企业需要注重制度创新、人才创新和文化创新等方面，构建全要素创新的企业生态环境。

（3）高校科研机构创新

高校和科研机构是创新驱动的重要力量。高校需要加强科技创新、人才创新和文化创新等方面的合作，加强科研成果向产业转化的工作，提高技术转移能力和产业化水平。科研机构需要注重制度创新，构建更加灵活、高效的管理机制，加强科技成果的产业化和市场化转化。

（4）创新生态环境建设

创新驱动需要良好的创新生态环境。创新生态环境包括科技创新、制度创新、人才创新、文化创新等多个方面。政府需要制订相关政策和措施，加大科技投入，促进知识产权保护和技术转移。同时，需要建立良好的创新创业环境，加强人才培养和引进，鼓励创新创业，提供创业支持和服务。

（5）聚焦重点领域

创新驱动需要聚焦重点领域，集中资源和力量攻克难题，提升整个社会的创新水平和竞争力。重点领域包括信息技术、生物医药、新材料、节能环保、高端装备制造等。政府需要加大对这些领域的支持和引导，加强政策衔接和协调，形成多方合作的创新生态。

创新驱动是当前我国经济发展的关键战略，也是未来发展的重要引擎。创新驱动需要政府、企业、高校、科研机构等多方力量合作，构建全要素创新的生态环境，实现科技创新、制度创新、人才创新和文化创新等多个方面的提升。只有不断推进创新驱动，才能在新的历史条件下实现高质量发展和建设创新型国家的目标。

二、创新驱动对江苏老字号高质量发展的重要性和作用

随着市场竞争的加剧和技术进步的推进，江苏老字号企业需要加快转型升级，推动高质量发展。在这一过程中，创新驱动具有重要的作用和意义。

1. 提升核心竞争力

创新驱动可以提升江苏老字号企业的核心竞争力。在当前市场竞争激烈的环境下，江苏老字号企业必须不断创新，才能在激烈的市场竞争中立于不败之地。通过技术创新、产品创新、服务创新等方面进行创新，提高产品质量和竞争力，从而赢得市场份额，提升企业的核心竞争力。

2. 开拓新市场

创新驱动可以帮助江苏老字号企业开拓新市场。随着消费者需求的不断变化和升级，江苏老字号企业需要不断推陈出新，推出适应市场需求的新产品和服务，才能满足消费者的需求，开拓新市场。通过技术创新和产品创新，可以提高产品的差异化和专业化水平，满足不同消费者的需求，从而打开新市场。

3. 提高生产效率

创新驱动可以提高江苏老字号企业的生产效率。通过技术创新和工艺创新，可以提高生产效率，降低生产成本，提高产品质量。同时，通过管理创新，可以提高企业的管理效率，优化流程和组织，降低管理成本，提高生产效率。

4. 降低生产成本

创新驱动可以降低江苏老字号企业的生产成本。通过技术创新和工艺创新，可以开发新的生产工艺，降低原材料、能源等成本，提高生产效率，降低生产成本。同时，通过管理创新，可以降低管理成本，提高效益，从而降低生产成本。

5. 增强品牌影响力

创新驱动可以增强江苏老字号企业的品牌影响力。通过技术创新、产品创新和服务创新，可以提高产品质量和品牌形象，增强品牌知名度和品牌美誉度。同时，通过市场营销创新，可以提高品牌推广效果，扩大品牌影响力，增强品牌价值。

6. 提高员工素质

创新驱动可以提高江苏老字号企业员工素质。通过组织培训、技术创新和制度创新，可以提高员工的技术水平、管理水平和创新意识，增强员工的综合素质，提高员工的工作效率和工作质量，从而推动企业的发展。

7. 实现可持续发展

创新驱动可以帮助江苏老字号企业实现可持续发展。通过技术创新、产品创新和管理创新，可以提高产品的环保性和节能性，实现资源的有效利用和环境的保护，推动企业的可持续发展。同时，通过市场营销创新和人才培养创新，可以培养出更多符合市场需求和社会发展要求的人才，为企业的可持续发展提供坚实的人才支撑。

8. 促进产业升级

创新驱动可以促进江苏老字号企业的产业升级。通过技术创新和工艺创新，可以提高产品的差异化和专业化水平，推动产品向高端化、精细化、智能化方向升级，从而实现产业升级。同时，通过市场营销创新和管理创新，可以提高企业的品牌知名度和品牌美誉度，推动企业向品牌化、规模化、集约化方向发展，促进产业升级。

创新驱动是江苏老字号企业实现高质量发展的重要推动力，只有不断进行技术创新、产品创新、管理创新、市场营销创新和人才培养创新，不断提高企业的核心竞争力和品牌影响力，才能在激烈的市场竞争中立于不败之地，实现长期、稳健、可持续的发展。

三、江苏老字号创新驱动的主要内容和策略

江苏拥有众多老字号企业，这些企业有着悠久的历史和丰富的文化底蕴，但也面临着市场竞争激烈、技术落后等挑战。为了应对这些挑战，江苏老字号企业需要进行创新驱动，不断推进企业发展。

1. 江苏老字号创新驱动的主要内容

（1）技术创新

技术创新是江苏老字号企业创新驱动的核心内容。这些企业需要加强技术研发能力，引入先进的生产工艺和设备，提高产品质量和生产效率。例如，1848年成立的南通曹裕兴染坊距今已有170多年。在曹裕兴染坊第五代传承人江荣看来，老字号靠"吃老本"不创新，迟早会被市场淘汰。为此，曹裕兴染坊在保持传统手法基础上吸收流行文化元素，研发具有现代审美趣味的蓝印花布；同时，它还出版了专著《传承人手把手教你学蓝印花布印染》，帮助更多年轻人了解、学习蓝印花布这项传统技艺。

（2）产品创新

产品创新是江苏老字号企业创新驱动的重要内容。这些企业需要在传承传统工艺的基础上，不断推陈出新，开发出符合市场需求的新产品。例如，江苏的老字号企业南京金陵药业股份有限公司，不仅在传统中药制剂方面有着深厚的技术积累，还在近年来开发了多个新品种的中药保健品，满足了现代人的养生需求。

（3）管理创新

管理创新是江苏老字号企业创新驱动的重要手段。这些企业需要加强对管理的创新，改善企业内部的组织结构、流程、制度等方面，提高企业的运营效率和核心竞争力。例如，徐州的老字号餐饮"两来风"餐厅在管理中不墨守成规，积极创新，将淮扬菜系引进徐州，采取菜点结合的方式，开设经营三餐的"两来风"精品店，以过硬的辣汤和面点品质为特点，再加上口味细腻和做工精致的淮扬菜品、古色古香的装修风格、热情周到的服务，改变了徐州市民对本地老字号菜品辣乎乎、咸乎乎、油乎乎的刻板印象，吸引了大批的食客。

（4）文化创新

文化创新是江苏老字号企业创新驱动的另一重要内容。这些企业需要在传承传统文化的基础上，不断推陈出新，注入现代元素，增强品牌的文化内涵和品位。例如，2021年江苏老字号企业扬州漆器厂成立了创新工作室，重点负责开发与日常生活结合的伴手礼等实用性文创产品，工作室将目标锁定在年轻群体这一市场主力军身上，把产品定位在灯具、茶具、香料、文房用品等文创小件上，应用新材料、结合新工艺，再通过机器设备实现批量化生产。通过与艺术家、设计师的合作，将传统文化元素与现代艺术相结合，推出了一系列富有文化内涵的产品，赢得了年轻人的青睐。

2. 江苏老字号创新驱动的主要策略

（1）加强技术研发，提升产品质量和生产效率

江苏老字号企业需要加强技术研发，提升产品质量和生产效率。这需要企业投入更多的资源和资金，积极引进国内外先进技术和设备，建立完善的研发体系，加强人才培养和引进，提高企业技术创新能力。同时，企业还需加强与高校、研究机构等科研机构的合作，拓展技术研发渠道，为企业的技术创新提供更多的资源和支持。

（2）创新产品，满足市场需求

江苏老字号企业需要创新产品，满足市场需求。这需要企业了解市场需求，把握消费者需求的变化和趋势，从而开发出符合市场需求的新产品。企业可以通过市场调研、消费者反馈等方式，了解市场需求，开发出具有市场竞争力的新产品。同时，企业还需不断提高产品质量和服务水平，树立良好的品牌形象，赢得消费者的信任和支持。

（3）改善管理，提高运营效率

江苏老字号企业需要改善管理，提高运营效率。这需要企业注重内部管理，加强组织结构、流程和制度等方面的改革，提高企业的运营效率和核心竞争力。同时，企业还需注重人才培养和引进，建立人才梯队，吸引和留住优秀的人才，为企业的发展提供有力的人才保障。

（4）注重品牌文化建设，提高品牌影响力

江苏老字号企业需要注重品牌文化建设，提高品牌影响力。这需要企业树立企业文化，注重传承和发扬传统文化，同时融入现代元素，提高品牌的文化内涵和品位。企业

还需注重品牌推广，加强品牌形象的宣传和营销，提高品牌的知名度和美誉度。

（5）加强合作，拓展市场

江苏老字号企业需要加强合作，拓展市场。这需要企业与供应商、渠道商、合作伙伴等建立紧密的合作关系，拓展销售渠道，开拓新的市场。同时，企业还需注重产品差异化和市场定位，提高产品竞争力和市场占有率。

（6）积极参与国家政策和计划

江苏老字号企业需要积极参与国家政策和计划，争取政府的支持和扶持。政府的支持和扶持可以为企业提供更多的资源和条件，推动企业的发展和创新。企业可以通过申请政府项目、参加政府组织的展会和会议等方式，了解和获取政府制订的政策，为企业的发展提供更多的支持和保障。

（7）开展跨界合作，推动产业升级

江苏老字号企业需要开展跨界合作，推动产业升级。跨界合作可以为企业带来新的商业机会和市场前景，同时也可以促进不同产业之间的交流和创新。企业可以与其他行业的企业或者专业机构进行合作，共同研发新产品或者推广新服务，提高企业的核心竞争力和市场影响力。

（8）注重环保和可持续发展

江苏老字号企业需要注重环保和可持续发展，积极采取环保措施，降低环境污染和资源浪费，推进可持续发展。这可以提高企业的社会责任感和形象，赢得社会的认可和支持。

（9）加强人才培养和引进

江苏老字号企业需要加强人才培养和引进，建立人才梯队，吸引和留住优秀的人才，为企业的发展提供有力的人才保障。企业可以通过多种途径，如职业培训、人才引进、技能竞赛等方式，提高员工的技能和素质，同时加强与高校、研究机构等科研机构的合作，引进高层次人才，提升企业的科技创新能力。

在推动企业发展的过程中，企业需要注重市场需求、技术创新、人才培养、合作拓展等方面，加强自身的创新能力和竞争力，推动传统产业向高端化、智能化和绿色化方向发展。通过不断创新和转型升级，江苏老字号企业可以实现更加可持续的发展，为我国经济的发展和江苏的繁荣作出更加重要的贡献。

创新驱动发展，中华老字号苏州稻香村踏准时代步伐

近年来，在高速度、快节奏的生活下，传统的社会关系、风俗礼仪、消费习惯、传播方式正不断变迁和瓦解，面对更年轻、多元的消费群体，更健康、丰富的口味需求，更激烈、难测的竞争环境，许多百年品牌、超级老店都经历着前所未有的"冲击"。这样的大背景下，固守自封的企业终将被市场所淘汰，当然，也有不少老字号破浪前行，结合科技的力量把握新需求、新趋势，开辟新赛道、新空间，在新的商业时代走出了一

片艳阳天，苏州稻香村正是其中具有代表性的老字号之一。

苏州稻香村于清乾隆三十八年（1773年）在苏州观前街创立，是"稻香村"品牌的创始者、"稻香村"糕点类商标的持有者，也是我国商务部首批认定的"中华老字号"。历经清朝、民国、新中国的时代变迁和经营体制的变革，现已发展成为集研发、生产、销售为一体的现代化大型食品集团，也是中式糕点行业最大的龙头企业。

作为数百年商业和手工业竞争中留下的"精品"，苏州稻香村应对环境突变的能力早已深植于基因之中。为了适应现代市场快速运转和消费者快节奏生活的需求，近年来，苏州稻香村在研发上持续加大投入，将传统工艺与现代科技相融合，实现技术、设备的创新一体化研制，既满足市场需求快速运转，又保证消费者对产品品质的需求。

目前，稻香村集团在江苏、山东、北京、辽宁、四川等地建有10个现代化的生产加工中心，拥有百余条行业领先的生产线，现代化的生产设备及工艺与科学管理体系，使得老字号的悠久文化与现代加工技术融为一体。与此同时，稻香村集团每年在研发上的投入保持20％的增长，在苏州、菏泽、北京三地设有研发中心，并与国内外知名科研院所联合成立产学研合作平台，进行创新成果转化，满足消费者与市场持续变化的需求。

随着数字智能时代的来临，苏州稻香村还在不断探索新一代信息技术应用，通过践行企业数字化建设，将生产、营销、渠道资源更好地利用聚集起来，为消费者带来更具个性化的产品及服务体验，以科技为老品牌注入新活力。

第三节　江苏老字号国际化发展与创新驱动的整合

随着我国经济的不断发展和开放，江苏老字号企业开始面向国际市场，实现国际化发展。在这一过程中，创新驱动是至关重要的因素。

一、江苏老字号国际化发展与创新驱动的整合策略和路径

江苏老字号企业作为具有悠久历史的企业，拥有着非常深厚的文化底蕴和技术积淀。在经济全球化的趋势下，这些企业必须积极适应市场的变化，加快国际化进程，不断探索创新驱动和国际化发展的整合路径。

1. 江苏老字号国际化发展与创新驱动的整合策略

（1）创新驱动是国际化发展的核心

江苏老字号企业在国际化发展中，必须将创新驱动作为核心战略，加快技术研发和产品创新，提高企业的核心竞争力和国际市场占有率。创新驱动包括技术创新、管理创新、模式创新等多方面，企业需要积极投入研发，增加自主知识产权，推进自主品牌建设，探索新的商业模式和营销模式。

（2）充分利用国际资源和市场

江苏老字号企业在国际化发展中，需要充分利用国际资源和市场，积极开展国际贸易，建立起国际化的采购、销售和供应链体系。同时，企业还需要积极参加国际展览和会议，拓展海外市场，加强与国际知名企业的合作和交流，提高企业在国际市场的知名度和品牌形象。

（3）加强人才培养和引进

江苏老字号企业在国际化发展中，需要加强人才培养和引进，构建具有国际化视野和全球化竞争力的人才队伍。企业应该通过多种方式引进海归人才、留学生和海外高层次人才，同时加强内部人才培养和选拔，提高员工的综合素质和国际竞争力。

（4）注重文化传承和创新

江苏老字号企业在国际化发展中，需要注重文化传承和创新，将传统文化融到产品设计和营销策略中，增强产品的文化内涵和特色。同时，企业也需要在传统文化基础上进行创新，开发更具有时代性和市场需求的产品，使传统文化得以在国际市场上得到更好的传播和发展。

（5）加强与政府的合作

江苏老字号企业在国际化发展中，需要加强与政府的合作，争取政府的支持和政策优惠，同时积极响应国家的对外贸易政策和参与合作项目，拓展国际市场。与政府的合作还可以帮助企业更好地获得资源和资金支持，推进技术研发和产品创新。

2. 江苏老字号国际化发展与创新驱动的整合路径

（1）打造具有国际竞争力的自主品牌

江苏老字号企业应该加快自主品牌的建设，推动品牌国际化，打造具有国际竞争力的自主品牌。企业可以通过创新设计、营销策略和服务体系等方面进行提升，同时在国际市场上积极争取品牌认可和市场份额。

（2）加强技术研发和产品创新

江苏老字号企业应该加强技术研发和产品创新，不断提升企业的核心竞争力和市场占有率。企业可以通过建立研发中心、引进人才和技术等方式来加强技术研发，同时通过产品升级和创新来提高产品质量和附加值，满足国际市场的需求。

（3）加强国际市场营销和推广

江苏老字号企业应该加强国际市场营销和推广，积极参加国际展览和会议，拓展海外市场，加强与国际知名企业的合作和交流，提高企业在国际市场的知名度和品牌形象。同时，企业还可以通过建立国际销售渠道、加强网络营销等方式来提高产品的市场覆盖率和销售额。

（4）加强人才队伍建设

江苏老字号企业应该加强人才队伍建设，构建具有国际化视野和全球化竞争力的人才队伍。企业可以通过海归人才、留学生和海外高层次人才的引进和培养，提高员工的综合素质和国际竞争力。同时，企业还应该加强内部人才培养和选拔，提高员工的职业素养和创新能力，为企业的国际化发展提供有力的人才支持。

（5）加强与政府的合作

江苏老字号企业应该加强与政府的合作，积极响应国家的对外贸易政策和参与合作项目，争取政府的支持和政策优惠。企业可以通过政府支持的创新项目、政策补贴和贸易促进等方式来获得更多的资源和资金支持，推进技术研发和产品创新，提高企业的核心竞争力和市场占有率。

江苏老字号企业的国际化发展和创新驱动是企业发展的重要战略选择，对于企业的长远发展具有重要意义。企业应该注重整合资源和优势，采取有效的整合策略和路径，不断提高企业的创新能力和国际竞争力，推动企业的稳健发展和跨越式发展。

二、江苏老字号国际化发展与创新驱动的优化和升级

随着全球化进程的不断加速，江苏老字号企业也面临着日益激烈的国际竞争压力。为了在国际市场上取得更大的市场份额和更高的竞争力，企业需要加强国际化发展和创

新驱动，并不断优化和升级这两个方面的内容和策略。

1. 国际化发展的优化和升级

（1）拓展全球化战略视野

江苏老字号企业在国际化发展中需要拓展全球化战略视野，注重市场定位和差异化竞争策略。企业应该通过国际市场调研和分析，深入了解当地市场需求和文化特点，根据当地市场的差异性和特点，针对性地开发和推出符合当地消费者需求的产品和服务，实现差异化竞争，提高企业的市场占有率和盈利能力。

（2）加强国际营销和品牌建设

江苏老字号企业在国际化发展中需要加强国际营销和品牌建设，提高品牌知名度和美誉度。企业应该注重建立良好的品牌形象和企业形象，树立起强大的品牌认知度和品牌信誉度，通过各种营销手段和渠道，扩大企业的品牌影响力和知名度。

（3）加强海外资源整合和联盟合作

江苏老字号企业在国际化发展中需要加强海外资源整合和联盟合作，提高资源的整合和利用效率。企业应该积极寻找海外合作伙伴，建立战略联盟合作关系，充分利用海外合作伙伴的优势资源和网络优势，拓展海外市场和资源，提高企业的国际化水平和市场竞争力。

（4）提高国际化管理水平和效率

江苏老字号企业在国际化发展中需要提高国际化管理水平和效率，建立科学有效的国际化管理体系。企业应该制订科学有效的国际化管理制度和流程，优化企业的运营模式和管理方式，充分利用信息化技术和数字化工具，提高企业的管理效率和效益。

2. 创新驱动的优化和升级

（1）加强创新战略的制订和实施

江苏老字号企业在创新驱动中需要加强创新战略的制订和实施，注重科技创新和管理创新的有机结合。企业应该建立完善的创新管理体系和创新生态环境，鼓励员工创新和创意，积极开展科技研发和技术创新，不断提高企业的核心竞争力和市场占有率。

（2）加强科技创新和知识产权保护

江苏老字号企业在创新驱动中需要加强科技创新和知识产权保护，建立起完善的知识产权管理制度和专利保护体系。企业应该加强科技创新的投入和支持，注重知识产权的保护和管理，提高企业的创新能力和技术含量，保护企业的知识产权和核心技术。

（3）建立开放式创新模式和创新网络

江苏老字号企业在创新驱动中需要建立开放式创新模式和创新网络，鼓励企业内外部合作，促进创新资源的共享和整合。企业应该通过开放式创新模式和创新网络，加强与高校、科研院所和创新企业的合作，共同开展技术研发和创新活动，提高企业的创新能力和市场竞争力。

（4）推动数字化转型和智能制造

江苏老字号企业在创新驱动中需要推动数字化转型和智能制造，提高企业的数字化水平和智能化程度。企业应该加强数字化技术的应用和推广，推动数字化转型和智能制造，建立智能化生产线和智能化管理系统，提高企业的生产效率和质量水平。

3. 国际化发展与创新驱动的优化和升级的整合策略和路径

（1）建立协同创新机制

国际化发展和创新驱动是企业发展的两个重要方面，需要建立协同创新机制，实现优化和升级的整合。企业可以通过建立创新管理委员会、技术创新中心和国际化事业部等机构，协同推进国际化发展和创新驱动，促进国内外部资源的共享和整合，实现资源优化配置和协同创新，提高企业的创新能力和国际化水平。

（2）加强人才队伍建设

人才是企业发展的重要资源，对于国际化发展和创新驱动尤为重要。江苏老字号企业需要加强人才队伍建设，吸引和培养高层次的创新人才和国际化人才，提高企业的创新能力和国际化水平。同时，企业还需要建立国际化人才培养体系，为员工提供国际化的培训和交流机会，提高员工的国际化素养和语言能力，适应国际化发展的需求。

（3）建立国际化市场营销体系

国际化发展需要建立国际化市场营销体系，注重市场调研和营销策略的制订。江苏老字号企业需要了解国际市场的需求和特点，针对性地制订营销策略和品牌推广方案，提高产品的知名度和市场占有率。同时，企业还需要加强国际合作和交流，开拓新的国际市场，提高国际化发展的水平和效益。

（4）加强信息化建设和数字化转型

信息化建设和数字化转型是国际化发展和创新驱动的重要手段，可以提高企业的生产效率和管理水平。江苏老字号企业需要加强信息化建设和数字化转型，实现数字化生产和数字化管理，建立智能化生产线和智能化管理系统，提高企业的生产效率和质量水平，同时提高企业的信息化水平和数字化能力，为国际化发展和创新驱动提供有力的支持。

在全球化的背景下，企业需要加强国际化发展和创新驱动，实现优化和升级，提高企业的核心竞争力和市场占有率。同时，企业还需要注重社会责任和文化传承，弘扬中华传统文化，推动经济社会的可持续发展。

三、江苏老字号国际化发展与创新驱动的未来发展趋势

随着经济全球化的加速和信息技术的普及，江苏老字号企业已经逐渐走向了国际化的道路。为了实现更长远的发展目标，这些企业需要不断地进行创新和变革，积极拓展国际市场，提高企业的核心竞争力和品牌形象。

1. 数字化转型是江苏老字号国际化发展和创新驱动的必由之路

随着信息技术的不断发展和普及，数字化转型已经成为企业走向国际化和创新驱动的必由之路。江苏老字号企业作为传统企业，其生产和经营模式相对落后，需要通过数字化转型来提高生产效率、提升品牌形象和服务质量。同时，数字化转型还可以为企业带来更多的商业机会，拓展国际市场，驱动管理创新、产品创新、经营创新等，提高企业的竞争力。

数字化转型涉及多个方面，包括生产制造、供应链管理、营销推广等。首先，江苏老字号企业需要通过数字化技术来提高生产效率和品质，例如，可以利用物联网技术对生产过程进行监控和优化，提高产品质量和生产效率；利用大数据分析技术来进行市场调研和产品设计，提高产品的市场竞争力。其次，数字化转型还可以帮助企业优化供应链管理，提高供应链的透明度和效率，例如，可以利用区块链技术来实现供应链的去中心化和可追溯性，降低采购成本和风险。最后，数字化转型还可以帮助企业进行市场营销和服务创新，提高品牌的形象和知名度，例如，可以利用社交媒体和电商平台来进行品牌宣传和销售，提高品牌的曝光率和销售额；利用智能客服和人工智能技术来提高客户服务质量和效率，提高客户满意度和忠诚度。

2. 品牌文化传承是江苏老字号国际化发展和创新驱动的核心竞争力

江苏老字号企业作为传统文化的代表，拥有着丰富的历史和文化积淀。在国际化发展和创新驱动的过程中，品牌文化传承是江苏老字号企业国际化发展和创新驱动的核心竞争力之一。这些企业需要通过传承和创新来打造具有文化内涵和时代特色的品牌形象，提高品牌的美誉度和市场价值。

品牌文化传承涉及多个方面，包括产品设计、品牌宣传、营销策略等。首先，江苏老字号企业需要通过产品设计来传承品牌文化，如可以在产品设计中融入传统的工艺和文化元素，打造具有时代感和文化内涵的产品。其次，品牌宣传也是品牌文化传承的重要环节。江苏老字号企业需要通过各种渠道来宣传品牌的历史和文化积淀，提高品牌的美誉度和知名度。最后，营销策略也是品牌文化传承的重要手段。企业可以通过与国际品牌合作、参加国际展览会等方式来扩大品牌影响力和市场份额。

3. 国际化战略多元化是江苏老字号国际化发展和创新驱动的趋势

江苏老字号企业国际化发展和创新驱动需要实施多元化的国际化战略，才能在全球市场中保持竞争优势。多元化的国际化战略可以包括产品创新、市场多元化、企业并购等方式。这些战略可以帮助企业拓展国际市场，提高企业的国际化水平和市场占有率。

首先，产品创新是多元化国际化战略的重要手段。江苏老字号企业需要根据国际市场的需求和趋势来进行产品创新，推出符合市场需求的新产品，例如，可以利用先进的科技和设计理念来创新传统产品，打造具有创新和时尚感的产品。其次，市场多元化也是多元化国际化战略的重要手段。企业可以通过开拓多元化的市场来降低市场风险和依赖度，例如，可以开拓新兴市场或利用跨国合作平台来扩大市场份额。最后，企业并购也是多元化国际化战略的重要手段。通过并购其他企业，可以快速拓展企业规模和业务范围，提高企业的市场竞争力和影响力。

4. 合作共赢是江苏老字号国际化发展和创新驱动的趋势

在国际化发展和创新驱动过程中，江苏老字号企业需要与国际企业和研发机构开展合作，实现合作共赢。这种合作形式可以有多种形式，包括产业链合作、技术创新合作、与国外企业联合等。

首先，产业链合作可以帮助江苏老字号企业进一步提升自身竞争力。例如，可以与国际企业合作，共同开发新产品、拓展市场、整合产业链资源等。这种合作方式可以降低企业风险，提高企业效益。其次，技术创新合作也是江苏老字号企业国际化发展和创新驱动的重要手段。企业可以与国际技术领先企业合作，共同研发新技术、新产品、新业务模式等，实现互利共赢。最后，与国外企业联合也是江苏老字号企业国际化发展和创新驱动的重要手段之一。企业可以通过联合国外其他企业，快速扩大市场份额、提升企业规模和影响力，进一步巩固企业国际化战略的地位。

在历史长河中，江苏的老字号企业走过了数百年的风雨历程，不仅见证了江苏经济的变迁，也见证了我国传统文化的演变。然而，面对日新月异的市场环境和激烈的竞争压力，江苏老字号企业需要不断创新，适应新的市场变化，实现高质量发展。

参 考 文 献

安宏原，2019. 探究自媒体环境下的品牌传播模式［J］. 现代营销（经营版）（11）：84.

曹凡，张智光，2021. 怀旧还是创新？——餐饮老字号品牌建设的中介效应模型研究［J］. 经营与管理（8）：47-52.

曹林荫，2018. 老字号品牌的文化体验式传播策略研究——以扬州谢馥春为例［J］. 传媒论坛，1（24）：171-172.

曹艳，2021. 新零售背景下消费者互动、品牌情感与购买行为研究［J］. 商业经济研究（19）：80-82.

曹源，2003. 老字号的文化底蕴［M］. 北京：中国时代经济出版社.

陈丽芬，果然，2018. 中华老字号发展现状、问题与对策［J］. 时代经贸（19）：30-38.

陈炎坤，杨兴华，2022. 老字号品牌跨界营销的影响因素分析——基于消费者特性视角［J］. 商业经济研究（14）：86-89.

邓肯，莫里亚蒂，1999. 品牌至尊：利用整合营销创造终极价值［M］. 廖宜怡，译. 北京：华夏出版社.

丁诗谣，陈旭，李思奕，2022. 基于结构方程模型的中华老字号品牌传承力与创新力研究——以南京市为例［J］. 中国市场（9）：118-119.

段淳林，2019. 从工具理性到价值理性：中国品牌精神文化价值提升战略研究［J］. 南京社会科学（9）：111-119.

段淳林，戴世富，2009. 品牌传播学［M］. 广州：华南理工大学出版社.

段淳林，林伟豪，2014. 移动互联网时代的品牌传播创意研究［J］. 编辑学刊（1）：100-104.

段淳林，谭敏，2013. 营销3.0视域下的品牌传播新特征探析［J］. 华南理工大学学报（社会科学版），15（6）：1-4.

费瑟斯通，2000. 消费文化与后现代主义［M］. 刘精明，译. 南京：译林出版社.

风笑天，2014. 社会研究：设计与写作［M］. 北京：中国人民大学出版社.

傅瑜，申明浩，2017. 零距离时代：互联网商业模式变革与产业生态重塑［M］. 北京：经济科学出版社.

高亚春，2007. 符号与象征——波德里亚消费社会批判理论研究［M］. 北京：人民出版社.

葛凯，2007. 制造中国：消费文化与民族国家的创建［M］. 北京：北京大学出版社.

关冠军，罗英男，2019. 充分发挥老字号品牌在北京全国文化中心建设中的重要作用——来自北京便宜坊烤鸭集团的积极探索［J］. 时代经贸（28）：66-69.

何佳讯，李耀，2006. 品牌活化原理与决策方法探窥——兼谈我国老字号品牌的振兴［J］. 北京工商大学学报（社会科学版）（6）：50-55.

何雁，2003. IBM再创辉煌——"整合品牌传播"的成功范例［J］. 企业文化（3）：61-64.

胡星，2020. 新媒体背景下中华老字号品牌跨界营销的策略［J］. 黑河学院学报，11（11）：63-64，81.

黄春萍，王芷若，马苓，2021. 跨界营销：源起、理论前沿与研究展望［J］. 商业经济研究（4）：
　　80－82.

黄菲菲，许欣，毛傲霜，2018. 基于品牌联合视角的中华老字号品牌活化策略研究——以五芳斋为例
　　［J］. 山西青年（8）：22－23.

黄敏学，潘海利，廖俊云，2017. 社会化媒体时代的品牌沟通——品牌社区认同研究综述［J］. 经济
　　管理，39（2）：195－208.

简予繁，周志民，2019. 老字号品牌广告采用流行文化对品牌真实性的影响——一个有中介的调节模
　　型［J］. 商业经济与管理（5）：57－68.

金栋昌，王琨，2012. 整合品牌传播：文化产业园区品牌传播的机制创新［J］. 河北经贸大学学报
　　（综合版），12（3）：9－12.

凯勒，2009. 战略品牌管理［M］. 卢泰宏，吴水龙，译. 北京：中国人民大学出版社.

柯佳宁，王良燕，2021. 跨品类延伸对老字号品牌和新兴品牌的影响差异研究［J］. 南开管理评论，
　　24（2）：4－14.

孔清溪，陈宗楠，朱斌杰，2012. 品牌重塑：老字号品牌突围路径与传播策略［M］. 北京：中国市
　　场出版社.

库兹奈特，2016. 如何研究网络人群和社区：网络民族志方法实践指导［M］. 叶韦明，译. 重庆：
　　重庆大学出版社.

冷志明，2004. "中华老字号"品牌发展滞后原因及其对策研究［J］. 北京工商大学学报（社会科学
　　版）（1）：55－57，63.

李飞，2015. 中华老字号品牌的生命周期研究［J］. 北京工商大学学报（社科版），30（4）：28－34.

李费飞，2022. 数字经济时代老字号品牌跨界创新影响因素与营销对策研究［J］. 经营与管理（4）：
　　13－18.

李静，王其荣，陈朝晖，2012. 品牌理论研究综述［J］. 企业改革与管理（11）：12－13.

李琨，2009. 传播学定性研究方法［M］. 北京：北京大学出版社.

李馨怡，2020. 老字号品牌的跨界营销［J］. 价值工程，39（9）：66－69.

李园园，刘建华，段珅，等，2022. 中国本土文化情境下老字号品牌传承研究：维度探索与量表开发
　　［J/OL］. 南开管理评论，（4）［2023－04－05］. https：//kns. cnki. net/kcms/detail/12. 1288. F. 20220310.
　　1135. 002. html.

里斯，特劳特，2002. 定位［M］. 王恩冕，于少蔚，译. 北京：中国财政经济出版社.

厉震安，刘冰鑫，李琛，2019. 移动互联时代下的老字号传播——基于浙江经验的分析与反思［J］.
　　电子商务（11）：32－33.

林升梁，2017. 整合品牌传播：战略与方法［M］. 北京：中央编译出版社.

马援，2003. 营销管理：品牌整合传播（BIC）的营销模式［J］. 数量经济技术经济研究（2）：65－68.

潘美秀，杨敏，2022. 老字号品牌如何借 IP 化营销赋能［J］. 全国流通经济（1）：29－33.

钱明辉，陈丹，郎玲玉，2017. 中华老字号品牌评价研究：基于新闻文本的量化分析［J］. 商业研究
　　（1）：1－12.

秦瑞瑜，秀梅，2020. 中国老字号化妆品品牌的新媒体营销策略——以百雀羚为例［J］. 新闻前哨
　　（7）：107－109.

渠原源，2022. 老字号国货的市场发展现状与转型举措研究［J］. 商展经济，（15）：58－60.

任学明，2011. 中华老字号经营智慧［M］. 北京：外文出版社.

施然，2022. 国潮兴起下的老字号品牌创新研究［J］. 中国商论（8）：4-6.

史密斯，哈努福，2017. 体验式营销：世界上伟大品牌的成功秘决及营销策略［M］. 黄巍，译. 北京：人民邮电出版社.

舒尔茨，凯奇，2011. 全球整合营销传播［M］. 黄鹂，何西军，译. 北京：机械工业出版社.

舒尔茨，巴恩斯，阿扎罗，2015. 重塑消费者—品牌关系［M］. 沈虹，郭嘉，王维维，等译. 北京：机械工业出版社.

舒咏平，2010. 品牌传播论［M］. 武汉：华中科技大学出版社.

舒咏平，2012. 中国大品牌［M］. 北京：人民出版社.

宋旭琴，向鑫，2006. 品牌理论研究综述［J］. 商业时代（33）：32-33.

孙晓娥，2012. 深度访谈研究方法的实证论析［J］. 西安交通大学学报（社科版），32（3）：101-106.

王成荣，2018. 老字号品牌文化［M］. 北京：高等教育出版社.

王成荣，李诚，王玉军，2012. 老字号品牌价值［M］. 北京：中国经济出版社.

王成荣，王玉军，2014. 老字号品牌价值评价模型［J］. 管理评论，26（6）：98-106.

王德胜，杨志浩，韩杰，2021. 老字号品牌故事主题影响消费者品牌态度机理研究［J］. 中央财经大学学报（9）：88-99.

王军，梅冰清，2018. 老字号国产化妆品牌形象分析——以百雀羚和谢馥春为例［J］. 艺术与设计（理论），2（6）：46-48.

王敏，2021. 老字号品牌文创跨界营销策略研究［J］. 商业经济（4）：57-58，135.

王宁，2021. 新媒体时代下老字号品牌传播策略探讨［J］. 商业经济研究（12）：66-69.

王莎莎，2021. 品牌依恋对消费者口碑传播意愿的影响研究［J］. 经济研究导刊（15）：34-36.

吴小凤，岳荣荣，徐伟，2022. 老字号品牌传承构型与模式：一项模糊集的定性比较分析［J］. 商业经济研究（1）：72-76.

习近平，2017. 决胜全面建成小康社会夺取新时代中国特色社会主义伟大胜利——在中国共产党第十九次全国代表大会上的报告［M］. 北京：人民出版社.

徐蓓蕾，2017. 自媒体环境下品牌传播模式研究［J］. 中国市场（13）：225-226.

徐伟，王平，宋思根，2017. 老字号真实性与品牌权益：自我一致性与品牌体验的作用［J］. 财贸研究，28（3）：95-103.

许衍凤，赵晓康，2014. 感知契合度对老字号品牌延伸态度的影响——消费者创新性的调节效应研究［J］. 北京工商大学学报（社会科学版），29（2）：112-119.

杨宜苗，邓京京，郭佳伟，2021. 产品属性一致性对老字号品牌延伸评价的影响机制［J］. 学术研究（3）：92-99，178.

杨越明，2022. 老字号：在传承与创新中找寻平衡发展之道［J］. 人民论坛（14）：106-111.

姚雪，2022. 技术创新与商业模式组态对老字号企业绩效影响的实证研究［J］. 产业创新研究（9）：147-150.

叶蔚萍，赵菁，2017. "老字号"企业的营销管理创新策略［J］. 时代经贸（3）：52-54.

余可发，金明星，2022. 品牌真实性与价值共创视角下的老字号品牌复兴过程机制——基于李渡酒业品牌案例研究［J］. 管理学报，19（4）：486-494.

余明阳，杨芳平，2009. 品牌学教程［M］. 上海：复旦大学出版社.

余正勇，陈兴，2021. 品牌活化研究回顾与展望［J］. 商业经济研究（21）：61 - 65.

张翠玲，2016. 品牌传播［M］. 北京：清华大学出版社.

张金海，段淳林，2008. 整合品牌传播的理论与实务探析［J］. 黑龙江社会科学（5）：99 - 102.

张景云，陈碧莹，白玉苓，2019. 老字号年轻化转型的现状、问题与建议——以"内联升"为例［J］. 商业经济研究（15）：78 - 80.

张雷，2000. 注意力的经济观［J］. 国际新闻界（4）：37 - 40.

张培培，2017. 互联网时代工匠精神回归的内在逻辑［J］. 浙江社会科学（1）：75 - 81，113，157.

张雅莉，2015. 中华老字号品牌的传承与创新——以谢馥春为例［J］. 科技与创新（19）：25 - 26.

张莹，孙明贵，2011. 消费者怀旧的理论基础、研究现状与展望［J］. 财经问题研究（2）：28 - 33.

附 录

附录一　世界上历史最悠久的品牌

全球数万家成立时间超过 100 年以上的长寿企业中，日本有近 25 000 家百年品牌，其中现存历史最悠久的两个品牌均属于日本（附表 1）。德国、法国、意大利等欧洲国家也有数量众多的百年老品牌，并且其中有不少老品牌至今仍有不菲的名气，比如江诗丹顿、爱马仕、宝洁、卡地亚、奔驰等品牌。

附表 1　世界上历史最悠久的 10 大品牌

序号	品牌名称	创建时间	所属国家	主营业务
1	金刚组	578 年	日本	寺院建筑
2	庆云馆	705 年	日本	旅馆
3	St. Peter Stiftskeller	803 年	奥地利	餐馆
4	Staffelter Hof	862 年	德国	酒庄
5	巴黎造币厂	864 年	法国	铸币
6	Seans Bar	900 年	爱尔兰	酒水
7	文字屋和辅	1000 年	日本	甜品
8	Pontificia fonderia di campane Marinelli	1000 年	意大利	铸造
9	荣兴牌	1277 年	中国	食品
10	丹溪牌	1327 年	中国	酒业

附录二　中国最古老的品牌

　　中国目前现存最古老的品牌当属创立于 1277 年的荣兴牌，距今已有 700 多年历史，排在第二、三位的丹溪牌和昆中药也均有 600 多年的历史（附表 2）。随着中国经济的快速发展，国民信心得到加强，各大老字号品牌重新受到消费者的青睐，因此中国百年传统品牌正在快速恢复元气。

附表 2　中国最古老的 10 大品牌

序号	商标名称	创建时间	经营品类
1	荣兴牌	1277 年	食品
2	丹溪牌	1327 年	酒业
3	昆中药	1381 年	医药
4	蜜蜂麻糖	1557 年	麻糖
5	老杨明远	1618 年	眼镜
6	西塘老酒	1618 年	黄酒
7	汾湖	1618 年	黄酒
8	永川	1644 年	豆豉
9	玉和醋	1649 年	食醋
10	王麻子	1651 年	厨刀

附录三　全球最有价值的品牌

英国品牌评估咨询公司"品牌金融"（Brand Finance）发布了"2022 年全球品牌价值 500 强"榜单。榜单 15 强（附表 3）中，美国占有 7 席之位，中国占有 5 席，德国、韩国和日本各占有 1 席，值得一提的是，奔驰是德国百年传统品牌，成立于 1886 年。

附表 3　2022 年全球品牌价值 15 强

序号	品牌	所属国家	核心领域	品牌价值/亿美元
1	苹果	美国	科技	3 550.80
2	亚马逊	美国	零售	3 502.73
3	谷歌	美国	媒体	2 634.25
4	微软	美国	科技	1 842.45
5	沃尔玛	美国	零售	1 119.18
6	三星	韩国	科技	1 072.84
7	脸书	美国	媒体	1 012.01
8	中国工商银行	中国	银行	751.19
9	华为	中国	科技	712.33
10	威瑞森	美国	电信	696.39
11	中国建设银行	中国	银行	655.46
12	丰田	日本	汽车	642.83
13	微信	中国	媒体	623.03
14	中国农业银行	中国	银行	620.31
15	梅赛德斯-奔驰	德国	汽车	607.60

附录四　国外百年传统代表品牌

采购网（Maigoo）编辑特意在成立时间超过 100 年的各国传统品牌里筛选出了仍具高知名度的品牌（附表 4），发现这些品牌能够一直长青，与各个国家的优势行业有关。例如，日本的化妆品行业领先全球，化妆品传统品牌就容易传承下来；还有法国和意大利的奢侈品行业、德国的汽车行业等都是各自的优势行业。

附表 4　国外百年传统代表品牌

序号	品牌	创建时间	所属国家	品类
1	佳丽宝	1887 年	日本	化妆品
2	资生堂	1872 年	日本	化妆品
3	福特	1903 年	美国	汽车
4	可口可乐	1886 年	美国	饮料
5	欧米茄	1848 年	瑞士	钟表
6	江诗丹顿	1755 年	瑞士	钟表
7	爱马仕	1837 年	法国	奢侈品
8	路易威登	1854 年	法国	奢侈品
9	普拉达	1913 年	意大利	奢侈品
10	宝格丽	1884 年	意大利	奢侈品
11	奔驰	1886 年	德国	汽车
12	欧司朗	1919 年	德国	照明
13	施华洛世奇	1895 年	奥地利	奢侈品
14	宾利	1919 年	英国	汽车
15	斯柯达	1895 年	捷克	汽车

附录五　国内外知名商标侵权纠纷案例

贵阳"老干妈"和湖南"老干妈"之争

案情：随着贵阳"老干妈"声名鹊起后，各地假冒，仿冒者蜂拥而至，其中湖南"老干妈"最为知名，不仅商标名称相似，连产品包装都与贵阳"老干妈"极为相似。2000年，贵阳"老干妈"将湖南"老干妈"告上京城法庭，请求法院判定被告停止侵权，赔礼道歉，赔偿经济损失40万元。

结果：经过几轮判决后，北京市高级人民法院作出终审判决，判定湖南"老干妈"立刻停止在风味豆豉产品上使用"老干妈"商品名称；停止使用与贵阳"老干妈"风味豆豉瓶贴近似的瓶贴；赔偿贵阳"老干妈"经济损失40万元等。

加多宝和王老吉之争

案情：2000年，广药集团授权香港鸿道集团使用"王老吉"商标。2003年，王老吉大火，商标价值猛增。随着香港鸿道集团主席向广药集团副董事长行贿事件爆发后，广药集团向法庭申诉由广药集团副董事长签署的补充协议无效，申请收回"王老吉"商标的使用权。

结果：在一系列争议之后，香港鸿道被迫停止使用"王老吉"商标，把产品商标名称变更为"加多宝"。之后的近10年时间，王老吉和加多宝在广告、配方、宣传语等方面多次诉诸公堂，双方都遭受了一定损失。

奇瑞公司和腾讯公司就"QQ"商标的争夺战

案情：2003年3月，奇瑞QQ轿车问世，在此之前奇瑞公司向商标局申请注册了"QQ"商标，指定使用在国际分类第12类中的大客车、电动车辆、小汽车、汽车等商品上。商标公告期间，因与自家旗下商标名称相似，腾讯公司提出异议，并就此与奇瑞展开了"QQ"商标争夺战。

结果：最终北京市高级人民法院判令撤销腾讯公司在汽车等商品上的"QQ"注册商标，这场持续了11年的商标大战最终有了结果，奇瑞大获全胜，而腾讯彻底输了。

欧派家居和江山欧派之争

案情：欧派家居是厨柜领域知名企业，当其打算扩展业务时，恍然发现"欧派"商标在门业领域已经被江山欧派抢先注册。于是，2017 年欧派家居起诉江山欧派注册的"欧派门业"商标侵权，希望夺回门业领域的"欧派"商标。

结果：由于江山欧派申请"欧派"商标时两家公司都名声不显，不存在故意蹭热度的行为，因此法院驳回了欧派家居的上诉，判定江山欧派持有的"欧派"商标合理，欧派家居败诉。

"TESLA"商标拉锯战

案情：2010 年，当特斯拉公司开始拓展中国市场时，才突然发现"TESLA"商标早已在几年前被广州商人占宝生注册成功。随后双方开始了商标纠纷，特斯拉公司向商标局请求撤销该商标，而占宝生则向北京市第三中级人民法院提起侵害商标诉讼，请求法院判决特斯拉立刻停止销售"TESLA"牌电动车。

结果：经过多年交涉，特斯拉公司最终与占宝生私下达成共识，占宝生放弃使用"TESLA"等商标权益，而特斯拉给予一定补偿，达成共识后，"TESLA"商标宣告无效行政案件等一系列案件也都得到解决。

"乔丹"商标争议案

案情：2012 年，NBA 知名球星迈克尔·乔丹指控乔丹体育的商标侵犯其姓名权。众所周知，迈克尔·乔丹作为知名篮球运动员，其姓名拥有相对应的权利保护。但问题是，乔丹体育注册的"乔丹"是常用汉字，存在公有领域，并且"乔丹"还是常见的美国人姓氏，并不具唯一性。

结果：经过多轮判决，最高人民法院最终判定乔丹公司注册的"乔丹"商标损害迈克尔·乔丹在先姓名权，违反商标法，商标归属需商标评审委员会重新裁定。同时也认定了拼音商标"QIAODAN"及"qiaodan"未损害乔丹姓名权。

"HiSense"商标纠纷案

案情：1999 年，海信集团注册使用的"HiSense"商标刚刚被认定为中国地名商标，该商标就被西门子悄悄在德国抢先注册，并开始以该商标销售家电产品。这使得海信集团失去了在欧洲地区的商标权益，于是海信集团也开展反击，在中国境内注册申请西门子的所有商标。

结果：经过多年的私下谈判，2005 年海信集团与西门子共同发表联合声明，表示双方已经达成和解，西门子同意将德国及欧盟等所有地区注册的"HiSense"商标一并转给海信集团。海信集团也撤销了有关西门子的商标注册申请。

中美"高通"商标纠纷案

案情：中国高通是一家成立于 1990 年的民营高科技企业，公司先后在多个领域申请注册了一系列"高通"商标。美国高通是一家知名跨国企业，于 1998 年进入中国开展业务。2002 年，中国高通起诉美国高通在其官网推广和销售"高通"商标处理器及芯片产品。

结果：法院从功能、用途、生产部门、消费对象、销售渠道等分析，两家公司对"高通"字号的使用应属巧合，因此即使中国高通注册商标在先，但其知名度不足以让不同领域的美国高通有义务避让对相同字号"高通"商标的注册与使用。

联想"Legend"商标遭多国抢注

案情：2001 年，当联想开始全球化步伐时，却发现联想的英文商标"Legend"早就被国外 100 多家公司抢先注册，涵盖了娱乐、汽车等领域，由于"Legend"属于一个常见并完整的单词，因此联想集团想要在这么多的国家一一维权，难度非常大。

结果：最终联想集团放弃了沿用 19 年，价值 200 亿元的商标"Legend"，启用新商标"Lenovo"（创新之意）。改名后，联想集团的商标意识得到增强，为了防止域名抢注，联想如今提供了全方位的商标保护。

潮牌"Supreme"商标纠纷

案情：正版 Supreme 于 1994 年创立于美国，但由于初期不注重版权保护，导致全球各地山寨品牌四起。其中影响力最大的一个山寨品牌叫 Supreme Italia，这个品牌不仅在上海开了首家 Supreme 店，还以 Supreme 的名头与三星合作，使正版 Supreme 不得不在各国起诉 Supreme Italia.

结果：经过多年的维权，正版 Supreme 在大部分国家都取得了胜利，比如米兰法院没收了 Supreme Italia 仿冒商品，关停其品牌官网，伦敦法院判定 Supreme Italia 的创始人父子犯有欺诈罪，公司被处以 750 万英镑的罚款。

后记
AFTERWORD

当把书稿交给出版社准备付梓之际，心中难掩激动之情。

接触老字号，是与几位朋友的一次小聚中，席间南京市老字号协会会长王德庆先生与苏州市相关领导洽谈两地老字号合作发展事宜，觥筹交错间我深感老字号高质量发展意义重大，便与项目战略合作伙伴许秋霜女士一拍即合，产生了出版《江苏老字号高质量发展刍议》一书的想法。于是动员了我所指导的几名硕士研究生罗西贝、张露文、贾雁玲、汤璐、吴思彤、邹紫娟等同学开始收集各类有关于老字号的资料。

挑灯夜战、肩酸脖疼，这是我们研究团队在收集相关素材与撰写《江苏老字号高质量发展刍议》书稿时最深刻的体会。我这人做事往往是认定正确而有意义的事情便会一往直前为之，姑且认为这也是一种研究者的社会责任吧。在对老字号高质量发展的研究过程中，发现老字号的餐饮如果距离自己不远，便会欣然前往食之品味，对金陵的老字号餐饮如清真马祥兴菜馆、韩复兴面馆、夫子庙的秦淮人家和奇芳阁菜馆等，我都光顾过。有时候路过一些老字号的企业门口，也不忘记驻足流连一会，感受老字号的历史与根脉。

老字号是指那些已经有着几十年乃至百年以上历史的老字号企业。这些老牌企业的经营模式、传统工艺、文化积淀已经融入了江苏的历史和文脉中，具备不可替代的文化价值和经济价值。然而，随着时代的变迁，这些老字号企业也面临着种种新的挑战。粗放式的经营模式、缺乏技术创新、品牌建设不足等等问题使得这些企业在经营上逐渐失去了优势。

因此，为江苏老字号的高质量发展而研究，无疑具备巨大的现实意义。在研究过程中，我们研究团队深入了解了一些老字号企业的标志性产品、品牌特色以及企业文化等方面的内容。例如，南京冠生园、无锡惠山泥人、苏州稻香村、扬州谢馥春、昆山奥灶馆等众多老字号。这些老字号企业不仅有着浓郁的地域文化特色，更是经过长时间的实践，形成了自己独特的品牌文化和营销手段。

在与这些老字号企业的传承人交流中，我更深刻地了解到江苏老字号企业对于品质和传承的执着。这些企业始终坚持"传统工艺生产，绿色食品健康"，在产品研发和制作过程中，注重品质，注重健康，注重文化传承。同时，新一代老字号企业家们也注重品牌建设和科技创新，将传统工艺与现代科技相结合，推动着企业不断迈上新高度。

在写下这篇后记的时刻，我们研究团队依旧沉浸在对老字号高质量发展的思考中，本书的面世，将会给正在面临挑战的江苏老字号企业带来实实在在的启示和帮助。我们知道，老字号高质量发展既是经济发展的需要，更是文化传承的责任，感谢这些老字号企业的传承人，感谢他们的精神和执着，他们是江苏老字号的守护者。感谢南京市商务局的余传勋处长，在多次的交流与思想碰撞中，让我们能够更好地认识老字号。希望本书能够为社会各界更深入地了解江苏老字号、认识江苏老字号、促进江苏老字号高质量发展做点微薄贡献。

最后，感谢江苏省社会科学院副院长王月清教授为本书作序。

由于时间较为仓促，书中错误之处在所难免，敬请广大读者批评指正。

著者　于南京三牌楼荷花池畔

2023 年 5 月 26 日

图书在版编目（CIP）数据

江苏老字号高质量发展刍议 / 李义良，许秋霜著
. —北京：中国农业出版社，2023.6
ISBN 978-7-109-30824-4

Ⅰ.①江… Ⅱ.①李… ②许… Ⅲ.①老字号—企业
发展—研究—江苏 Ⅳ.①F279.275.3

中国国家版本馆 CIP 数据核字（2023）第 115646 号

中国农业出版社出版

地址：北京市朝阳区麦子店街 18 号楼
邮编：100125
责任编辑：刁乾超 文字编辑：陈 灿
版式设计：王 怡 责任校对：刘丽香
印刷：中农印务有限公司
版次：2023 年 6 月第 1 版
印次：2023 年 6 月北京第 1 次印刷
发行：新华书店北京发行所
开本：787mm×1092mm 1/16
印张：15.5
字数：340 千字
定价：68.00 元